钱民辉 ◉ 著

人民日报出版社

图书在版编目（CIP）数据

社会热点面对面. 六 / 钱民辉著. —北京：人民日报出版社，2017.4
ISBN 978-7-5115-4642-5

Ⅰ.①社… Ⅱ.①钱… Ⅲ.①社会问题－中国－通俗读物
Ⅳ.① D669-49

中国版本图书馆 CIP 数据核字（2017）第 075987 号

书　　名：	社会热点面对面（六）	
著　　者：	钱民辉	
出 版 人：	董　伟	
责任编辑：	马苏娜	
封面设计：	主语设计	

出版发行：人民日报出版社
社　　址：北京金台西路 2 号
邮政编码：100733
发行热线：（010）65369527　65369846　65369509　65369510
邮购热线：（010）65369530　65363527
编辑热线：（010）65369522
网　　址：www.peopledailypress.com
经　　销：新华书店
印　　刷：北京鑫瑞兴印刷有限公司

开　　本：710mm×1000mm　1/16
字　　数：285 千字
印　　张：17.5
版　　次：2017 年 6 月第 1 版　2017 年 6 月第 1 次印刷

书　　号：ISBN 978-7-5115-4642-5
定　　价：38.80 元

前 言

过去的一年发生了许多大的事情,从国际上来看,有桑巴热舞狂欢节之盛名的里约热内卢举办奥运会令世人瞩目,巴西人已尽洪荒之力推出绿色奥运果不负众望;英国公投脱欧引发欧盟地震陡生变数,也致英人恐慌呼唤二次公投,可惜木已成舟悔之晚矣;美国总统换届风云跌宕起伏犹如美剧爆笑连连,绯闻总统宣誓就职虽力邀诸神福佑美国但仍难掩前程未卜之虑;韩国总统朴槿惠"亲信门"事件曝光,闺蜜干政惹怒韩民声讨不断,一国之君虽已致歉国民,但最终难脱干系无奈再陷政治危机;欧洲难民为躲战火背井离乡漂移不定苦不堪言,祸起萧墙皆因美国与其盟国对西亚北非局势的蛮横干涉。

回头再看国内虽也受国际形势影响,但基本是波澜不惊。社会正能量是主流,举例来说,反腐倡廉已经制度化、法制化,各级政府锁住权力做好公仆目标政清人和;经济建设稳步发展,市场经济日趋完善,供给侧改革如火如荼,人民币虽遇贬值,但有大国自信从容应对,民心稳定并无恐慌;社会治理渐渐给力,智慧社区已成规模,街区制试水因区而异,多方参与和谐共治;政府政策红包越发越多覆盖面广,民众衣食住行、就业、医疗、社会保险保障都在大幅改善;总理亲自部署,做好困难群众生活保障工作,统领各方合力兜住基本民生底线;司法系统敢于向自己开刀有错必纠,尤对一些重大误判错判的案件敢于重新审理平反冤案,既维护了司法公正又得到了民众的信任。再举还有很多,总的来说,这一年的变化之多之大用一句话概括,那就是:好事连连。

但是这一年也有许多不尽如人意的地方,比如雾霾,虽然政府和社会在不断加大治理的力度,可是一度来势汹汹的雾霾还是让人们感到了恐慌。看来治理雾霾是不是也需要先治人再谈治理雾霾，毕竟这是人为加重了自然灾害。遥想当年一位官员的"治不好雾霾，提头来见！"是何等的气魄和勇气。当然治好雾霾还有许多不确定未查明的因素，非意气用事勇气用事可为。再说我们也并没有经验，所以民众并没有因此怪罪这位官员。说实话，过去民众过分地依赖于政府治理雾霾，而雾霾再次出现的时候就会埋怨政府治理不力。为此需要民众改变一下这样的看法和依赖心理，将治霾不仅看作政府的事情，而且也是民众自己的事情。因为雾霾来了，谁也躲不过！

与雾霾同时困扰民众多年的是食品安全问题，都知道食品安全很重要，但就是有一些坏了良心毫无道德底线的人，为了利益不顾民众死活而违法制作售卖毒食品。可以说这几年政府是真重视，法律也是真打击，监管也不可谓不严，但"活鱼下架"的影响刚刚消停点，就又发生了天津最大的调味品黑作坊案，规模如此之大动静也一定不小，但竟然多年未被发现，加工的黑调味品销往全国十几个大中城市。就这事，你说说，中国的老百姓那么喜欢烹饪美食，谁敢想放到厨房里的、上了餐桌上的、入了口的、进了肚子里的食品不安全啊！除了道德谴责法律追究，要想根治可不可以在刑法上再将制作、销售毒食品的人也按照谋杀罪重判呢？监管不严、不力、不作为或同流合污者就作为同谋处理？这也是百姓寄希望于司法严惩不贷的呼声啊！

说到百姓的呼声，回首这一年也还真是不易，有些百姓想维护自己的正当权益吧，却总是用错了方式。举例来说，村民之间纠纷、村民与村干部纠纷频繁出现，出了人命的暴力案件接连发生。这也凸显基层治理难题啊！还有，医患关系紧张只是治表不治里。即使是医院增加了警力并将医闹按破坏治安罪论处，新闻媒体还是不断爆出伤医杀医事件，问题还是没有得到彻底的解决啊！难道就没有人问问其根源在哪里吗？

说到问题咱再插上一笔，提一提最近几年一直存在但并未引起百姓注意的校园欺凌现象，直到北京某小学校发生了"校园欺凌事件"后，新闻媒体铺天盖地揭示出来，人们这才知道原来校园欺凌现象很普遍，有的欺凌事件手段很残忍，竟然有仿黑社会性质的"霸凌"存在，还有逼死学生的。这就让人们感到校园也不是一个清净的地方了，对人不仅是教育的问题，还有如何治理的问题。

　　谈到这里,还是离不开问题,再说个问题,就是关于我们整个中华民族的尊严问题,一直以来部分外国人对中国人的不友好,甚至经常带有歧视地对待我们,这让我们感到非常气愤。有记载的事件如日本不承认侵略历史的教科书事件,美国电视台节目播出了要杀光中国人的言论,这些都曾激起了国人的愤慨和抗议。但是如何应对和处理这些"辱华"行为和事件却应该是一种理性行动,不能以民族主义的方式排外仇外并"以其人之道还治其人之身"激化冲突。因此,民众爱国也应当是智慧的、理智的、道德的、法治的。

　　纵谈至此,我们不仅是看到了问题,关键是要如何应对和解决这些问题。为此,作为已经形成系列的《社会热点面对面》即将推出的第六本书,书中已将这一年的变化和出现的问题以公众关注度的高低选择出来。像往常一样,对问题不仅是分析和提示,还从社会学的视角和理论做了客观的解释和合理的建言。书中的文章和观点如有不妥不当之处,真心地希望读者给予批评和指正!欢迎大家一如既往地支持我们并与我们保持联系,你们的关注和批评以及建设性的意见是对我们最好的回报和鞭策。

作者
2017 年 2 月

目　录

政府出重拳颁布历史最严限购令，一城一策下的房地产市场怎样了？ … 001

  楼市因城施策　各方力量应对忙

  一、二线降温显现　三、四线忙去库存

  房价"升升不息"　个中泡沫有几何？

暴力伤医事件为何屡发生？ …………………………………… 015

  不寒而栗，暴力伤医案件屡禁不止

  举步维艰，医务人员为何如履薄冰

  严惩不贷，立法司法必须双管齐下

  推本溯源，重建医患信任刻不容缓

第四次单身潮来袭，老龄化社会将如何应对？ ……………… 027

  第四次单身潮会带来什么样的社会问题？

  单身潮对人们的生活会带来哪些负面影响？

  对单身潮的理性思考

关乎老百姓的钱袋！个税改革再提速 ……………………… 043

  工薪阶层为何感觉个税负担重？

  提高起征点就能实现税负公平吗？

如何确定"高收入"？

个税改革怎么走？

雾霾是大气污染还是气象灾害？——关于雾霾立法的思考 ········ 058

追本溯源，气象灾害指什么？

雾霾到底是气象灾害还是大气污染，各执一词

立法的背后：谁来为雾霾负责？

争论的背后：法律认受性的缺失

知识共享社会，立法者传统权威受挑战

校园欺凌案频发，未成年人违法事件成焦点 ················· 067

触目惊心的校园欺凌案

网络议论声声，校园欺凌再成焦点

校园欺凌现象的社会学思考

人民币贬值凸显中产阶层困境 ·························· 083

人民币贬值引发的中产"钱包保卫战"

中产阶级的焦虑与困境

对中产阶级困境的社会学思考

墨香阅读和指尖浏览之争，孰深孰浅？ ···················· 100

指尖浏览意味着什么？

阅读浅薄与否，不在方式在内容

阅读的深度，如何达到？

女大学生"裸贷"风波乍起，校园贷到底在搞什么鬼？ ·········· 114

校园裸贷事件回放

女大学生"裸条"事件，引发网民公众热议

对校园"裸贷"及网络借贷平台（地下钱庄）的综合思考

国考报名挑肥拣瘦，只缘公务员岗位"冰火两重天"……………… 131

　　国考报名为何"冰火两重天"？
　　"冰火邂逅"的背后凸显基层待遇之困
　　莫怪考生"挑肥瘦"，破解尴尬还需制度设计

"倚老卖老"与"为老不尊"怎成热词，是谁在污名化老人？……… 142

　　从媒体报道的案例看"倚老卖老"与"为老不尊"
　　从上述案例看老年人为何要"倚老卖老"与"为老不尊"？
　　对网络媒体报道老年人"倚老卖老"与"为老不尊"的进一步思考

从贾敬龙案看村民纠纷为何总是用暴力解决………………………… 155

　　村民纠纷暴力案件回顾
　　村民纠纷暴力频发，凸显乡村治理缺位
　　对当前村民纠纷暴力事件的再思考

新政下网约车向何方？……………………………………………… 167

　　人口、车流：谁该为"大城市病"埋单？
　　供给、需求：网约车市场要向谁敞开？
　　前景、出路：网约车行业将走向何方？

科学之争还是科学闹剧：起因韩春雨的基因组编辑结果无法重复…… 179

　　质疑从无法重复韩春雨的实验开始
　　作为外行或旁观者的老百姓怎么看？
　　对韩春雨事件定性作假也许不妥
　　对韩春雨科学焦点事件的理性思考

从层层迷雾之中看魏则西之死 …………………………………… 193

　　北京武警二院及背后莆田系民营医疗机构

　　滞后、腐朽的医疗监管体制

　　虚假宣传的广告平台

　　魏则西留下的生命考题

王宝强离婚案受到高度关注的背后 …………………………………… 207

　　王宝强微博突发离婚声明，数日点击率竟达100多亿

　　王宝强离婚事件为何会引发学者和公众热议？

　　对王宝强离婚事件的深度解析

从近一年文化热点看民众的精神生活 …………………………………… 224

　　网络语和表情包的走红靠什么？

　　荧屏中的大团圆与小团圆

　　自媒体时代的真真假假与是是非非

◎附：微评议

腹有诗书气自华：中国诗词大会火了 / 237

近一年比房价涨得还快的竟然是"它" / 243

政策红包打包送，惠及百姓有几何？ / 248

伪善人将慈善做道具"吸粉"，公众的善心真的就那么好愚弄吗？ / 253

学术会议泛滥，说说被玩坏了的学问 / 258

一个新社会阶层的崛起 / 264

后记 / 269

政府出重拳颁布历史最严限购令，一城一策下的房地产市场怎样了？

孙中山先生提出的民生思想"居者有其屋",是老百姓安身立命的真切需求。近十年来中国楼市在资本涌入下,价格飙升,居有其所也渐渐变成了一件奢侈的事情。购房者、开发商、政府等各方力量相互角力,楼市的走向也变得扑朔迷离。国内多个城市相继出台楼市限购政策,预备购房的家庭或因身份限制问题或因首付资金问题,购房计划就此搁浅;生意红火如日中天的房地产中介遭遇寒冬,市场需求被极大压抑,房源积压,整个中介市场如履薄冰;专家对于这场政策引起的房地产市场动荡有着不同见解,市场走向并不明晰。

我们知道,在总体上,中国楼市在这十年来一直处于量价齐升的状态。中国经济不断发展,城镇化不断推进,住房刚需、改善型需求、投资型需求等各种需求从未降温,而楼房存量在举国"圈地建楼"的热潮中也一直稳步增长,尽管中央政府多次颁布政策干预,但是楼市在短暂降温之后依然是一派火热的景象。政府紧锣密鼓出台更为严格的楼市限购政策,究竟在何种程度上能够让中国楼市回归更为理性的轨道,不得而知,对于中国百姓究竟有何影响,也是众说纷纭。对于这场资产狂欢,有人深信不疑这是一场随时都可能破碎的泡沫,有人认为强有力的中国政府一定能够套牢这匹与百姓生计和GDP增速息息相关的楼市野马;有人认为中国楼市的破灭极有可能呈现美式阵痛,如2008年的美国次贷危机瞬间爆发并席卷全国,有人则认为中国楼市将遵循日式低迷的模式,在政府政策的不断干预中逐渐降温。这种观点的分歧使楼市前景显得更为扑朔迷离,各方力量都以自己的方式做出回应,而这种回应又不断重塑着楼市中各方期望和实际角力,楼市的走向从来都不是一方力量能够决定的。下文,笔者将在回顾自2016年国庆期间政府限购政策对楼市走向影响的基础上,探讨楼市"升升不息"的个中缘由。

楼市因城施策　各方力量应对忙

　　这场楼市的收紧调控大潮在 2016 年国庆期间密集袭来，据凤凰房产网悉心整合，9 月 28 日至 10 月 8 日，短短十天时间里，先后共有 23 个城市公布楼市新政。[①]

　　9 月最后一周，杭州、昆山、北京和天津相继收紧楼市政策，主要从身份和房贷两个渠道着手，北京在新政出台后，本地户口限购两套，而外地户口限购一套，并要求有五年社保，首套房贷要达到 35%，而二套房贷也是需要 50% 的首付。10 月国庆节假期间，更多城市也相继出台政策，包括郑州、成都、合肥、济南、无锡、苏州、深圳、南宁、厦门、广州、南京、珠海、惠州、武汉、东莞、福州、佛山、上海和南昌。其中深圳出台史上最严楼市新政，要求本市户籍成年单身人士（含离异）限购一套住房，连续缴纳 5 年以上个人所得税或社保的非户籍居民家庭，限购一套住房。同时，在首付上，对于无房且无贷款记录的，继续执行三成首付；对于无房但有贷款记录的，首付不低于五成；对于已经有一套住房的，首付则飙升到七成[②]，与全额购买楼房资金上的差别已经不大，这一点与广州的政策调整情况十分相似。上海作为外来人口不断涌入的一线城市，在楼市政策上也做出了相应调整，在"沪九条"[③]的基础上，推出了六条更为细致化的措施，如进一步加大商品住房供应力度、进一步加强商品住房用地交易资金来源监管、进一步加强新型商品住房预销售管理、严厉查处房地产市场违法违规行为、全面实行存量住房交易资金管理制度、加强政策解读和宣传[④]。东莞则宣布实施房价熔断机

[①]《2016 中国楼市限购限贷政策一览》，2016 年 10 月，http://gz.house.ifeng.com/column/news/lsxz2016/index.shtml。

[②]《深圳出台史上最严楼市新政：二套房首付提升至七成》，2016 年 10 月 9 日，http://gz.house.ifeng.com/detail/2016_10_09/50904670_0.shtml。

[③]"沪九条"即《关于进一步完善本市住房市场体系和保障体系促进房地产市场平稳健康发展的若干意见》。

[④]《上海六条措施遏制房价上涨：加大商住房用地供应》，2016 年 10 月 8 日，http://gz.house.ifeng.com/detail/2016_10_08/50903722_0.shtml。

制，即商品房一套一标，明码标价，经价格备案后，若商品房价格向上或向下浮动超过15%，则将自动锁定交易，并无法进行网上的签约程序。① 这些或提高限购标准，或提高首付比例，或提高土地供应量，或实行价格熔断机制等的政策改变，都在一定程度上抑制了旺盛的房地产购买需求，抑或稳定了不断上升的价格，对各个城市的楼市降温都起到了一定作用。

笔者认为，之所以如此密集地颁布政策，一是楼市降温迫在眉睫，二是相对于以往的举国"一刀切"统一政策模式，此次的政策调整为因城施策，每个城市按照自己的真实情况做出政策调整，但若时间差过于冗长，将会导致投资型需求抓住政策时间差漏洞，转移其他城市"攻城略地"，造成新的混乱。另外，从列举的城市来看，大部分城市都为一、二线城市，三、四线城市居少，这是因为一、二线城市由于基础和配套设施完备，经济增长空间大，未来发展前景明朗，大量劳动人口涌入，尽管楼房建设呈现典型的中国速度，已然存在供不应求的状态，而三、四线城市由于居民购买力较低，同时由于经济发展有限，配套措施不完善，楼房的升值空间也亟待商榷。

一、二线降温显现　三、四线忙去库存

在中国，任何不谈地区差异城市区别直接谈趋势变化的都无多大意义，这种城别区划在中国房地产市场中表现得尤为明显。此次2016年国庆前后的楼市政策改革大多发生在一、二线城市，三、四线城市情况较少。

在一线城市，考虑到经济迅速发展，外来人口不断涌入，配套设施完善等情况，潜在的房产需求在可期的未来都将保持一个较高的水平，因此供不应求的基本面不会发生改变，但是由于受到政策调整的影响，短期内成交规模会有所缩减。② 在楼市新政出台后的北京，二手房市场呈现降温迹象。在

---

① 《2016楼市调控最新消息：东莞宣布实施房价熔断机制》，2016年10月11日，http://www.zhicheng.com/n/20161011/97787.html。

② 《2016上海楼市何去何从？史上最严限购令使楼市退烧》，2016年4月8日，http://mt.sohu.com/20160408/n443687073.shtml。

一线城市的二手房市场中,改善型消费者是楼市中一支主力大军,这种消费者一般会用连环单的形式来买房,即先卖掉自己的一套房子然后再利用这笔收入来消费更好的房屋。这种改善型的房产消费负担在于买卖之间的差价,因此旧房源的供需情况以及新房源的首付价格两者决定着改善型消费者需要筹备的费用。许多在2016年国庆前期准备好置房的家庭,新政出台后在新旧房源两方都面临着尴尬境地,在旧房源方面,一是受到政策影响,部分购房者可能因为身份问题如外地户口购买房产数量有限、社保时间不足等无法置办新房,也有部分消费者面对骤升的首付比例,一下子入不敷出,有些囊中羞涩,只能暂时搁浅购置新房的计划。而在新房源方面,改善型消费者面临和上游买家同样的身份尴尬问题,或者资金周转问题,"一套700万的房子,一夜之间就需要多找补出280万元的首付钱",北京的唐女士本希望通过卖出旧房置办新房,提高家里人的居住质量,但新政出台后,面临多出来的天价首付,买房计划也就只好暂时搁置。[1] 唐女士并非是个案,在北京,受到楼市新政的影响,有两到三成的客户将会延缓换房的计划,由此引发的违约和纠纷案例也明显增多。上海作为另一个一线城市的典型代表,改善族经历了和北京消费者相似的境遇,"下家被限购,上家置换难"[2]。在新政出台前,上海中环以内的高端房源价格飞涨,并在挤出效应作用下,带动外围楼市的价格上升,在这种房价普遍看涨的态势下,消费者急不可耐地希望早日成交以避免房价再度攀升,而楼盘销售商则十分惜售,连续跳价,甚至撕毁条约唯恐自己的房子低价出卖。这种典型的卖方市场在新政出台后发生了极大逆转,买房或由于身份或首付原因无法购置,或因为楼市价格下行投资房产预期收益降低,火热的购房需求被泼了一盆冷水,就此降温,而卖方也失去了早期的怡然自得,如今只想尽快将房源售出,套出现金,落袋为安。"新政一周后,成交萎缩二至四成,板块看房量大降三至八成,减量中非户籍看

---

[1] 《首付一夜多了几百万,违约弃购》,2016年10月14日,http://epaper.bjnews.com.cn/html/2016-10/14/content_655435.htm?div=-1。

[2] 《2016上海楼市何去何从?史上最严限购令使楼市退烧》,2016年4月8日,http://mt.sohu.com/20160408/n443687073.shtml。

房客占六成,新政后违约案例骤增,退房成潮或逾三成"①,整个楼房市场一片惨淡。然而,楼市政策打击的不仅是投资的楼市投机客、改善型需求买家,同样受到影响的还有刚需买家,因为社保或缴税未能满足要求而被拒之门外。在国内大城市,房子不仅意味着遮风避雨的容身之所,更与社会上的其他资源挂钩,如每一个父母的头等大事——子女教育问题。对于这种在政策调整中受到影响的刚需群体,其中以外来人口居多,政府应该将他们的真实诉求纳入政策考虑的范围,并且大力发展租赁市场,暂时解决居住问题。

在部分二线城市如武汉、成都、合肥等,虽然楼市泡沫问题也存在,但是总体上而言没有一线城市严重,因为出台的楼市调控政策也相对比较温和,对于普通消费者和房产开发商的冲击相较一线城市较小。二线城市由于地理位置和经济发展等原因,呈现出来的楼市状态也更为多元,如同样作为二线城市的西安,则经历了与楼市低迷截然相反的情况。"外地客"在这座有着多年古都历史的旅游城市,是一个常年存在的群体,多为了游玩的目的前来。然而,这个黄金周期间,本地民众提起这一频见于报端的"外地客"时,他们还指代着另一群体——买房潮下一掷千金的外地购房客。2016年国庆期间,但凡实施了紧缩型楼市政策的城市,楼市都是一片低迷,成交量屡创新低。而西安作为中部的二线城市,犹如泥石流中的一股清流,楼市销量一片热火朝天。这些来到西安买房置地的房客主要有三类,一是本地刚需置业者;二是返乡置业者;三是外来投资群体。②前两者由于对本地情况比较熟悉,投机性购房的现象比较少,而外来投资群体在楼市升值空间很大的预期中非理性消费的情况较多。这些外来投资群体主要来自于北京、上海、广州、深圳等一线城市,相比于这些地方动辄几万元一平方米的楼市天价,西安俨然楼市中的一块价值洼地,每平方米几千元的楼市价格有如白菜价。据西安媒体报道,国庆期间西安楼市一片盛况,"外地人

---

① 《2016 上海楼市何去何从? 史上最严限购令使楼市退烧》,2016 年 4 月 8 日,http://mt.sohu.com/20160408/n443687073.shtml。

② 《2016 年房价走势最新消息:北上广深买房客国庆"白菜价"狂扫西安楼市》,2016 年 10 月 9 日,http://www.kuaiji.com/news/3222773?_t_t_t=0.9881080307532102。

狂刷卡买多套房"，更有一位来自上海的客户，一口气买了12套房，尽管总体数量不小，但是在价格上，折算成北上广深的楼市价格其实并不惊人。然而，这种疯狂的投资是否能够给买房客带来收益是值得考量的，据一位在北京工作、西安买房的知情人士所言，西安与北上广深的楼市俨然两个不同的世界，尽管外面的楼市红火如日中天，西安的楼市依然不温不火，房价并没有任何变化。① 因此，如今这一波疯狂置业的投资者们是在对未来西安楼市可期升值空间做了准确估量下做出的决定，还是脑袋一热拍拍脑门做出的决定，我们不得而知。

对于三、四线城市，楼市较为低迷，仍以去库存为主。若对三、四线城市再做细致的划分，也能够发现不同城市有着不同的楼市热点。首先来看中西部的省会城市，这一类型的三、四线城市楼市并没有在举国限购潮下发生太大的变化。以呼和浩特为例，楼市相对清静，大部分潜在消费者仍然保持着观望的态度，而开发商在有限的市场需求影响下，也纷纷放缓建设新楼盘的步调。这些位于中西部的三、四线城市，一方面，缺乏像一、二线城市那样的核心竞争力，经济发展缓慢，对外来人口的吸引力不足，房产升值空间有限，因此对于投资型消费者的吸引力在减弱；另一方面，城市内部的需求较小，本地居民虽然有住房的刚需，但是这些需求或已被父辈留下的房产或者较小的房产所满足，因此并不迫切。同时，城市居民生活水平和支付能力较低，尽管政府给予了大量的补贴，依然是杯水车薪，潜在的购房需求并不能转变为真实的市场需求。② 其次让我们把目光转向在京津冀、长江三角洲和珠江三角洲都市圈周围的三、四线城市，如保定、唐山、常州、无锡、东莞、佛山等城市，由于处在一线城市的边缘，经济往来频繁，地理位置占优，这些城市在某种程度上都快变成二线城市了，楼市也更容易受到一线城市的影响。这是因为，大量的资本由于限购政策的出台，在一线城市没有投资的

---

① 《2016年房价走势最新消息：北上广深买房客国庆"白菜价"狂扫西安楼市》，2016年10月9日，http://www.kuaiji.com/news/3222773?_t_t_t=0.9881080307532102。

② 《2016楼市重启限购轮回战，呼和浩特还在去库存路上》，2016年10月11日，http://hhht.house.sina.com.cn/news/2016-10-11/150661915044132504082211.shtml。

空间，更多的需求被挤出，离一线城市最近的三、四线城市便有了直接优势，能够吸引到大量空余资本。在珠江三角洲都市圈周围，东莞靠近深圳都市圈，佛山靠近广州都市圈，而惠州则相距深圳和广州都较近，但这些三线城市在国庆前后一段时间的房产成交量和成交面积都呈现了下降趋势，唯独与深圳、广州地理位置相离较远的韶关反而楼市火爆，其中不乏在一线城市打工但因房价高企而购房无门的流动人口，落叶归根，这部分人群大多有多挣些钱回老家买房的念头。反观长三角地区，城市"苏锡常"虽都临近上海，但是三者在楼市表现上却十分不同。北方的京津冀地区也聚集了一批受惠于政策支持和重要区域规划而拥有不错发展前景的城市，如保定、包头等，但 2016 年国庆期间，它们的楼市成交量也出现了不同程度的下滑。①

从 2016 年年初开始，国内的楼市市场一直呈现逐渐升温的趋势，从典型的一、二线城市开始，辐射到周边重要城市，并向西蔓延，影响中西部主要省会城市。正当开发商满心期待楼市价格继续上扬以便赚个盆满钵满，而消费者则盯紧楼市价格的任何微小变动准备瞄准时机适时下手时，楼市的走向违背了所有人的期待，限购政策的出台使一片火热的楼市一下子风平浪静起来，房产中介门可罗雀，成交量惨淡，从最初利润稳定可观转变为只为尽快转手求个落袋为安。这种情况的转变首先出现在限购政策最为严格的一线城市，并逐渐向中西部的其他城市蔓延，大部分城市楼市受到政策影响而急剧降温，但也不乏部分城市，由于发展前景不错，受到在一线城市求购无门的资本的青睐，反而成为惨淡楼市中的冉冉新星。

房价"升升不息" 个中泡沫有几何？

近些年来，楼市价格一直呈现上扬的姿态，一方面是因为城镇化迅速，人口住房需求旺盛，推动价格上涨；另一方面则是投资情绪浓厚，人们普遍

---

① 《2016 楼市重启限购轮回战，呼和浩特还在去库存路上》，2016 年 10 月 11 日，http：//hhht.house.sina.com.cn/news/2016-10-11/150661915041325040822111.shtml。

期待楼市价格会进一步上扬。然而，中国房地产大亨王健林旗下的大连万达地产是中国最大的商业地产开发商，他在 9 月发出了警告，称中国房地产市场泡沫是"历史上最大的泡沫"[①]，随时都有要破碎的风险。尽管如此，疯狂的楼市购买者依然踩着自己的节奏点，选房看房购房忙得不可开交，而房产开发商更是疯狂买地，争做地王，工程建设不敢懈怠。

楼市是中国经济的重要支柱，由于覆盖的产业链条长，对中国的各行各业都有着重要影响，如银行、重工业、建筑和家庭等。"我们认为，楼市对中国经济的产出的直接和间接贡献高达 19%"，"房地产对中国整体经济非常关键，楼市活动与房价下降 10% 便会使中国的国内生产总值（GDP）增速下降多达 5 个百分点，这基本上会造成国民经济是增长还是下滑的区别"。[②] 因此，牵一发而动全身，房地产行业与国民经济其他部分的互相交织，并对我国保持经济发展速度的目标有着不可估量的影响。尽管在总体上，政府希望保持楼市繁荣，促进经济发展，但是过于扭曲和混乱的市场是政府远远不愿意看到的，所以才会有限购令频频出台的现象，政府不断出台政策希望稳定火热的楼市市场，引导消费者理性消费，房地产商不过分哄抬房价，推进房地产市场的健康发展。

对于房地产是否有泡沫，泡沫有多大，是否会破灭，何时会崩溃，影响有多大等问题，消费者、房地产商和政府等利益相关方都有着自己的预想。尽管楼市预期心理是影响楼市价格走向的重要因素，但也无法改变一些客观存在的楼市事实，即楼市潜在的结构性痼疾。

首先是楼价的合理程度。2016 年上半年北京新建商品房的楼价水平在每平方米 3.8 万元，而二手房在每平方米 4.3 万元，假设一个三口之家打算购买一套 100 平方米左右的房子，那么所需要支付的费用在 300 万元到 450 万元之间，而 2015 年中国的人均可支配收入为 4.8 万元。假设这些收入全

[①] 《王健林：中国房地产泡沫"史上最大"》，2016 年 9 月 30 日，http://www.ftchinese.com/story/001069595。

[②] 《王健林：中国房地产泡沫"史上最大"》，2016 年 9 月 30 日，http://www.ftchinese.com/story/001069595。

部用于购买房子，那么所需的时间则是 100 年左右，再假设夫妻双方都有可观的收入，那么可以买房的时间为 50 年左右。一般情况下，大学毕业生的年龄为 20 岁出头，这意味着一个家庭需要工作到 70 多岁才能买上房子。[①]
改革开放以来，中国的社会结构发生了不小变化，如社会贫富差距不断加大，一部分人先富了起来，占据了有限的社会资源，但让另一部分人后富起来的远景还远远没有实现。因此，能够买得起房的一般是社会中占据资本较多的阶层，而大部分工薪阶层则需要在生活的琐碎和劳动的疲惫中寻找释放压力的出口，而仅仅是居有定所这一基本需求，就将耗尽他们大半辈子的积蓄。这种无奈对于掌握大量资本的富裕阶层而言压力小了不少，重要的是，他们找到了一个继续放大资本的良好资产——房地产。作为投资型消费者，他们是搅动房地产这一浑水的重要因素，他们的竞相投资不断抬高楼市的价格预期，使得楼市价格逐渐脱离实际成本和合理售价。

其次是楼房的租售比，即楼房租赁价格和售卖价格的比例。在国际上，租售比安全线为 1∶200，而中国一线城市如北上广深的价格比例达到了 1∶500 以上，一些地区甚至达到了 1∶1000，令人瞠目结舌。[②]而在中国，土地的使用权为 70 年，虽然对于房产的使用权属于个人，政府无权干预，但是都说房地产房地产，房产和土地自是不可分割，这意味着房产的法定房龄只有 70 年的时间，也就是说如果如今购买房子的目的不是自己居住，而是希望通过房子这一资本获利的话，靠租赁收租一定无法回本，唯一能够获取利润的手段则是通过在较低价位买进房产并在较高价位出售。因此，只有在楼市不断看涨的时候，才会有资本源源不断地投入市场。值得注意的是，这种看涨只是一种心理预期，而非实际效用，一旦社会心理预期发生变化，价格下降，"有楼无市"或价格下跌的情况出现，房产拥有越多，则损失越为惨重。

---

① 《中国房地产泡沫会引发债务危机吗？》，2016 年 9 月 26 日，http：//www.ftchinese.com/story/001069471?full=y。

② 《中国房地产泡沫会引发债务危机吗？》，2016 年 9 月 26 日，http：//www.ftchinese.com/story/001069471?full=y。

最后是中国社会的整体负债率较高，而这其中大部分是与房地产相关的。"三方理财债权、影子银行固定收益品、银行理财产品、部分地方债、部分企业债、部分银行放贷等构成的国内规模庞大的次级债务"，"政府、企业、居民累计的债务总额已经达到我们国内生产水平的280%"[①]，这与美国2008年次贷危机发生的前夜非常相似。金融市场环环相接，一旦某一链条发生了崩溃，对整个系统的打击都是巨大的。

尽管有关国内房地产泡沫危机的信号不断释放，为何房地产市场依然未能降温？这其中不乏有对市场信号充耳不闻的乐观主义者，但是大部分的投资者还是对这些危机的征兆心知肚明，他们知道泡沫总会有破灭的一天，而且这个日期正日益迫近，但是每个人都有这种自信，认为危机来临前夕，自己能根据出现的风吹草动，而及时调整自己的资产布局，适时抽身。投资者的自信还来自于对于我国政府对金融市场调节能力的信任，由于经济增长速度变缓，消费升级，股市低迷，于是房地产行业成为政府拉动经济增长的重要引擎。正是因为房地产的这种重要性，投资者相信政府为了保持经济的平稳运行，一定不会让房地产行业崩溃出现。尽管政府希望房地产市场稳定所言不虚，但是市场的变幻莫测永远不是政府能够准确估量的，一旦经济脱离轨道，纵然再有"四万亿"的政府刺激计划，恐怕对于稳定市场和复苏经济也是回天乏力。日本、美国、东南亚等发生过金融危机的国家和地区政府同样也不希望股市或楼市崩溃，但是他们对于市场能做的依然很少。

2016年国庆期间政府"因城施策"，对于一、二线城市的楼市频频发招，目的也是为了稳定和规范国内楼市，促进房地产行业健康稳定发展，保障广大工薪阶级的利益。阵痛总是不可避免的，随着规范不断建立，房地产行业必定会朝着一个更加健康的方向发展。

---

① 《中国房地产泡沫会引发债务危机吗？》，2016年9月26日，http：//www.ftchinese.com/story/001069471?full=y。

小智库，微建言

　　结构—功能主义认为，社会是一个系统的整体，各个环节相互关联，某个环节的变动能够引起社会其他部分的相应调节。中国楼市一直处于一个相对火热的状态，市场各方对价格的不断上涨十分躁动。为了让市场回归理性，除了调整限购数量以及上调首付比例的措施之外，政府还希望通过增加房地产税的形式调节市场。税务的增加会使购买多套房产的投资型购房者成本增加，从而抑制投机性需求。对于刚需购房者，虽然房地产税的施加会在一定程度上增加购房成本，但是他们也希望房地产税的施加能够倒逼出一些房源，抑制房价。房地产税并不能在短期之内奏效。税收有别于其他调节工具，如信贷、限购和土地等，其针对的更多是一个长期的过程，"房产税从立法到实施需要耗费较长时间，无法应对短期房价过快上涨问题"[1]。另一方面，目前全国还没有一个统一的不动产登记工作[2]，随着登记工作的开展，房地产税的征收过程也讲究循序渐进的。

　　社会冲突论认为，社会各方力量一直处于矛盾和冲突的状态中，并在这种对抗中逐渐寻得平衡点，达到稳定状态。这种协调的情形会维持一段时间，一旦一方发生改变，则又会进入另一个冲突的状态。冲突是社会的正常模式。在这种楼市调控中，购房者、地产商和政府是共存的三方力量，购房者根据不同需求导向做分类，对于房产价格的态度也是不同的，刚需购房者希望房价能够维持在一个合理的价格，改善型购房者希望自己打算售卖的房子有一个好的价格，转化为更好的收入，另一方面希望自己即将购买入住的房子能尽量低价格成交，减少支出，因此对于楼市价格存在着一种矛盾的心态，而以投资为目的的消费者，在手中房产尚未出手之前，希望楼市泡沫能够继续

---

[1] 《房地产税是楼市调控"最大招"吗》，2016年10月31日，http://news.xinhuanet.com/fortune/2016-10/13/c_1119712666.htm。

[2] 《房地产草案已经有了，最快明年提交全国》，2016年10月11日，http://finance.sina.com.cn/china/gncj/2016-10-11/doc-ifxwrhpn9670022.shtml。

维持。地产销售商掌握着大量的房产和土地，一旦楼市崩盘，他们的损失是不可估量的。在市场中，购房者和地产商是决定市场价格的主要力量，但在双方的角力中，市场价格往偏离真实价值的方向移动。尽管房产商有大量房产，尽管价格虚高让很多消费者望而却步，但是在一线城市由于需求旺盛，新的楼盘建设从未停止，而在部分二线城市，以及绝大多数三、四线城市，由于发展前景有限，购房者数量有限，楼市依然以"去库存"为主。这种消费者或出于刚需或出于改善生活或纯粹出于投资的需求，以及地产商根据消费者不同需求而采取的营销策略，或便利的地理位置，或较高的性价比，或可期的升值空间，以期吸引到不同需求的消费者。但在楼市中，当泡沫巨大之时，市场依照原有的惯性前进，个体不能左右市场的走向。市场不是万能的，当市场释放出过多危险的信号，政府需要用强有力的政策来引导市场走向"正确"的轨道。这种规范意义上的"正确"是复杂的，此次的政府对楼市的"因城施策"，也是希望各个城市能够根据自己的真实情况做出有效的调节。

  符号互动论认为，群体会根据事物传达出来的信号不断调整自己的预期和行为，我们的决定是建立在符号传达出来的信息上，即便有的时候信号所传递的信息是错误的，我们也依然会根据这种错误信息来引导自己的行为，一旦采取该种行动的人数达到一定数量，预期也将变成事实。房地产高企的房价，原因在于消费者对于房价继续上涨有种确定的期待，而这种确定的期待又来自于楼市传达出来的各种信号，如土地价格不断上涨，房地产之外的优良可供投资的资产缺乏，新楼盘的建设速度依然飞快。大家都在房地产资本中赛跑，别人跑得越快，自己便越发觉得自身有落后之势，便拼命追赶，此时作为标准的是其他的赛跑者，而非真实的跑道。房地产泡沫论的有趣之处在于，只有在泡沫崩盘之后，投资者才知道到底是谁站在了正确的一边。①泡沫中，楼市的真实情况或者说资产的真实价值被各种市场信号所扭曲，人们购买房产并非是由于它的真实价值，而是出于一种"买涨不买跌"的投机

---

① 《为何泡沫越临近破灭涨幅越猛？》，2016 年 3 月 9 日，http://www.ftchinese.com/story/001066525?full=y。

心理，而泡沫之所以会破灭，则是因为市场出现了价格跌落的趋势，大家对于价格上涨的心理预期越来越弱，投机意愿也越来越弱。经济学理论中，市场价格由需求和供给相互决定，并反映产品的真实价值，但是在房地产行业泡沫中，特别是在临近崩盘之时，涨幅反而更加明显，没有人不被这个暴利的行业所吸引，纷纷加入哄抬房产价格的大军中，但这种价格上涨突破一个临界点，危机也即将来临。

暴力伤医事件为何屡发生?

"又是暴力伤医！常德一医生深夜接诊时被打，2名打人者被行拘"；"重庆患者与医生发生争执，医生被砍成重伤"；"莫叫'暴力伤医'成'不治之症'"——搜索2016年全年关于"医生"的新闻，暴力伤医案满目皆是。针对医生、护士等医疗工作者的恶性伤害事件触目惊心，社会各界谴责不断，政府法院表态将对伤医者、杀医者严惩不贷，暴力伤医为何仍然屡禁不止？人民网、法制报等新闻媒体对这些案件进行统计，数据显示2016年全国发生典型暴力伤医案例42起，共导致60余名医务人员受伤或死亡，涉及的医闹人员达230人。从历史趋势上看，医护人员受到性骚扰和性袭击趋势也呈上升趋势，和五年前相比翻了一倍以上。

近年来，医患关系紧张屡屡成为社会热点话题。医生、护士在人们心中的形象是"济世救人""白衣天使"，然而在今天的中国，这些以救死扶伤为天职的医疗工作者除了要承担超量工作和生活压力之外，还成为时刻可能面临生命威胁、需要被救助的对象。一些大学生在采访中表示自己本来想要学习医学专业，但却因为暴力伤医案的频发而被家人阻止，自己也心生畏惧。暴力伤医案寒彻医者之心，更会威胁到全社会的稳定与发展。

不寒而栗，暴力伤医案件屡禁不止

近一年来，中国医疗健康行业取得了许多成果，比如2016年年初国务院印发了《关于整合城乡居民基本医疗保险制度的意见》，开始整合城镇居民基本医疗保险和新型农村合作医疗两项制度，推动建立统一城乡居民基本医疗保险制度；国务院还制定了《中医药发展战略规划纲要（2016—2030年）》，明确提出了到2020年实现人人基本享有中医服务、中医药产业成为国民经济重要支柱之一和到2030年中医药服务领域实现全覆盖两个阶段性目标。但是，贯穿2016年全年的暴力伤医案件却给中国的医疗行业发展蒙上了一层阴影。

在这一年中，不但有患者家属组织百人围堵医院造成恶劣影响，还有超过 60 名医护人员受伤或死亡。2016 年 10 月，最高人民检察院召开新闻发布会，发布《关于全面履行检察职能为推进健康中国建设提供有力司法保障的意见》，通报了 12 起服务健康中国建设典型案例，其中涉及暴力伤医 2 起、涉及污染环境 2 起、涉及食品药品安全 4 起、涉及职务犯罪 3 起、涉及行贿犯罪 1 起。这些案例中，排在最前面的就是河北衡水故意杀医案和山东莱芜暴力伤医案。

案例一、河北衡水故意杀医案

2003 年，李刚在发生车祸后曾到衡水四院进行诊治，后腿部感染，继而右腿残疾。2016 年 7 月 21 日 17 时许，李刚因怀疑当时主治大夫刘广跃诊治不力等原因，到衡水四院找到刘广跃，用随身携带的折叠刀对刘广跃连捅数刀，致刘广跃失血死亡。据知情医生透露，7 月 21 日下午 5 点左右，同事喊刘广跃主任下班后去吃饭，他回复要在诊室等人。晚上 7 点多，刘广跃妻子见人未归，便来医院寻找，随即发现人已在诊室被杀。而据观看过监控录像的医生回忆，刘广跃主任被害时间是在 7 月 21 日五点半到 6 点之间，凶手动作敏捷。刘医生右侧颈部，肩胛骨被砍断，胸骨砍断，右臂手肘被砍断，左大腿四处刀伤，腹部三处刀伤，死者因颈动脉破裂失血过多而亡，现场非常惨烈。另一位该院医生介绍，刘主任被发现时已经失血性休克，医院全力抢救，但终究没能挽回。"我们都一夜未眠，昨晚知道消息的同事都赶到医院，大家都非常悲痛，现场哭成一片。医院领导也是第一时间赶到现场，看到这样的情形，每个院长都在哭。"刘广跃医生是衡水市第四人民医院的中医骨伤主任，从事骨科工作已 30 余年。事情发生后，衡水四院的医护人员纷纷自发悼念刘广跃主任。也有同事回忆提到刘主任是一个特别和蔼可亲的人，不管对同事还是对病人总是在微笑。①

衡水杀医案震惊了全社会，现场照片的惨烈让人无法想象这位医生在生

---

① 《河北衡水四院一医生在诊室内被砍伤后死亡，凶手在逃》，腾讯网，2016 年 7 月 22 日，http://hb.jjj.qq.com/a/20160722/019472.htm?pgv_ref=aio2012&ptlang=2052。

命的最后时刻到底遭受了什么。而且更令人惊讶的是，从杀人者李刚就诊到其实施犯罪行为，中间相隔长达 13 年！这充分说明杀人者并非是冲动行凶，而更可能是目标明确、蓄谋已久的故意杀人。这一事件很容易让我们联想起 2016 年 5 月份广东省人民医院口腔科主任陈仲伟在家中被一位 20 多年前的患者砍伤致死的沉痛事件。警方介绍行凶人不久前曾因为烤瓷牙出问题要求索赔闹事，最后尾随陈医生在其家中行凶。社交媒体上流传着一张广东省人民医院抢救室的照片，小小的手术台旁围着多名医生，抢救室门口也挤满了翘首观望的医护人员，救死扶伤的白衣天使们在那一刻显得却是那样脆弱。仅仅是"怀疑医生诊治不力"，"20 年前的烤瓷牙变了色"就可以做出这样残忍的行为，怎能不寒彻人心？

案例二、山东莱芜暴力伤医案

2015 年 11 月，犯罪嫌疑人陈建利的妻子怀孕生产时住在莱钢医院。刚产下的婴儿有严重先天性疾病，家属询问李宝华医生意见，李医生及几位专家从医学角度介绍了相关情况，家属最终决定放弃治疗，最终婴儿死亡，但陈建利由此认为孩子死亡是李医生劝的，后其多次与医院沟通协商解决方案未果。2016 年 10 月 3 日，陈建利携砍刀到莱钢医院外科 5 楼医生休息室，找到儿科值班医生李宝华讨要说法。其间，陈建利从包中拿出砍刀砍击李宝华头部一刀。李宝华跑出医生休息室，陈建利当众持刀追砍至医生办公室门口，用力砍击李宝华头部两刀，李宝华跑进办公室后陈建利又用力砍击其头部十刀，并阻止其他医务人员进入室内救治。李宝华于当日 16 时许经抢救无效死亡，经法医鉴定系重度颅脑损伤死亡。据悉，莱钢医院是泰山医学院附属医院，李宝华医生是一位受欢迎的带教老师，他的妻子是莱钢医院护士，两人的孩子刚上小学。李医生不幸去世的消息传出后，李医生所带的泰山医学院实习生全班同学潸然泪下，难以接受。①

---

① 《山东一儿科医生被患者家属砍死》，凤凰网，2016 年 10 月 4 日，http://news.163.com/16/1005/14/C2KB8N9D00014Q4P；《山东莱芜暴力伤医案犯罪嫌疑人被依法批捕》，《北京青年报》，2016 年 10 月 8 日。

就在衡水杀医案发生后不到三个月，国庆期间的一则新闻再次牵动了全社会关于医患矛盾的敏感神经。作为儿科医生的李宝华医生同时也是一名父亲，更是一位尽职尽责的慈爱师长，莱钢医院的医护人员和李医生的学生自发组织了近千人的悼念活动，参加者包括李宝华医生生前的亲友、曾医治过的患儿的父母和部分群众，纪念队伍高喊："宝华走好，严惩凶手，还我公道。"他的离世进一步刺痛了成千上万医疗工作者的心，为人情天理所不容。让人感到讽刺的是，李宝华医生在生前出演过一部名为《牵挂》的微电影，在谈及医患关系时他还曾表示"医生和患者之间最重要的就是信任"。

医患矛盾引发的恶性事件在近几年间愈演愈烈，各大医院不断增强安保力量，也有不少医院的医生群体开始组织停诊抗议。如果说几年前网络上还经常可以看到一些赞许杀医行为的偏激声音，在这一年间，网络舆论已经基本达成共识——不能容忍伤医、杀医案件的发生。医生群体的恐惧从医院内部向外蔓延至普通民众，一个充满怨气、随时可以拿起武器攻击他人的社会，会是一个可以安居乐业的稳定社会吗？答案显然是否定的。而要遏制住暴力伤医的风气，不仅需要舆论的谴责，更需要实打实的行动。而这一切都必须建立在对暴力伤医案件频发的社会根源的分析之上。

举步维艰，医务人员为何如履薄冰

曾几何时无比神圣的医生职业令人心向往之，神医扁鹊、医仙华佗的故事仍在世代传颂。而在暴力伤医案件高发的今天，医生群体陷入了普遍的恐惧和忧虑之中，越来越多的家庭和个人对于学医产生抗拒。我们似乎已经很难说清，医生和患者之间的关系是从什么时候开始变得如此"水火不容"，个中原因，既要着眼于包括医院管理体制、补偿机制、医疗保障制度、法律法规等多种具体的制度化因素，也要看到处于转型期的中国社会整体面貌或者说是社会风气的状态与走向，这往往揭示着整体社会更深层次的问题。

改革开放对于中国社会的转型发展具有深远的历史意义，对于医院和医疗行业整体发展自然也产生了重要影响。浩浩荡荡的医疗体制改革涉及很多方面，其中重要的一点就是将公立医院变成股份制企业，也就是医院的市场化改革。在国家无法提供充足支持的情况下，公立医院也必须面向市场获得收益。这就造成了一个重要问题，即医疗机构的公益性和营利性不分。尽管目前国内医院仍然以公立医院为主，民营医院较少，但所有医院都必须追求利润。而如果想要在新的利益分配格局中争得一席之地，很多医院不得不将经济利益放在首要位置，"救死扶伤"的道义担当只能退居次席。而我们似乎又不应该苛责医生，毕竟如果他们连自己和自己的家庭都养活不了，又何谈悬壶济世呢？

盈利需要和社会责任的冲突更加激烈地体现在医药行业。2016年的"魏则西事件"引发全民关注，"莆田系医院"、部队医院承包体制等关键词开始进入公众视野，武警二院带着公立、三甲、武警等光环进行虚假宣传，将国外快放弃的"斯坦福生物免疫疗法"包装成国外引进的先进技术，并以此收取高额费用、赚取利润的行径令人震惊，更有济南庞氏母女涉嫌非法经营二类疫苗、涉案金额高达5.7亿元的案件使舆论沸腾。反思这些事件的根源，都必须看到在医疗体制的市场化改革中形成的种种利益竞争关系，监管部门在很长一段时间里也只是选择睁一只眼、闭一只眼，最终利欲熏心、草菅人命的庸医和医院只会破坏掉医生职业的严肃性和崇高性，并一点点消磨掉医患双方仅存的信任关系。

除了创收压力之外，市场化改革的推进也带来了民众思想观念的变化。一方面，长期以来医院作为"公家单位"的形象深入人心，在基层民众眼中，医务人员本就应该是"人民公仆"；另一方面，市场化观念又引入了作为医疗服务消费者和供给者、顾客与商家的关系模式。这种双重身份与关系造成了医生与患者更深层次的隔阂，加之医疗行业本身就存在较高的行业壁垒，普通民众很难理解医生的专业术语和诊断考量，在涉及身体健康甚至生死问题的时候，就更加容易情绪激化，触发暴力行为。

2016年年中，新京报记者梳理了自2015年以来媒体公开报道的伤医事件，发现在报道中有明确起因的伤医事件中，有11件为"提出优先看病、加号等要求未得到满足"，而"伤人者处在精神不稳定状态"和"不愿接受、不认同医方安排"的事件各有 10 件，对工作方式或态度不满的，患者死亡引发的有 9 件，对治疗效果不满引发伤医的有 8 件，可以看出，大部分伤医事件并不是因为对医院的医治效果不满意，而是因为"要求未得到满足""不认同安排"等双方沟通合作上出现的问题。且在其统计的 60 起伤医事件中，有 31 件发生在三甲医院，18 件发生在二级医院，三级非甲等医院 6 家，民营医院 2 家。①

如果我们暂且忽略数据统计媒体报道倾向的影响和我国医院分布的相关数据可能造成的结构性分析问题，在这一统计中我们至少可以看到，暴力伤医案很多时候和医生治病治得怎么样脱离了关系，而是成为患者对于更普遍的医疗体制漏洞和医疗行业难题不满的发泄对象，加上见诸报端的庸医也的确颇多，更加使得患者在遭遇不公或承受打击时选择向医生报复，又进一步加剧了医生与患者之间的紧张关系。如此恶性循环，受伤的绝不只是医务工作者，而是我们每一个微小的个体。

严惩不贷，立法司法必须双管齐下

尽管暴力伤医案件屡发的原因的确相对复杂，但对于这种伤天害理、触碰社会底线的犯罪行为都必须坚决打击。相对令人欣慰的是，山东莱芜伤医案件发生后，公安机关以陈建利涉嫌故意杀人罪报请莱芜市钢城区人民检察院审查逮捕。钢城区检察院受案后，立即开展了案件审查、讯问犯罪嫌疑人、案件讨论等工作，在一天之内就依法对陈建利做出了批准逮捕决定。

2015 年《中华人民共和国刑法修正案（九）》出台，"医闹"终于入刑。而从 2016 年 7 月起，国家卫生计生委等 9 部门也开始在全国范围内开展为期 1 年的严厉打击涉医违法犯罪专项行动。10 月，中国最高人民检察院侦查监督厅厅长黄河也表示："暴力伤医不管事出何因，都是伤天害理，必须

---

① 《大数据解密暴力伤医事件普遍"规律"》，《新京报》，2016 年 5 月 12 日，http：//news.sohu.com/20160512/n448984584。

坚决予以依法严惩，这是各级检察机关达成的一个基本共识。"并指出各级检察机关认真履行检察职能、积极参加打击涉医违法犯罪专项行动的两项重要工作举措之一就是"凡是暴力伤医案件，一律列为重大敏感案件，必须及时启动重大敏感案件快速反应机制"。

立法和司法两方面对暴力伤医双管齐下，是因为检察机关和政府其他机构认识到了维护医疗秩序、打击涉医违法犯罪工作和积极参与打击涉医违法犯罪专项行动的重要性。打击犯罪分子的嚣张气焰需要强大的法律保障。当医患纠纷发展到伤医、杀医，就不仅仅是私人恩怨问题，甚至也必须跳出医患关系的角度来考察。

伤医、杀医案件本质上是针对职业群体进行的伤害案件，虽然可以医患矛盾作为主要原因来归类这一部分案件，但审理和裁决时并不应该因此而使其成为法外之地。可以暴力伤医自然也可能以暴力方式对待其他特定人群，这种倾向将威胁到每种职业的工作者。社会转型期也是利益调整期，人们的相对剥夺感更容易增强，这种对社会不公的不满可能会引发问题的集中爆发，因此引导社会风气、维持社会秩序不能以传统的弱者与强者平衡的方式和稀泥，而要对以暴力方式宣泄不满或以伤害他人的方式获得满足的行径严惩不贷。也就是我们所说的"对暴力伤医零容忍"。

此外，虽然近年来我国的法制建设发展迅速，但是还很难说法治精神和法制观念是否已经深入人心。特别是在司法不公和低效问题尚没有完全解决的情况下，民众对于法律的信仰和敬畏都还不够坚定。这一点就会突出表现在一旦遭遇不公或受到伤害，不选择诉诸法律途径维护自身权益，而是选择自行报复，甚至是一时冲动就出现伤人、杀人的极端行为。排除一些职业"医闹"的情况后，我们可以看到近年发生的重大暴力伤医案件中，大部分伤医者并不是在就医过程或第一次就诊时就实施犯罪，而恰恰是经过了一段时间的情绪积累。他们中的很多人作案前与医院或医生有过直接交涉但却没能和医院或医生化解矛盾、排除问题，甚至还使得纠纷愈演愈烈，最终形成恶性事件。

相比于其他职业，警察、医生、教师、政府官员的职业群体带有更多

"公"的色彩，也都具有一定的社会经济地位或是某个角度特定的强者优势地位，但他们中的大部分人其实也仍然是普通百姓，面对严重恶劣的生命侵害毫无防卫能力，医生尤甚。据悉在陈仲伟医生遭到攻击前，患者曾去医院找到过陈医生，称牙齿变色要求赔偿，并威胁其人身安全。当时陈仲伟医生就向医院警务室报告了情况。然而在患者被引进医院警务室后，有关诉求并未得到满足。但之后医院方面也没有为陈医生提供特别保护，陈医生还将患者照片拍下并提醒同事加以安全提防，然而他最终却仍然没能避免被这个患者伤害。所以必须通过完善立法、严格执法的实践来保护这些"强者"中的"弱势群体"。

除此之外，进一步提升全民的法制观念，引导民众在遇到纠纷时相信也愿意诉诸法律途径，才能更加有效地减少恶性案件的发生。从长远来看，这才是中国社会走向稳定的可能道路，毕竟一味地高压态势只能管得了一时，不从世风民心入手，问题便得不到长远有效的解决。

推本溯源，重建医患信任刻不容缓

前面已经提到，医疗体制的市场化改革带来医院经营性质的变化和医患关系的多重转向。传统心理学上将医患关系比作"母婴"关系，即病人像婴儿一样既需要获得身体上的照顾，又需要接受心理上的抚慰。医患之间本来就是建立在信任和感恩的基础之上的。面对复杂的专业术语和医学知识，即便是受过良好教育的民众也需要充分解释才能相对理解，而对于中国社会的广大底层民众来说，理解医生的诊断和考量难于登天，而在这种情况下将生命托付给对方，只能是出于对对方医生职业身份的完全信任。如果这种信任被破坏，医疗行业将无以为继。

对于医生来讲也是同样，十几年的寒窗苦读加上若干年的实习实践，无数的错误教训和百倍的努力奋斗才能锻炼出一名优秀的医生。如果兢兢业业的工作反而使自己陷入危险和困境之中，再强的理想主义和社会责任感也会在人身伤害前崩塌。

简单来讲，患者及其家属往往对医生缺乏感恩之情，在要求高质量医疗服务时把自己当成消费端的"上帝"，又要求戴着"神圣光环"的医生变成"完美无缺"的"上帝"，在诊疗过程中自然容易心生不满。而且部分患者缺乏医疗常识，选择相信电视媒体和网络信息而不听医生的话，甚至一意孤行要求医生按照自己的想法治疗，出现问题却要医生负责。加上的确存在的部分品质恶劣的不良医生不断败坏医生形象，部分媒体为博人眼球断章取义引导舆论攻击医生群体。最终医患之间的不信任感剧增，患者稍有不顺便大打出手，医生对自己的职业心灰意冷，矛盾只会积聚爆发。

因此，重建医患互信关系迫在眉睫，一方面，要整顿医生队伍和医院体制，将医生队伍中败类清除出去，让更多民众看到医疗行业的整体进步；另一方面，医疗科普和法制教育也不能松懈，如此才能从源头上改善医患关系、减少医患纠纷。

此外，除了正式的法律途径和媒体宣传途径，第三方调解机制的建立和社会工作的专业介入同样是减少暴力伤医事件、处理医疗纠纷的良好路径。"多年前就有专家提出第三方调解机制，即由政府组织成立调委会，其独立于卫生行政部门之外，由司法部门负责调委会的日常管理和人员招聘，经费由财政保障。这样不仅摆脱了当事医院及其行政主管部门自说自话的嫌疑，且相对独立公正的第三方很大程度上保证了患方利益，进而将更多矛盾从院内冲突转移到院外调解上。在这方面，浙江宁波等地已有成功实践，他们运用人民调解机制，实行医疗事故责任保险，有效化解医患矛盾。"[1] 所谓防患于未然，不仅仅是提醒医生群体学会保护自己，更是在出现纠纷后能够进行及时的疏导。目前各部门联合打击暴力伤医行为，对暴力伤医的犯罪嫌疑人快诉快捕固然重要，但第三方的疏解和调节机制也必不可少。而作为一种专业助人服务的社会工作，同样可以在医疗纠纷的处理中扮演更为重要的角色，其发挥作用的具体机制还需要专业人士的实践与探索。

---

[1] 周稀银：《暴力伤医多有前奏，第三方调解何以缺席？》，东方网，2016年10月9日，http://pinglun.eastday.com/p/20161009/u1ai9792974.

 小智库，微建言

从结构—功能主义的分析入手，医疗制度的存在是为了满足社会需要的某种功能，它和其他多种制度共同维持着社会的运转。当医疗制度可以发挥调动社会上的医疗资源，使患者得到及时有效的救治的作用时，它对于整个社会具有正功能；当医疗制度不能保证患者得到良好的救助，甚至威胁到了医务工作者的生命健康时，它的反功能就显现了出来。结构—功能主义依赖于稳定的秩序和共识的达成，如果目前医疗体制下的医患关系出现了重大问题，那么我们所要关心的就是如何使制度功能恢复正常的问题。而且要调整医疗体制，也必然要依赖于其他相关制度的改进，特别是立法、司法制度的完善与改进，以发挥社会系统的整合功能，使得不同制度能够相互协调、相互促进，共同促成一个和谐稳定的现代社会。

在社会转型期，社会学冲突理论的分析则更为具体，这种理论认为社会组织并不是寻求均衡的联合体，而恰恰是在不同利益群体的冲突竞争中进行强制性联合，其根源仍然在于"利益冲突"。具体到医患关系问题上，医疗制度的不合理使患者成为弱势一方，医院和医生则处在相对有利和强势的一方，信息的不对称更加重了双方的地位不平等，使得矛盾张力不断积聚。而要使双方能够重新建立起信任关系、缓解紧张的医患关系并由此杜绝暴力伤医案件的发生，必须要对现有制度进行改革。一方面可以建立起合理、公开、透明的沟通平台，使双方能够进行充分的理解和沟通；另一方面也要加强医疗监管部门的独立性与公正性，严格区分医院的营利性与公益性，使医患双方重新获得保障与安全感。

从社会学互动理论的角度也可以对于医患关系中的沟通问题进行详细的讨论。从发生暴力伤医事件的医患双方来看，患者大多是在多次沟通无果的情况下情绪激化，最终选择用暴力行为宣泄情绪或"报仇"，也就是说医患双方的沟通效率极低或者是双方实际上都只进行了单向的沟通而没有形成对双方有意义的互动。医学知识存在专业壁垒，医生在繁重工作压力下难以保

持良好的工作态度和工作状态，患者在焦急和忧虑的情绪下也很难保持理智，此时就更加需要第三方调解组织的介入，一方面可以降低双方直接沟通可能带来的矛盾激化，另一方面通过专业沟通和理解技巧的引入，也可以提高双方和平化解矛盾的可能。

第四次单身潮来袭，老龄化社会将如何应对？

据国家民政部统计，中国现今单身人数已近两亿，其中主动选择单身的"剩男剩女"日益增加，这一单身群体大都在大中城市居住，他们具有高学历、白领工作、高收入、高消费、喜欢自由的生活方式，一部分人有临时伴侣但不计划领结婚证所以也属单身。另外，由于经济发展的不均衡导致贫富差距扩大，底层市民生活负担重又不具备结婚养家的条件，所以现阶段中国有超过5800万的被动独居人口。另外边远地区、贫困山区、农村地区由于经济贫困因素还有人口结构失衡因素，粗略统计男性"光棍"达3000万之多。还有与单身潮同时出现的是逐年攀升的离婚潮。综合来看，中国正面临着新一轮的单身潮和离婚潮！两股大潮恰巧出现在中国老龄社会到来之时，这就让我们不得不重视第四波单身潮会为我们的生活带来什么样的挑战和冲击。

有资料显示，中国内地曾经出现过几次单身潮。第一次是在20世纪50年代，首部《婚姻法》带来了全国的离婚潮，这可以看作向封建社会的父母包办婚姻的反叛，自己做主自由恋爱结婚成为当时年轻人的选择和潮流；20世纪70年代末，知青为了返城纷纷离婚，引发了第二次单身潮的出现。离婚的主流是男知青，是他们与不能带走的农村女青年离婚，而女知青由于城乡差异明显不愿意下嫁，大多一直保持单身回城；20世纪90年代以来，改革开放引发传统家庭观念的转变，外出务工的流动人口增加，在外打工由于受到经济条件限制和家庭养老育儿照管责任田的需要，所以一般由男劳力外出打工。双方分开久了，几年后，外出务工人员便出现了越来越高的离婚率。城市由于经济条件改变也出现离婚高潮，当时有句话形容"夫妻能共苦不能同甘"。由于住房和物价上涨，年轻人由于结婚成本大大提高导致婚龄推迟，这就合并造成了第三次单身浪潮的来临；21世纪以后，随着经济的飞速发展和女性自主意识增强与独立生活能力的提升，摆脱家庭拖累和不愿意受到家庭影响，特别是一些职业女性、高级白领更想过自由的生活，主动选择单身生活。① 于是催发出完全不同于前三次的第四次单身浪潮。

历史上的单身潮为什么没有引发人们对这一问题的普遍关注,说明单身潮并没有对人们的生活造成什么影响和冲击,单身现象属于个人问题而不是社会问题。但这次的单身潮不同以往,一是占主流的是主动选择单身生活的城市"剩男剩女",而且人数比例之高也是历史上所未有的。二是离婚比例不断刷新历史纪录,从而使单身和单亲家庭迅速增加。三是历史遗留下来的农村地区城市弱势群体中的"光棍"不但没有减少,随着下一代人也进入婚龄,反而以成倍的比例在增加。有研究显示,农村单身生活导致经济更加贫困,经济贫困反而会更加固化单身生活。由此来看,第四次单身潮带来的不只是个人问题,确实还有社会问题。当单身问题上升成为社会问题时,这就引发了广大媒体和网友们持续的关注和对未来的焦虑。

第四次单身潮会带来什么样的社会问题?

如果说历史上有过三次单身潮,每次的单身潮也引起了人们足够的关注,但大多数人都是一种关心而不是焦虑。因为婚姻问题毕竟属于个人问题,涉及的是亲密关系的私人领域。虽然那时的单身、独居、光棍很多,他们中的大多数人是由于经济贫困、身体原因、性格缺陷,当然还有一些家庭背景不好,有政治污点、历史问题等原因牵累而找不到对象,因此处于一种被动的单身状态中,他们主观上是愿意成立家庭的。所以,这时的单身潮并没有引起社会问题。

改革开放以后,束缚人们的东西开始松绑,特别是思想和人身自由方面开始有了更多的自主性、选择性。随着经济发展人们开始重新界定自己的生活理念,于是,从原有旧体制中跳出来的同时,也有越来越多的人从原有家庭中走了出来,当时叫下海经商。经历了商品经济的一番洗礼后有的又重新

---

① 人口学家认为,中国现代女性的独立是未婚人口持续增加的主要原因之一。根据 2016 年的一项调查,36.8% 的中国单身女性认为不结婚也很幸福。

成了家，有很多人就这么单着了，毕竟能在经济上成功的是少数人嘛，大多数单着的人并不想真正过上单身生活，都在积累资本等待机缘再重组家庭。

改革开放还带来了经济发展差别上的扩大，包括个人收入上的差别越来越大。这样，在广大的农村地区光棍现象就开始增多，有一种不恰当的比喻是非血缘关系的"光一代、光二代"叠加出现了。同时，城市的单身比率也同样在增加。可以说这一时期他们还都是被动地成为单身，并不是单身主义者。所以，经济发展上去了，人们生活水平提高了，就会解决单身者的困难。从这样的性质看人们并非主动选择单身，所以这时的离婚潮、单身潮也不构成社会问题。

那么构成社会问题的是第四次单身潮，为什么这么说呢？我们先看看媒体诸家是怎样看待和评价的。

有专家认为，第四次单身潮也有可能带来一系列的社会问题，这与我国长期的计划生育政策有关。例如，2014 年，中国人口出生率为 1.137%，属于超低生育率行列，低生育率不仅会导致未来劳动力减少，市场规模相对下降。此外，单身潮也是人口老龄化日趋严重的原因之一。根据国家统计局《2014 年国民经济和社会发展统计公报》，中国 60 岁及 60 岁以上人口达到 2.12 亿，占人口总数的 15.5%，目前这个数字相当于德国、法国、英国的总人口数。但这一数字还在继续上升中。① 尽管现在已经全面放开二胎政策，但生育意愿与实际的生育率并不成比例，老龄少子化现象已经凸显。据说我国东北地区青年劳动力大幅减少，有数据说是与青年人外出打工流动有关，另外一方面难道不是"一胎化"的结果吗？② 还有我国西部地区广大的农区牧区只剩下老人和很少的留守儿童，几乎见不到青壮年劳动力。据一位返乡

---

① 《我国第四次单身潮来袭，更多女性选择主动单身》，新浪新闻中心·国内新闻，http://news.sina.com.cn/c/nd/2016-11-12/doc-ifxxsmic6067360.shtml。

② 中国最北边的东三省单身比例不容小觑，地处最北端，黑吉辽三地的出生率低且老龄化严重，人口青黄不接，加上经济发展较慢，许多青壮年选择出省发展，加速了青壮年整体比例下滑，导致东三省单身人数整体偏多。见《国内第四次单身潮来袭，东北"单身汪"为何最多》，东北网，http://society.dbw.cn/system/2015/12/11/056986114.shtml。

者说，外出打工的生活再怎么难也比回来过这种苦日子强。而男青年不愿意返乡的原因是回来以后根本找不到对象。所以在西部农牧地区看到的都是日渐衰老的人在维持生计，还有就是孤零零的土坯砌成的年久失修的村庄，正随着时间自然地在衰落。这种景象不禁让人想到这样的问题：再过几年由谁来种田、谁来放牧？这种现象能不让人感到焦虑吗？

还有网友将第四次单身潮的到来看作一种时代的趋势和国际化的趋势，从国家民政部门的统计数据可以看出这一趋势。例如，中国独居人口从1990年的6%上升到2013年的14.6%，单身独居群体日益庞大。事实上，随着现代都市生活方式的普及，单身潮恐怕会越来越猛。这里面部分是因为存在缺乏伴侣的"光棍"，更多可能是有大量不愿进入婚姻的恐婚族。其实，不唯中国社会如此，其他发达国家情况更为严重。像北欧的瑞典，首都斯德哥尔摩的单身独居比例高达60%。在日本，20多岁的年轻人中，差不多有3/4不在恋爱状态，40%的单身者根本就不想"脱单"。不仅如此，青年人的初婚年龄也越来越大，不在乎婚姻的"单身贵族"也越来越多。单身生活在现代都市生活中俨然已经成为一种遍及世界的社会思潮——单身主义。

这种单身主义的盛行也催生了单身经济，诸如，什么"光棍节"大优惠，单身公寓、单身社区兴起，单身用品出现，等等。举例来说，在日本，单身服务业发展较早。因单身人群多居住在单人公寓，壁橱狭小，东京街头洗衣店推出了衣物保管服务，顾客只要支付同洗衣等额的费用就可以享受最长7个月的保管服务。一些专为单独食客服务的日本餐厅，提供可爱的毛绒玩具陪吃。7·11便利店连锁集团推出家政服务，为单身人群提供家庭厨房、浴室、床上用品的清洁洗涤服务。2014年，家居用品零售商"无印良品"推出一套"小号"厨房用品，包括小号烤箱、煮饭器、电水壶和榨汁机。日本一家公司可以提供名为"单身婚礼"的新式服务，客户在两天时间里穿上结婚礼服，精心化妆并选择花束。如果愿意，客户甚至可选择一名男性陪同她们拍照。在瑞典斯德哥尔摩市，有一个名为"一起拥抱人生旅程"的七层楼住宅项目，专为40岁以上、没有子女、有兴趣下半生一起体验独居生活的人们所设立。楼里的公共空间包括餐厅、开放式厨房、电脑房、洗衣房、编织区、木工室等。每周六,每个居民都必须协助做饭和打扫卫生。

面对单身潮这样一种趋势,美国纽约大学社会学教授艾里克·克里南伯格写有《单身社会》一书,表明这代表着自婴儿潮以来最重大的社会变革——我们正在学习单身,并由此带来了全新的生活方式:"它改变了人们对自身,以及人类最亲密的关系的理解;它影响着城市的建造和经济的变革;它甚至改变了人们成长与成年的方式,也同样改变了人类老去甚至去世的方式。"①

这就提出了一个可能的问题,未来单身人口越来越多时,人们的生活方式和经济社会将发生最大的改变,这种改变直接威胁到现有的社会制度和社会结构。特别是与社会制度相契合的一夫一妻的婚姻制度,那就会造成社会一个大的动荡。这场动荡的结果要不就是退回到无婚姻的自愿结合的原始群居状态,要不就是出现了"一夫多妻"或"一妻多夫"的野蛮社会状态,还有就是无婚姻无家庭纯粹的单身主义时代。不管任何的制度都要生育吧,就说单身主义时代,将来的情况也许是这样的,孩子出生后登记身份,他(她)的父亲也许不是血缘关系,是社会关系;也许是这样的,孩子根本就没有父亲,父亲的字眼将消失;也许是这样的,一切围绕家庭建构起来的生活模式,如社会制度、生活习惯、语言文字等,渐渐被新的单身生活的模式所取代。还有的变化也许是我们所想象不到的。改变没有什么不好,问题是朝哪一方面改变?至少现在的婚姻模式和社会制度、法律制度能够保障人们的生存世代沿袭下去,现在所能预知的是单身主义盛行就会造成社会混乱。你说你有自由可随便找个性伙伴想生多少孩子就生多少孩子,或者干脆不要孩子,那么社会制度是有计划建立起来的,比如学校、医院、交通、城市规模等,要根据人口比例的变化趋势计划和建立,商业企业模式也是根据人口的需要建立起来的。如果按照自由的单身主义走下去,我们现有的生活就会被打乱,人们恐怕就真的会处在一种危机状态之中。

---

① 《中国第四次单身潮调查报告》,http://bg.yjbys.com/diaochabaogao/24419.html。

单身潮对人们的生活会带来哪些负面影响？

第四次单身潮由于主流群体的特殊性，因此在引导单身生活、激发单身经济、建立单身社会保障和制度方面具有极大的示范效应和话语权。有文化的单身群体（通常是精英群体）不仅在网络上发表言论，秀单身生活的优越性，而且还在影视、音乐、小说等媒体方面为单身生活描绘了美好的景象。还有一些学者则从人类学的角度对当前盛行的一夫一妻婚姻制度进行了解构，对母系社会大加赞赏，认为人类就应该生活在母系社会里，即使是一妻多夫也比一夫一妻更符合人性化和人类的发展规律。从所描述的无父无夫的母系社会来看类似于原始共产主义社会，因此对年轻人具有极大的诱惑性。这些言论都在为单身生活模式寻找可行的理由与原因。不管怎么说，作为单身生活的精英群体对人们的影响，特别是对未成年人的影响无疑是具有巨大的跟从效应的。这也造成年轻一代对婚姻制度的消极看待，以至于到了婚龄还没有任何一点结婚的意识和准备。为此，有关心者对一些高中生做了访谈，没想到的是竟然有相当多的高中生，尽管有的还在谈恋爱，但都表示在40岁之前没有任何结婚的想法，即使结婚也不想要孩子，让孩子上学会像他们一样太受罪了，再说也养不起孩子。所以将来可以选择同居生活，但不想结婚，有爱就在一起，没有爱就分开，互相不牵扯。他们也知道一旦离婚就涉及非常麻烦的财产纠纷和对孩子们的伤害。再说离婚的成本也太大了，净身出户不就什么也没有了。所以不结婚"AA制"的同居对双方都公平，也对双方父母负责。但笔者将这样的情况与一些高中生的父母亲交流时，虽然父母亲们还是倾向于传统，希望孩子们将来能够结婚生子过正常人的生活，但是如果孩子们这样想他们都觉得也能理解，并表示将来孩子这样做不会强加干涉。看来，新的一代人的想法和做法还会改变上一辈人，是否这样不得而知。但不管怎样将来面对的问题真的还是很多，如不结婚将来怎样生育孩子？生育孩子怎样供养？孩子怎样上户口？单亲家庭对孩子的成长会带来什么样的影响？或者他们这一代人根本就不想生孩子怎么办？等等。这些问题我们并没有经验准备特别是制度准备来解决，那么单身生活首先挑战和搅乱的是现行的一切社会制度。没有制度保障，社会就会处在一种失序状态，人们的生活和安全就会受到威胁。

单身生活模式盛行对现行社会带来的冲击原本并没有那么大，但是恰巧是踩在了老龄化社会的这个点上，引发了老龄少子化社会问题的爆发。要从国情来看，中国社会人口基数大，所以当时不推行计划生育不行，但怎样掌握好这个度却并非易事，因为从理论上的人口预期与实际的人口预期存在着巨大的差距。比如中国人的寿命在60年前就是平均40多岁，在30年前也不过是平均50多岁。所以一胎化的制定并非只是考虑控制数量，也是考虑到合理的人口结构的。今天，中国人均寿命已接近80岁，而在城市生活的人们实际寿命都已超过80岁，这种情况没有预期到，所以中国的老龄化社会突然就降临了，有统计数据说达到了15%以上。相比之下，少子化社会也突然来临，尽管放开生育政策允许生二胎，甚至鼓励生二胎，但在近二三十年是改变不了老龄少子化社会的现状。如果单身社会这时来临无疑是雪上加霜，你说中国社会的未来不令人焦虑吗？现在已经初现年轻劳动力短缺现象，人口红利早已没了。可以说，再过5年、10年，劳动力短缺将是不可避免的。巨大的养老负担将会压垮整个社会。所以别以为单身潮与我们无关，一旦与我们有关时一切都为时已晚。所以现在需要动员大家起来应对单身潮现象，应对老龄少子化现象。做这些事不是"未雨绸缪"而是"亡羊补牢"，可能人类正面对一个最糟糕的世界：人口失衡、战争、温室效应、生态破坏、环境污染……如果每个人都能做一点力所能及的救赎，也许就不会让这个糟糕的世界给毁了。

第四次单身潮的来临之所以严重，是因为将历史上积累起来的单身"光棍"现象又重新纳入这一大潮之中，使原来还有希望解决的单身、光棍问题很难了。为什么这样说呢？我们不妨先从男女性别比例发展的趋势上看，现在中国至少也有3000多万男性光棍（官方保守数字）。[①] 但是，如果我们把

---

① 中国国家统计局2014年1月的数据显示，在中国的超过13亿人口中，男性数量较之女性多3380万。据此推算，男性光棍数量最少也得3380万。

1200万的单身女性考虑进去的话（网络保守数字），那么就是说，今天中国的适婚未婚男性，至少也在4000万以上（网络保守数字）。再者，如果我们把男女配置的不均衡考虑进去，中国适合结婚而未婚男性至少还要再多500万（网络保守数字）。也就是说，目前中国光棍（男性）数量在大约4500万（网络保守数字）。20年后，伴随贫富悬殊造成的女性分配失衡，以及自愿独身女性的增加，中国的光棍数量应该不会低于8500万（网络保守数字）。

作为网络保守数字是根据官方数字和解释做出的分析以及大胆的预测，看看还是有道理的，当然，我们也仅作为参考。那么官方披露的3000多万"光棍"则是非常保守的，而且这个光棍群体大都生活在经济欠发达的地区，特别是广大的农村地区、山区、牧区。因此要解决他们的婚姻问题是非常难的，但不解决他们的问题又会生出许多难以控制的社会问题。诸如，农民的贫困与返贫问题；农村贫困地区经常发生的买卖人口，导致不断上升的拐卖妇女和儿童的犯罪率；还有性暴力，经常发生的强奸案、性骚扰案、奸杀案。而从理论上说，要解决农村地区的光棍现象，就一定要发展农业经济和城镇化之路，等到人们都富裕了就会有希望解决光棍问题。但实际的情况也许更加严重，经济上去了但男女比例失调问题仍然是无法解决的，多出来的3000多万男光棍从哪里再找出3000多万的单身女性？客观地说，这3000多万男光棍其实就是被"搁置"了起来，如果没有单身潮袭来，就会在自然状态中慢慢解决掉一部分人的单身问题，而在这次单身潮下几乎就希望渺茫了。本来还有结婚意愿的农村女孩子也会受到影响而选择单身，因为她们听得太多的"贫贱夫妻百事哀"的故事了。就此事笔者访谈过几位打工女孩子，被访者年龄都在十七八岁左右，她们每个人都对恋爱对象提出了最低的要求，即使如此这3000多万"光棍"也是无法满足的，所以她们不会委屈自己找个先苦后甜的男孩子，与其这样就"单"着呗。那就不用说城市的剩女了，有一个社会学关于婚配的比喻，将男女从条件最高到最低都以ABCD来划分，剩女大都是A和B，她们是单身贵姐、贵妇，打死她们也不会选择男D的（3000多万"光棍"中的任何一个人）。

对单身潮的理性思考

上文从现实层面对单身潮现象进行了解析,给出了"是什么"的问题,但留下了"为什么"的问题,因此需要我们对此进行理性思考和解答。首先我们从历史上看,单身潮的出现是西方现代社会的产物,是与后现代主义一起出现在20世纪的中期。其性质与中国的前三次单身潮完全不同,中国的单身潮出现在20世纪的50年代,那是一种对封建制度下包办婚姻的反叛,但其性质是认同"一夫一妻"的婚姻制度的。但西方社会的单身潮却是要否定"一夫一妻"制或者超越这种现代的婚姻制度,单身潮带来的是"性自由"和"性解放",以及拒绝生育的生活。当这种单身潮裹挟在后现代主义和女权主义的思潮中时,有了强大的思想和理论支撑力之后,便开始从人类的亲密关系和婚恋模式变革入手对现代社会制度进行了全面的否定,并在行为上以"嬉皮士""雅皮士"表现,将人类的爱与性进行了分离,这些都为单身主义创造了可能的条件。正是在单身主义盛行之后,经过了半个多世纪了,西方社会的家庭观念正在趋向淡化。到了21世纪以后,西方社会一个严重的问题是,本来就低的生育率在单身潮的冲击下又在急剧下降,这就直接导致了老龄社会的提前到来。

再看中国的单身潮,与西方社会性质最为接近的是第四波的单身潮。因为这一波的单身潮的出现是在行动上对现行家庭模式的厌倦,对不受任何束缚的自由的单身生活的向往,在观念上接受了西方社会的"性自由"和"性解放",在思想上则是批判现有的"一夫一妻"的婚姻制度。还有,这一单身潮的出现直接挑战了人们的家庭观念,很快就覆盖了社会上出现的什么"二奶""小三"现象,并使这些不合法律制度的现象被视为正常,也为人们在家庭外寻找"性爱"提供了借口。一些单身主义者说什么社会就是应该朝着一个更加自由、更加人性化、更加文明的方面进步与发展。

随着单身潮的全球蔓延,一些曾经被看作社会非主流或亚文化的现象正在通过政治手段寻求多元身份认同,诸如,同性恋、双性恋、无性恋群体。这些现象的出现不同于"二奶""小三"现象,因为它破坏家庭但不否定婚姻制度，可单身主义者不一样，他们接受自由主义和新自由主义，在社会制度中废除家庭，还要在经济领域、政治领域和生活领域一样希望看到像尼采所说的"上帝死了"。

如果说单身潮对现代社会制度所带来的冲突和威胁仅仅表现在行为上还好说，要是在思想和理论上对现代社会制度的质疑和批判则是较为复杂和难以应付的。由于单身思潮能与后现代主义结合，所以很快就继承了后现代主义的遗产。接续了之前后现代主义者对恩格斯"一夫一妻"制思想和理论的批判，在理论界继续寻拾西方马克思主义思潮的牙慧，有人在文章中援引法兰克福学派对西方工业文化的批判，将现代家庭模式看作资本主义大工业发展最匹配的模式，夫妻的家庭生活被工作占了很大一部分，而且毫无自由和生活的乐趣。为了更好地让工人做工，获得更多的劳动力创造价值，资本家鼓励社会建立了幼儿园和学校，家庭教育的权利交给了学校。一家人很少有时间在一起，造成感情疏远，人与人之间的关系异化。所以在资本主义制度下，人类保持了几千年的亲密关系就这样被改变了。在单身主义者看来，这样的家庭有名无实，还要承担着对别人和抚养孩子的家庭负担，所以，单身社会的到来，应被看作一场恢复人的自由反对异化的革命。按照这种逻辑推论，现代社会真的像"铁笼"一样压抑了人的自由促进了人的异化吗？

如果说"一夫一妻"制的家庭模式是现代社会的产物，那么，人们对现代社会确实有着太多的不满和抱怨。有的单身主义者还借用了法国社会思想家福柯的思想[①]，但并没有完全领会福柯的真实用意，却实实在在地搬用了他的概念，如"酷刑、规训、监视"等，将家庭视为福柯笔下的"诊疗所""疯人院""监狱"等领域，通过像福柯一样将家庭视为非正常现象和行为的分

---

① 福柯（Michel Foucault 1926~1984）是法国后现代思潮的前卫人物，1926 年 10 月 15 日出生于法国西部古城普瓦提埃。福柯一生著述甚丰，其主要作品有《精神病与人格》(1954)、《精神病与心理学》(1962)、国家博士论文《癫狂与非理性古典时代癫狂的历史》(1961)、《诊所的诞生——医学考古学》(1963)、《雷蒙鲁塞尔》(1963)、《词与物人文科学考古学》(1966)、《知识考古学》(1969)、《话语的秩序》(1971)、《监视与惩罚监狱的诞生》(1975)、四卷本《性史》(1976、1984)、四卷本文集《说与写》(1994)。

析，牵强附会地提出了现代社会婚姻制度对人性的压迫、规训和监控。

难道福柯真是这样认为的吗？可是福柯在《性经验史》中，坚持认为性或性欲问题不是简单的个体化问题，是不能自由和随意的，因为它是一个复杂的社会化问题。性为各种关系左右，受社会、政治、经济、宗教、哲学、历史、文学、医学等外力影响，又反作用于这些外力。因此认为性有着复杂的世系关系，是文化的一个组成部分。由于人是个复杂的欲望机器，因此我们必须非常严肃地对待性和性欲。和癫狂问题一样，性与福柯本人的困惑相关。① 源于社会必须对人的自由性欲加以控制和约束，家庭正是这样一个地方，是社会化机构的最初单元，家庭维系的性关系既是一种契约，也是性爱情欲正当释放的合法关系。家庭与社会结构中的政治、经济、文化、宗教等一样属于社会的上层建筑，是社会稳定和形成秩序的必要组成部分。马克思、韦伯、法兰克福学派以及福柯等都没有否定现代社会的家庭制度，都没有对"一夫一妻"制提出质疑和否定，应该说，这是目前人类社会最合理的婚姻制度。

所以，从单身主义者所依附的理论支撑来看，只有后现代主义可以算一个，但后现代主义想要彻底推翻现代社会制度，并没有提出一个比现代社会制度更好的社会蓝图而迅速过时了。没有理论支撑的单身主义者孤军作战，所以不可能达到他们创建一个更加自由、个人化的社会。尽管如此，单身潮还是会对现代社会的人们带来一定的冲击，这主要源于现代社会制度存在着缺陷。诸如处在转型中的中国，即使人们不再受到传统婚姻观念的束缚，减少结婚所带来的成本，如彩礼、类似"夸富宴"般的婚礼等，但结婚后住房和租房的成本也非常大，孩子接受教育和必要的医疗费用以及生活必需品的开支都是工薪阶层难以承受的负担。而中国现有的金字塔形的社会分层结构，大部分低中层的人们很难进入真正的中产阶层，这就造成了现阶段中产

---

① 联系到福柯自身，同性性欲正是他生活的一部分也是他生活的巨大障碍。他把自己作为性欲探索的试验品推向思想的极限，但他的目的是想在更深层次上解释一切由性或性欲引起的种种关系。例如，同性恋如何在现代社会制度中合理的存在。因此可以看出，他重在探求和解释但并没有否定人类的婚姻制度，这点必须说明。

阶层的规模较小，使得单身潮所影响的是绝大多数的脆弱的底层民众。

所以解决单身现象，防止单身潮对大多数底层人们的影响，社会制度不仅是要保证经济的飞速发展，而且更加重要的是让中国社会的中产阶层迅速扩大起来。可以肯定地说，未来社会是会越来越开明开放，多元化的社会存在如"同性恋""单身主义"也会逐渐被认同和接纳。但不管怎么说，作为现代社会实行已久的"一夫一妻"制是不会改变的，因为婚姻制度是社会稳定的基础，因此是受到法律保护的。

分析到此，我们认为对第四次单身潮的到来不必感到惊慌，要冷静地面对所出现和引起的社会问题。正是单身潮的到来，说明社会经济发展不均衡，社会制度还存在着缺陷，门当户对的传统观念还在，绝大多数人口有着较高的恩格尔系数，生活成本高。凡此种种，说明现代社会是一个复杂的社会，文明的进步也不是埃利亚斯笔下简单描述的文明的进程。未来人类文明究竟要向何处去？这是一个探究的问题。就像第四次单身潮在未来是回归现有制度呢还是走得更远，现在还不得而知。至少，我们应该根据现有的制度基础而不是毁掉现存的一切制度去摸索未来，如果单身潮的变化是一个渐进的过程，那人类社会将是可控的也是可预期的。

根据社会学结构—功能主义的观点，单身主义者是一种制度外生存的群体，当这个群体足够大时，就会想办法"嵌入"现有的社会制度之中，获得制度承认和接纳以后，再慢慢地改变制度以适应这个群体更好的生存和发展。这有点像寄生在别的生物体中的另类生物，也许是超级生物。举例来说，像最近20年来发生在欧洲各国的身份政治运动，就是希望现有的制度能够接受什么"同性恋""单身主义"这样的群体和家庭模式。当制度拒绝被嵌入时，这个特殊的群体就会用"出柜""单身集会"等公开身份方式表现勇气和抗争。在这个非制度化行动与制度力量冲突不断发生的过程中，双方的协调结果如是制度发生改变，以此让社会重新回到平衡状态，即允许和接受多元的身份认同（有些国家已经开始将"同性恋"视为合法，并在制度上给予了一定的空间）。如果协调不成，即社会制度和规范不会因此改变，为了使社会消除由此而带来的紧张，就要对这种非制度化行动的群体进行引导，甚至不惜动用社会各个方面的力量，让他们重新回到这个制度之中。中国的情况属于后者，即多元身份认同的前提一定是对现有制度的认同。对中国的单身主义者来说，你可以存在可以选择单身生活，但是不能对现有的制度如"一夫一妻"制进行质疑和批判，一旦现有的家庭制度遭到冲击和破坏，就会让整个社会系统出现紧张，进而会影响整个社会制度的正常功能和运行。为此我们建言，对于单身潮的到来要冷静对待，立足制度基础去营造一个宽松的社会环境，这样多元身份群体的存在就不会要求制度的接受和改变，也不会上升到一种身份政治的诉求。在一个多元认同的社会中，虽然由于生活方式和观念不同会出现紧张，但社会系统一定要维持一个"均衡的紧张"，而不是强迫改变或阻止。

与结构—功能主义观点不同的是社会学冲突理论，他们并不将社会系统的均衡视为头等重要的事情，他们的主要注意力是，什么因素引起了社会系统的不均衡情况。社会上出现的单身潮并非偶然的，一定是现有的社会制度有缺陷，或者缺失公平，或者现有的制度出现了危机。具体来说，在中国，已经被制度化的独生子女政策实行了30多年了，这一政策在制定之初对所有的事情都想到了，特别对中国这样的人口大国如果不限制生育将会大大延缓整个人口的经济发展和生活水平的提高。但是有一件事情没有想到甚至根本就没有预期到，那就是"独生代"在成长过程中已经适应了一个孩子一个人的生活模式，家长都是围绕着一个孩子进行教育。当"独生代"进入社会以后他们很难适应与别的同龄人打交道的生活和工作，即使有很多人结婚了，但你能说他们都是像上一代人一样经过了一定时间的"磨合"就很融洽地生活在一起了吗？实际是不能，"80后"较高的离婚率可以说明一些情况。而当今社会的"剩男剩女"以及"成百上千花白头发的大叔大妈替儿女相亲"，这在历史上有过吗？史无前例的不仅是单身主义者有那么多人，而且是主动选择单身生活的不也是这一代人吗？当然，这也许是问题的要方面，还有问题的次要方面：成立家庭的成本太大，而竞争激烈的社会将年轻人的成功年龄推到了40岁以后（博士毕业就30岁了，再打拼工作几年才可能有点基础）。所以说，现在的婚龄青年不论是在精神上、心理上和物质水平上都没有做好结婚成家的准备是说得过去的。为此我们建言，这个社会总是想着单身潮对社会所带来的直接危害就是生育率的下降，想办法阻止单身潮的扩大，这样的结果只能是推波助澜。应该想到"独生代"选择单身的原因和理由，引导他们回到制度之中不是靠口头和形式上的宣传教育，而是这个制度的吸引力。面对已经不可逆转的老龄少子化现象还是应当在制度上解决①，延缓退休制的实行是缓解手段之一，全面放开二胎是"亡羊补牢"，鼓励生育并对未成年人提供全程免费教育、免费医疗是必需的、紧迫的。另外，制度创新才能真正与时俱进。

从社会学相互作用论的角度看"单身潮"是一种身份认同，是基于个人的一种生活选择和表现。这样的单身主义者与经济社会差别和不平等所引起的"光棍"现象性质不同，前者是主动的选择而后者是被动的无奈的状态；前者不惧怕被识别，而后者惧怕被别人另眼看待。因为中国市民的文化有一种判断人的规范或标准，即到了一定年龄还没有成立家庭就会被邻居和熟人视为不正常，这样的标签对人的刺激很大。所以说敢于亮出自己是单身的人一定是有着很大的勇气的，大部分人还是妥协于这个世俗文化。笔者认识几位单身白领，有房有车有很好的收入，但是她们不愿意屈就自己嫁出去，因此就这样单着。每次见面都会问问个人问题怎么样了，其实她们最怕有人问这个问题了，有一位女白领说了，大家都不能脱俗，所以每年最怕的一段时间是过年，她都有好几年没有回家过年了，原因就是亲朋好友问你这个问题你怎么回答？所以说在中国社会人们都已经进入现代了，但传统的文化仍然在起作用，特别是在民间。这么看，人们对于单身生活当然是不能认同了，越是存在着这种固化的力量，就越有人要打破它。成长起来的"独生代"也

---

① 据研究人员罗杰利奥·萨恩斯和肯尼·约翰逊在美国新罕布什尔大学卡西公共政策学院发布最新研究报告中认为，人口自然下降一旦发生，就很难逆转，美国白人人口出生率低的情况就说明了这一点。

许就是想通过非正常的方式宣告自己的存在,主动选择单身背后的真实原因也许他们要的是生存的空间(你别总是打扰和干预他们)、制度的接纳和人们的理解与认同。为此,我们建议,单身潮既然是作为一种全球化现象,那么就应该从全球的视野来看待这一问题,这样就不会产生焦虑。也许未来任何一个国家在制定政策和解决社会问题时都不可能像过去一样靠自己单方面进行,就像婚姻制度,随着出去和来华的外国人越来越多,跨国婚姻已经数量可观。还有丁克家庭、独身主义、不婚同居等已经不同于我们传统文化所认定的家庭模式,所以这个社会要释放宽容的空间,制度要有一定的调整,多样化生存和自由选择将会构成未来社会的一种主要特征。

关乎老百姓的钱袋!
　　　个税改革再提速

财政部公布的数据显示，2015年中国个人所得税收入为8618亿元，占据税收总收入的6.9%，而欧美发达国家这一数据大概为40%，中外个税比例差距较大。这主要是由于我国实行以间接税为主。直接税不能转嫁，包括个人所得税、资产税、遗产税、企业所得税等；而间接税可转嫁，包括增值税、消费税、关税等。发达国家居民收入水平就比较高，以直接税为主，而我国相当长一段时间重点发展生产力、增加社会总财富，相比之下，我国实行间接税为主，直接税为辅。十八届三中全会等会议专门提到随着社会总财富的不断增加，要提高直接税比重。

尽管个人所得税在我国税收收入中的比重不算最高，但却往往是老百姓最关心的，因为它和人们的钱袋子直接相关，是个人收入和财富中的重要话题。人们普遍将个税的税负高低看作公平与否的一大标志，加大对高收入者的税收调节，有效扩大中等收入者比重，给予困难群体、失业人员等低收入者足够"宽厚"的免税政策，个税制度一旦实现"蜕变"，折射出的将是一个更加公平的税负环境。

以预算管理制度改革、税收制度改革和财政体制改革为主体内容的本轮财税体制改革，从十八届三中全会至今已经持续三年。在2017年，继营改增、资源税之后，个人所得税改革将成为我国税收制度改革的最大看点，个人所得税将迈向综合与分类相结合的所得税制度，工资薪金、劳务报酬等将统一纳入综合范围征税，此外，养老、二孩、房贷利息等家庭负担也有望纳入抵扣。

级数	月应纳税所得额	税率（%）	速算扣除数
1	不超过1500元的部分	3	0
2	超过1500元至4500元的部分	10	105
3	超过4500元至9000元的部分	20	555
4	超过9000元至35000元的部分	25	1005
5	超过35000元至55000元的部分	30	2755
6	超过55000元至8万元的部分	35	5505
7	超过8万元的部分	45	13505

目前，以工薪所得为例，共有7个级次，其中，应纳税所得额（工资收入金额－各项社会保险费－3500）在1500元、1500元至4500元、4500元至9000元的，分别适用3%、10%和20%的税率。此外，月应纳税所得额8万元以上的适用最高边际税率45%，这是1994年税制改革时确定下来的，已经过去20多年。目前，美国、巴西、俄罗斯、印度、越南个税的最高边际税率分别为35%、27.5%、13%、30%、35%。本轮个税改革将依照"增低、扩中、调高"的总原则，建立"综合与分类相结合"的新税收体制，通过税制设计，合理调节社会收入分配，进一步平衡劳动所得与资本所得税负。十八届三中全会提出，要建立综合和分类相结合的个人所得税制。2016年，原财政部部长楼继伟及其他财政部官员多次表示，个税改革方案已上报国务院，做法是分步到位。

2016年10月21日，国务院公布《关于激发重点群体活力带动城乡居民增收的实施意见》，要求进一步减轻中低以下收入者税收负担，发挥收入调节功能，适当加大对高收入者的税收调节力度，要"平衡劳动所得与资本所得税负水平"，"完善资本所得、财产所得税收征管机制"，"进一步发挥税收调节收入分配的作用。健全包括个人所得税在内的税收体系，逐步建立综合和分类相结合的个人所得税制度，进一步减轻中等以下收入者税收负担，发挥收入调节功能，适当加大对高收入者的税收调节力度。完善鼓励回馈社会、扶贫济困的税收政策"。这份文件经由一些媒体以"个税重大改革"和"年收入12万元高收入群体要重点调节"为要点传播，迅速引发了社会大众的广泛关注。一时间，有关12万元年收入是否属于高收入群体的讨论很快成为热议话题。

尽管"年收入12万元以上属于高收入群体，要加税"的说法被官方辟谣，但每当牵涉普通大众的个税改革消息传出，总是会激起大家的普遍关心，这是纳税人权利意识觉醒下社会进步的一种表现。个人所得税制的改革完善，一直被公众寄予热切期望。从每一个纳税人的立场看，总是期望个人所得税负担能够进一步减轻。然而，在个人所得税总体税负缺乏明确下降或者提升的目标锁定的背景下，个人所得税的改革关键在于平衡不同纳税人之间的税负,也就是说,个人所得税制度改革背后的实质是如何合理分配纳税人之间的税收负担,进而有助于实现社会公平的问题。

工薪阶层为何感觉个税负担重?

个人所得税关系到我们每个人,是个人收入和财富中的重要话题。自1980年9月10日《个人所得税法》获得通过,确定起征点为800元,个人所得税在我国得以确认,但当时的纳税对象主要以在华外国人为主。

到了1986年9月,国务院发布《个人收入调节税暂行条例》,对本国公民的个人收入统一征收个人收入调节税,起征点400元。此后个税起征点经过几次调整,至2011年9月1日,全国个税起征点调整到3500元,之后5年个税起征点再未进行上调。起征点5年不调,但人大代表及社会舆论却每年都会发出上调呼声,建议上调起征点至5000元,而财政部有关官员每次的表态都差不多,即个人所得税费用扣除问题将在个税改革中统筹考虑,也就是说,个税起征点的调整在改革后才能再次启动。事实上,我国个人所得税税法已经35年没有全面修订了,这项与普通百姓关系最密切、也最直接的税收制度改革基本上长久没有突破。现在,个税已经变成所有税种改革中最难啃的"硬骨头",目前个人所得税主要通过单位代扣代缴方式征收。

这在另一方面呈现出的现象是,目前我国实行的个人所得税制度受到广泛的诟病,工薪阶层成为纳税的主力军。有人将个税戏称为"工资税",即上缴人群以工薪阶层为主,富人反而有各种方式免于交税。据财政部的公开数据,2012年中国个人所得税收入5820亿元,其中,工资薪金所得项目收入为3577亿元,占61.5%,2013年,这一数字上升为62.6%。本应该起到调节收入分配,实现社会公平作用的个人所得税,却没有完整地发挥其功能。全国政协委员、财务部财政科学研究所原所长贾康在接受媒体采访时表示:"现在中国交个税的人只有2800万人,占不到整个人口总数的2%。这说明个税已经相当边缘化了，如果再提高起征点，还有多少人能交税呢？"[1]

据中国青年报社会调查中心的调查显示，82%的受访者表示感觉个税税负重，期待个税改革降低工薪阶层税负。[2] 为何实行超额累进机制下工薪阶层依然觉得负税多呢？

这在一方面显然是因为起征点过低。个税起征点距今已5年未再进行上调，但是CPI等连年上涨，个税起征点显然已经无法满足社会发展的需要。国家统计局公布的数据显示，2015年全部调查单位就业人员年平均工资为50809元，折合月平均工资为4234元[3]，也就是说个税的起征点还没达到平均工资水平，连低于平均工资的工薪族也照样负税，这显然并不合理。这种情况下个税一定程度上变异为"工薪阶层所得税"，渐渐违背了调节收入的设定初衷，甚至开始出现负面效应。因此个税被一些人指责为"劫贫济富"，甚至被称为"工薪税"，这种评价的确部分地反映了个税征收的实情。

另一方面则需要我们检讨现有个税征收方式。从国际上看，个人所得税按照征收方式可以分为综合税制、分类税制、综合与分类相结合的税制三种类型。我国目前实行的是分类税制，就是说，将个人各种来源不同、性质各异的收入进行分类，分别扣除不同的费用，按不同的税率课税。现行税法中个人所得税的应税收入包括工资、薪金所得，个体工商户的生产、经营所得，对企事业单位的承包经营、承租经营所得，劳务报酬所得，利息、股息、红利所得，财产租赁所得，以及财产转让所得等共计11类。分类征收是我国长期以来税收实践形成的模式，目前来看暴露出一些问题，比如忽略家庭负担，造成了收入来源单一的工薪阶层缴税较多、收入来源多元化的高收入阶层缴税较少等。

---

[1] 《目前仅2800万人交个税占人口总数不到2%》，凤凰财经，http://finance.ifeng.com/a/20150309/13539393_0.shtml。

[2] 《65.0%受访者期待个税改革降低工薪阶层税负》，凤凰财经，http://finance.ifeng.com/a/20161104/14985684_0.shtml。

[3] 《7个数字读懂个税》，新京报，http://epaper.bjnews.com.cn/html/2016-10/27/content_657095.htm?div=-1。

比如说，一个人工资收入 3200 元，劳务收入 800 元，另一个人只有工资收入 4000 元，在现在分类的税制下，第二个人就要交税，而总收入相同的第一个人因为两项分类收入都达不到起征点就不用交税。更为大家所熟知的是，高收入群体的多元化收入问题。目前我国的个税征收基本上是通过在企事业单位工资发放的环节设置事前扣除的关卡来完成，这虽然减轻了税务部门的税收成本，但与市场经济环境下人们的多元化收入途径已经不相符合，而能够通过多元化途径得到收入的往往又是高收入者，这部分人的收入渠道难以设立事前扣税的关卡，而成为灰色收入。工资扣除无法控制到多元化收入，一些富豪不给自己开工资就不用交个人所得税，超额累进机制对他们来说无关痛痒，很显然，由此产生的个税流失是一个惊人的数字。

个人所得税面向的是个人收入，而这个是多项的，有工资来源、兼职收入、理财利润，等等。包括方方面面，但现在我们能通过扣除实现的只有工资，其他的并没有计入。中国社科院发布的蓝皮书指出，高收入群体实际缴纳的税额非常低，很多高收入纳税人甚至不缴纳任何个人所得税。最后，个税税负大部分落到了收入单一的工薪阶层的人群身上。所以，改变个税征收方式，加大对高收入群体的实际征缴力度，也应该是个税改革的着力点。一旦个税覆盖所有收入，整个社会的税负环境也会更公平合理得多。

提高起征点就能实现税负公平吗？

近年来，个税改革的呼声一直不绝于耳，尤其是在每年的全国两会上，提高个税"起征点"的呼声更为强烈。而我们老百姓所看到的个税政策变化，最明显的就是 2006 年以后的几次起征点上调。先是在 2006 年，个税工资薪金起征点由 800 元提至 1600 元，并在税前扣除"三险一金"（基本养老保险费、基本医疗保险费、失业保险费和住房公积金）；紧接着，在 2008 年，个税起征点进一步提高至 2000 元；2011 年，个税起征点提至现行的 3500 元，同时工资薪金所得九级超额累进税率缩减至七级。按照这样的税制算下来，月薪四五千元的工薪阶层基本上不用缴纳个人所得税。尽管近年来全国两会上都有人大代表提议提高个税起征点,有建议提高至5000元的,还有建议提高到8000元,甚至还有建议将个税起征点提高到1万元的,但从2011年个税起征点上调至3500元后,已经5年没有调整个税起征点。因此有一些人认为只要提高起征点,让中低收入的工薪阶层负担减轻,整个个税总额中中低收入工薪阶层负担少了,高收入群体负税相对增加,就实现了个税的税负公平。

这种意见的确在很大程度上说明了个税的作用和现在个税起征点过低的问题。个税,作为调节贫富差距的有力杠杆,其重心针对高收入阶层行业。因此,假若个税起征点过低,会将更多中低收入的人群"圈"进来,并伴随物价上涨带来的外部效应,如果个税起征点不能实现"水涨船高",势必会损害中低收入者的利益,甚至可能不小心"沦落"为"劫贫"工具。

那么单纯提高起征点是否可行呢?我们来算一笔账。如果现在个税起征点由3500元提高至5000元或1万元,七级累进税率不变,北京市民小赵税前工资9000元,小李税前工资19000元,他们将少缴多少税呢?如果将起征点调整为5000元,对于像小赵等普通薪酬的人群来说,减少了150元的税负支出;对于像小李这样高薪酬的人群来说,减少税负375元。如果起征点调整为1万元,小李比小赵减少的税负更多,两者相差1169元。计算的结果一目了然。总体看,在提高起征点至5000元或1万元后,小赵和小李俩人,工资高的人税负下降得也多。个税设计的初衷是调节高收入、缓解因社会收入分配不公造成的矛盾。从贫富分化的角度看,单纯提高起征点,一方面的确使得中低收入者少负担了个税,但在另一方面高收入者减少的税负反而更多,因为高收入者降税幅度更高,获益更大,使财富更加向中高收入人群集中。

换句话说,一味提高个税起征点,容易导致某种意义上的"劫贫济富",富人减税更多,而穷人减税更少,这足以说明仅仅依靠提高个税起征的"一刀切"做法,根本行不通。这也是为何我国2006年个税工资薪金起征点由800元提至1600元,2008年进一步提高至2000元,从2011年到现在5年的时间,个税起征点没有再进行调整的根本原因。如果个税不能以"重点照顾中低收入者的政策调整"姿态出现，就会出现穷人多缴税的外部不经济效果，这肯定与国家政策背道而驰。个税设计的初衷本就是调节高收入、缓解因社会收入分配不公造成的矛盾，税进行二次分配，从而保护"穷人"利益。2016年，时任财政部部长楼继伟就强调说简单地提高个税起征点并不公平，也不是个税改革的方向。

实际上，个税起征点并非越高越好。因为个税起征点和个税收入之间是一条正态分布曲线，起初为上升，到达临界点后反而下降。这说明，超过临界点的起征点作用将为"负"。在我国，临界点为3500元，还是1万元，都需要"数据说话"，而不能"随便"说个数字。而且，由于我们各个城市的工薪阶层收入水平参差不齐，"一刀切"显然有失公平。因此2017年个税改革不仅仅是调整起征点的问题，更重要的是从分类税制向建立综合与分类相结合的个人所得税制转变，即"综合计税＋专项扣除"的个税改革。

如何确定"高收入"？

个税改革关注一直在起征点上徘徊不前，每当出现这方面的新闻，总会引发舆论巨大关注。既然个税改革不单纯是调整起征点的问题，那么我们自己收入处于哪一水平，个税税负是否会加重或者减轻就成了社会关注的一个焦点。

2016年10月，国务院印发《关于激发重点群体活力带动城乡居民增收的实施意见》，意见提出要进一步减轻中等以下收入者的税负，同时适当加大对高收入者的税收调节力度，堵塞高收入者非正规收入渠道，发挥收入调节功能。之后，有媒体报道称，年收入12万元的即可称为高收入群体，将在个税改革中被重点调控。实际上，"年收入12万元以上的属于高收入者"的说法，源于从2006年开始实施的个税申报制度。根据个人所得税申报相关规定，年所得12万元以上的应自行办理纳税申报。在个税申报政策制定时，那时年收入超过12万元的，确实是收入比较高的群体，如申报实施第一年，全国仅有168万人申报。① 而现在的个税改革，年收入12万元，并不涉及高低收入人群划分界限。

尽管财政部、国家税务总局专家很快辟谣说，这一观点是误读，12万元不是划分高低收入人群的界限，但"12万元高收入标准"的消息迅速引爆舆论，引发了很多人对自身"被怎样划分"的关注。其实，历次的个税修正以及财政部和国家税务总局的诸多文件，都没有过把年收入12万元以上人群划定为高收入群体的说法，但众多人仍然担忧自己"被高收入"，这就说明，个税改革承载着公众对收入分配公平性的期待。

由于东中西部经济社会发展差距很大，居民收入水平也存在很大差异，如何定义高收入必然引发争议。比如在三、四线城市，年薪十几万元可以算得上高收入，但在"北上广深"以及多数二线城市，年薪十几万元并不高。以一个在北京租房的年轻人为例。在北五环外的回龙观，租一个10多平方米的小单间，月租金就得2000元出头。如果不想每天花两三个小时在路上，而选择在公司附近租房，房租恐怕将占到工资收入的1/3甚至更多。如果是有房一族，情况就更加复杂了，说不定年薪十几万元刚够还房贷。如果全国"一刀切"以"12万元"为分界线，这些城市中等收入者就会被动变成高收入者并承担相应税负，将这一收入群体界定为高收入，显然并不合理。

如何定义高收入群体，应该随着居民收入水平的提高而不断变化，并且要考虑不同地区的收入水平差距。忽略不同城市收入水平差异，忽略不同城市生活成本的高低不同，忽略收入水平的增长来谈高收入，必然有失公平和科学。有多家自媒体称"12万元"的消息是对"中产阶级"的刺心之针。一个正常而稳定的社会结构，一定是橄榄形，也就是高收入和低收入人群是少数，而中等收入人群是多数，只是中国现在还处在发展阶段，还没有完全形成橄榄形，而是偏向于金字塔形。但即使是这样，中国真正的高收入人群也不可能是大多数的中产阶层，而应该是金字塔尖上那少数的一部分人。媒

---

① 《年收入12万元要加税系谣言》，凤凰资讯，http://news.ifeng.com/a/20161025/50149900_0.shtml。

体所说的"中产阶级"感到不安其实是因为他们收入来源大多是工薪收入，号称月入 1 万元的人，实际到手不过六七千，除去五险一金全是税了。而且由于中产阶层的收入主要是工资，缴税全部由单位代扣代缴，一分钱也不可能少，所以他们更坚信自己是纳税的主力。而那些真正高收入人群，通过多元化途径取得收入，他们大多是自行缴税，可以有各种手段来避税，比如一些企业经营者可以把个人支出纳入企业成本，以达到少缴税的目的。更为重要的是，由于我们这个社会中真正高收入人群的收入远没有"中产阶层"的收入那么透明，税务部门查起来很困难，加之我们的税收征管体系现有的一些漏洞，直接导致高收入人群漏税严重。这也会给中等收入阶层、工薪阶层一个感觉，国家加税要从"中产阶级"身上开刀。

《意见》中提到，进一步减轻中等以下收入者税收负担，发挥收入调节功能，适当加大对高收入者的税收调节力度，扩大中等收入者比重。我国不同人群和不同地区收入存在差距，高收入群体和低收入群体只是相对概念，不是绝对概念。以个税最高税率适用群体为例，我国适用于个税 45% 以上税率的，为年所得 96 万元以上群体，是我国 2015 年城镇职工平均收入的 15.5 倍；美国适用最高 39.6% 税率的，是年所得 40 万美元以上群体，约为美国人均收入的 9.3 倍。这类真正的高收入群体的确是社会结构中金字塔上部的那部分人，而要实现建设"橄榄形"社会的重点就是培育中等收入群体，减少低收入群体的比重。而要达到这一目标，个税改革也需要进行相应调整，改变个税征收方式，加大对真正高收入人群的税收征缴力度，也应该是个税改革的着力点。

那么，45% 的税率，对高收入阶层来说，是不是税负偏重呢？为什么西方一些发达国家的边际税率更高，最高者达到 55% 以上，高收入者却反应没有那么强烈，实际税负也没有我们重呢？原因就在于，发达国家在抵扣方面，有着很多能够让高收入者接受的东西，如住房、教育等方面的支出，都可以在税前扣除。自然，高收入者需要缴纳的税收就会减少，个人所得税的公平性也能增强。相反，我国的个人所得税缴纳，实行的是硬缴税、软抵扣，亦即扣除的范围很窄、扣除的内容很少，尤其是住房、教育等对高收入人群影响较大的方面，没有能够在缴纳个人所得税时得到体现。

《论语》中说道："丘也闻有国有家者，不患寡而患不均，不患贫而患不安。"可见在当前如何客观而科学地界定收入水平，关系到税制改革调节的公平性，税制改革也只有体现出公平性，才会消除人们对收入分配不平等的担忧。因此社会整体收入水平的普遍提升，必须以发展的眼光来衡量收入的高低，更是指评价收入水平的高低，要兼顾到不同社会环境下的收入差异。

个税改革怎么走？

2017年个人所得税改革的最核心内容就是建立综合与分类结合的个人所得税制度，建立"基本扣除＋专项扣除"机制，适当增加专项扣除，进一步降低中低收入者税收负担。所谓"综合"，通俗地讲就是将个人多项收入加总在一起之后再根据起征点和税率计算纳税额。目前，我国个税实行的是分类税制，即将工薪、劳务、股息、财产租赁等11类所得，分别扣除不同的费用，按不同的税率课税，而且没有专项扣除。个税改革就是要将部分收入纳入综合，同时建立基本扣除加专项扣除的机制，适当增加专项扣除，减轻中低收入者的税收负担。而在当前的11类所得中，哪些会纳入综合征税范围成为关注的焦点。

目前来看，将工资薪金所得、劳务所得、股份转让所得等部分资产所得纳入综合征税范围的可能性比较大。这一方面应主要根据收入的性质划分，并且也应该充分考虑信息的可获得性，以获得信息的程度为依据，比如劳务报酬、稿酬等信息获得比较充分的，可以考虑率先纳入综合征税范围。

除了部分所得综合纳税之外，"抵扣"也将成为此次个人所得税改革的一项核心内容。在现行税制下，纳税人的家庭负担因素没有被考虑进去。时任财政部部长楼继伟曾多次提出，个税改革"在对部分所得项目实行综合计税的同时，会将纳税人家庭负担，如赡养人口、按揭贷款等情况计入抵扣因素,更体现税收公平"。① 北京大学法学院教授、中国财税法学研究会会长刘剑文表示,抵扣是在个人所得税制改革中一直倡导的,也是应该综合考量的。目前个人所得税的纳税主体是个人,应该让纳税人自主选择,个人纳税或是家庭纳税,比如夫妻合并纳税。而根据家庭老人人数考量的养老负担,以及房贷利息等都应纳入抵扣。此外,考虑到税收优惠是鼓励二孩更加公平持久的方式,因此二孩负担也应该纳入抵扣。②

在税率方面,工资薪金所得适用税率需要大幅调整,个税改革应该定位为减税改革。基于国际人才竞争等因素,世界范围内调低个税最高边际税率是大势所趋,比照发达国家和其他金砖国家,我国个税的最高边际税率应该大幅度下调,同时将适用于最高税率的月应纳税所得额调高到 20 万元或更多。目前我国个人月应纳税所得额 8 万元以上适用最高边际税率 45%,这是 1994 年税制改革时确定下来的,已经过去 20 多年。目前,美国、巴西、俄罗斯、印度、越南个税的最高边际税率分别为 35%、27.5%、13%、30%、35%。

当前世界范围内个税都是宽税基、普遍纳税,美国个税占税收比重约 45%,虽然我国是以间接税为主的现实国情,但我国 2015 年个税总额占税收的比重只有 6.3% 依然过低,在发挥调节收入、解决分配不公方面的作用不突出。这是由于存在着现在个税征收方式工资扣除无法控制到多元化收入的问题,高收入群体并没有真正负税。综合与分类相结合的税制,则意味着税务机关要直接面对自然人收税,接受大量的个人申报纳税,在征管成本加大的同时,也对征管能力提出了更高的要求。税务部门需要对纳税人的申报进行稽核和甄别。要建立和完善适用于自然人纳税人的征管机制,如自然人纳税人的税务登记制度和纳税服务体系、与个人和家庭有关的涉税信息系统等。

中国财政科学研究院研究员李全指出,从经济学的基本逻辑来看,个税

---

① 《财政部:个税改革将把赡养人口、按揭贷款等计入抵扣因素》,凤凰资讯,http://news.ifeng.com/gundong/detail_2013_09/05/29347634_0.shtml。

② 《个税改革将加速推进 养老二孩房贷等有望抵扣》,腾讯新闻,http://news.qq.com/a/20160808/001127.htm。

的初衷是实现社会财富的再分配，使有限的社会资源取得更大的边际效应。①当然，现阶段国内外经济运行因素多变，在经济筑底期，个税改革也能够从一定意义上稳定宏观税负。这个过程中，由于多方面因素相互作用，在局部时点有可能形成增税或降税的效应，但长期来看则更有助于优化税收结构。

从进程来看，尽管个税改革的步伐已经在加快，不过，要认识到任何改革都不是一蹴而就的，个人所得税改革亦是如此。个税改革的最终目标是通过优化税制结构来发挥税制在收入分配方面的效应，但是从短期来看，效应的发挥需要阶段性目标。当前，推进个税改革的急迫目标是让综合制改革落地，阶段性措施首先是提高高收入阶层的税负。

个人所得税改革除了在制度设计、制度安排等方面需要更加体现公平、用公平托底之外，在其他的配套改革方面，也需要进一步深化和推进，否则，社会财富分配就会成为跷跷板，个人所得税体现公平了，其他方面没有跟进，又出现了新的不公平。特别在资本时代已经到来，投资者通过资本市场获得的收益越来越多，甚至大大超过劳动所得的情况下，如果不能对资本所得采取相应的调节机制，将资本市场所得也给以相应的税收，就会使劳动所得和资本所得之间存在严重的不平衡，从而让更多的人放弃劳动去追求资本。为什么近年来出现比较严重的资本撤离实体经济现象，原因不仅仅只是实体经济运行困难、效益大幅下降，还有实体经济的负担太重，特别是税费负担，与资本市场相比，明显偏高，投资者当然不愿意从事实体产业了。所以，个人所得税改革不仅需要在制度上完善、制度上突破，也要在配套改革方面跟进。其中，公平是个税改革能否实现目标的关键。

结构—功能主义将社会看作具有一定结构的系统，构成社会的各个组成部分，对社会整体发挥相应的功能。制度作为外显的行为规范在各个社会子

---

① 《个税改革下半年将加速推进》，http://www.mbachina.com/html/cjxw/201608/96168.html。

系统协调运转中发挥着重要作用。帕森斯认为一个社会只有满足了适应、目标获得、整合和模式维持四个基本需要，正常地发挥其作用，才能得以维持社会的稳定和秩序。个人所得税制度在嵌入性意义上联结着个体与社会，国家—社会不仅通过个税制度与个体达成经济联结，并且通过个税制度实现社会财富的再分配，使有限的社会资源取得更大的边际效应，从而达成社会协调与整合。"不患寡而患不均，不患贫而患不安。"个人所得税制的改革完善，一直被公众寄予热切期望。从每一个纳税人的立场看，总是期望个人所得税负担能够进一步减轻。个税改革只有体现出公平性，才会消除人们对收入分配不平等的担忧，才能有助于实现社会的有机整合。

社会学家墨顿区分了制度的正功能和负功能，当某些事物、制度发生功能性失调的社会后果，"减少系统的适应性和调节性"，如滞后僵化的制度的阻碍是一种负功能。在分析当前我们个税征收方式时我们可以看到，一方面随着经济环境和社会发展水平的变化，目前3500元的起征点过低。过低的个税起征点违背了调节收入的设定初衷，甚至开始出现负面效应。因此个税被一些人指责为"劫贫济富"，甚至被称为"工薪税"，说明其显然已经无法满足社会发展的需要。另一方面则需要我们检讨现有个税征收方式。目前我国的个税征收基本上是通过在企事业单位工资发放的环节设置事前扣除的关卡来完成，这虽然减轻了税务部门的税收成本，但与市场经济环境下，人们的多元化收入途径已经不相符合，而能够通过多元化途径得到收入的往往又是高收入者，这部分人的收入渠道难以设立事前扣税的关卡，而成为灰色收入。这些现有制度的负功能需要通过改革进行清理和革新，从而使制度发挥与其目的相匹配的正功能。

从社会冲突论的视角来看，个税改革势必会触及不同社会阶层人们的利益，工薪阶层得益了，有的人可能嘴里的手上的肉就少了，特别是一些既得利益者，他们甚至会千方百计阻挠改革的顺利推行，或者钻制度的空子维护自身的既得利益。但是，如果一个社会在面对一个不公平的利益结构时失去了维护公平正义的能力，那么一个社会的溃败是不可避免的。个税改革的实质是合理分配纳税人之间的税收负担，进而有助于实现社会公平的问题。只有形成公平的税收制度和公正的制度实践，才能使整个社会呈现出整合协调的积极面貌，而非社会不公和对立加剧的境地。

社会互动论的"情境定义理论"认为人们会依据情境的事实来选择合适的行动，对情境的定义是所有决定行动的先导。因此个税改革的推进就是基于对目前社会经济领域现实和民众需求、具体国情的判断，做出的变革行动。这种变革是对个税问题每一具体社会事实的破旧立新，面对起征点低、民众"工薪税"的声音，个税改革着力点在于建立综合与分类结合的个人所得税制度，通过"基本扣除＋专项扣除"机制，适当增加专项扣除，进一步降低中低收入者的税收负担。

雾霾是大气污染还是气象灾害?
——关于雾霾立法的思考

面对雾霾，大多数人从刚开始积极地了解，充分地辩论，到义愤填膺地参与到对有关部门失责的骂战中，到如今面对雾霾压城的不以为然，面对治霾告败的习以为常，不再积极去深究雾霾到底是个什么东西，不再热切盼望谁能够帮助民众摆脱"雾霾"的侵扰，就好像接受台风来了除了躲起来还能怎样的事实，一边唏嘘感慨，一边低着头刷手机挑选科技含量更高的新潮口罩和空气净化机，只是希望能够让自己尽可能免遭受雾霾的伤害。

但是2016年12月1日，北京市人大常委会发布的《北京市气象灾害防治条例（草案修改二稿）》（以下简称《草案》）第二款的规定无疑是向这看似平静的一潭池水丢了一枚手榴弹，再一次将"雾霾"话题推向了风口浪尖，因为《草案》第二款明明确确地将霾列为气象灾害。

追本溯源，气象灾害指什么？

雾霾为何要被列为气象灾害？列为气象灾害意味着什么？找问题要找源头，所谓气象用通俗的话来说，它是指发生在天空中的风、云、雨、雪、霜、露、虹、晕、闪电、打雷等一切大气的物理现象，而"灾害"就是指这一大气的物理现象带来的破坏性的影响。笔者再仔细查阅了一下气象灾害立法的基本法——《中华人民共和国气象法》（以下简称《气象法》），其为气象灾害做了明确的界定："气象灾害，是指台风、暴雨（雪）、寒潮、大风（沙尘暴）、低温、高温、干旱、雷电、冰雹、霜冻和大雾等所造成的灾害。"看到这里就能够初步感受到，气象似乎和星象相仿，只可观测无法控制和左右，毕竟现今虽然科技如此发达，我们也不能够人为去扭转夏季的高温，冬季的寒潮，因为这是"天气所致"，凡人能奈它何？唯有加强观测和防御罢了。《气象法》的定位也正是如此："为了发展气象事业，规范气象工作，准确、及时地发布气象预报，防御气象灾害，合理开发利用和保护气候资源，为经济建设、国防建设、社会发展和人民生活提供气象服务而制定的法律。"

挖掘到这里也许就能够理解民众对于雾霾被列为气象灾害的恐慌和愤怒。雾霾怎可简单界定为气象灾害？雾霾是特定气候条件与人类活动相互作用的结果，高密度人口的经济及社会活动必然会排放大量细颗粒物（PM 2.5），一旦排放超过大气循环能力和承载度，细颗粒物浓度将持续积聚，此时如果受静稳天气等影响，极易出现大范围的雾霾。一旦通过法律手段为雾霾盖上了"气象灾害"的戳，就等于将雾霾和台风、暴雨、沙尘暴、暴风雪，甚至高温和寒潮画上了约等号，一下将"寻找雾霾元凶"的努力变成了笑话，因为不会有人去追究"气象灾害"的责任主体，因为责任在"天"，立法只能够明确"防御工作"的责任主体，"细思极恐"的是，当我们接受了雾霾作为气象灾害的定位，它将会变成一个让人恐慌却又稀松平常的事情，我们将不再想着怎么治理雾霾，而是想着如何应对雾霾，如何与雾霾共存，让空气净化器就如同空调一样变成了毋庸置疑的家居必备电器。

雾霾到底是气象灾害还是大气污染，各执一词

当条例拟将雾霾列为气象灾害的消息一出，引发了社会大众的极高关注，争议声此起彼伏，面对争议，立法机构相关人员当然认为雾霾通过立法列入气象灾害有其必要性和合理性，综合媒体曝光的观点如下：第一，雾霾立法可以让政府更加尽责地去加强防治工作。北京市政府法制办有关负责人表示，"霾"属于天气现象和污染现象交叉的复合现象，且问题已经十分凸显，成为政府和社会关注的重大问题。霾入法可以让政府部门尽更多的责任，让全社会更加关注霾的防治，统一行动，形成防霾治霾的有效保障系统。第二，雾霾列为气象灾害，强调的是"灾"，以明确政府职责。北京市人大法制委员会副主任委员李小娟表示，条例不是给某一个部门立法，而是结合北京实际情况制定的综合性防灾减灾地方性法规，隐患治理主体责任在政府，将霾列入气象灾害范畴，不改变"政府统筹部门各负其责"的现有治理工作格局。第三，有官方史料为证。新中国成立前，中央研究院气象研究所出版

的《测候须知》(1929年)、《气象观测》(1947年)等,对霾的定义和标准等进行了记载;从国际上来看,世界气象组织(WMO)及各国和地区气象机构(如英国等)也都将霾列入了天气现象。

有力的反对声音主要来自科研机构、高校,主要的观点有:第一,将雾霾列为气象灾害违反科学规律。复旦大学环境资源与能源法研究中心主任张梓太从"气象灾害"和"大气污染"的差异切入提出反对意见,他指出前者是自然灾害的一种,不能被人的力量所控制所引发,只能通过各种防御措施尽量避免和减轻灾害带来的损失,而后者是可以防治的。而当前"重污染天气"是霾与人类生产活动紧密相关,是人为影响加剧的结果,是在具备霾产生的气象条件下,大气污染物浓度达到一定程度,人为影响已转化为主要因素,突出强调的是污染,对大气环境、空气质量和人民健康造成严重影响。第二,将雾霾列为气象灾害混淆了雾霾的治理主体,是相关部门推卸责任的表现。霾一旦列为气象灾害,就会排除人为污染的情形,而成为不可抗力免责事由,中国环境科学研究院研究员柴发合认为,这很可能给人造成相关部门在大气污染防治方面有意"靠天吃饭"、推卸责任的印象,降低相关部门的公信力,将给大气污染防治工作带来混乱。第三,中国人民大学法学院教授竺效表示,如果将霾通过立法列为气象灾害,必定会给未来的环境侵权诉讼带来法律适用上的风险和不确定性。

立法的背后:谁来为雾霾负责?

雾霾是一个牵涉过亿民众的问题,其话题的公共性,危害的普遍性,已经演变成了一种社会问题,不是瘟疫,却如同瘟疫一般让全民陷入恐慌,无疑给政府带来了巨大的治理压力。以至于2014年北京两会期间北京市市长甚至与中央领导立下生死状,表达了治理不好雾霾就"提头来见"的激昂言论,各种场合也都可以看到官员表达治理雾霾的决心。然而几年过去了,我们没有看到雾霾现象的好转,迎来的反而是京津冀及其周边雾霾的愈演愈烈,北上南下都未逃离雾霾的魔爪。治霾责任者的豪言壮语固然是让人动容的，诚然，为治理雾霾付出的努力也是不可被忽视的，但是雾霾却至今依然未得到有效控制却也着实让相关部门责任人陷入尴尬的境地，责任主体扯皮现象凸显：各地特别是受雾霾影响的地区，大致表现出三种典型态度，一是"空洞表态式"，即对于雾霾及其带来的危害，仅有"必须严肃对待"之类表态，却未见明确的行动计划；二是"等靠要式"，即片面强调本地资源紧缺、财力不足等困难，坐等国家给钱给政策；三是"埋怨外地式"，好像本地对雾霾毫无"贡献"，都是邻近地区甚至更远地方不注意保护环境所致，相互的扯皮只能够导致行动方案无法有效实施，更遑论雾霾被有效治理。

很显然，面对治霾，我国的现行法律是不足的，不论是曾经饱受雾霾侵害的英国还是能源消耗总量第一的美国都有许多值得借鉴的治理大气污染方面的立法经验可以借鉴，但是我们却选择了"为雾霾下定义"的方式去依法治霾，将霾归因于神秘的"自然力量"，把黑锅甩给了"老天"。就好比远古时代无法解释干旱现象，只能祈求天神，将年久干旱视作"上天的惩罚"去认受，面对无法解释的现象，把它归为神秘力量，放弃与之抗争。当我们说着"靠天吃饭"的时候，便已经放弃了创造更好环境的可能。

争论的背后：法律认受性的缺失

那么如何去判别法律的有效性？哈贝马斯指出我们面对法律可以采用两种视角来去审视"法律是否有效"——作为观察者和作为参与者。当我们采取一个观察者的视角时，法律的有效性问题只涉及法律的强制性和法律在协调人际交往时是否有效率，即"在事实的层面去接受法律"，这便是"法律的实在性"；当我们作为法律的实施对象，自然会采取参与者的视角去理解法律，这时，我们会希望这个法律是能够保护自身利益的，不违背科学和常理的，如果有所违背，我们也希望能够就不合理的部分进行商谈，这时候法律诉之于强制性是不够的，要能够从情和理各方面说服我们，让我们"有理论依据地接受"它，这便是"法律的认受性"。

其实法律本质上是一种语言形式，要透过语言来表达和传递，而人在使用语言的时候，蕴含着追求真理的倾向，真理是透过反复讨论而达成的共识来界定的，这背后涉及一个潜在的规范基础，那就是不管任何制约条件，我只希望你能够用"更佳论据的力量"来说服我。

伴随着信息社会的发展，公民议事的公共区域扩大了，我们可以实现在更加公开的平台上进行沟通，所以法律知识获得"实在性"没有获得"认受性"容易引发更大的社会争议甚至动荡。只有具备认受性的法律才能够带来稳定的社会秩序。而这种认受性的来源一方面来自于立法的立意正确，确保能够保护民众利益，另一方面来自于立法的依据充分，确保不违背科学和常理。

现代社会法律本身就是一种规范秩序，正如全国政协社会和法制委员会驻会副主任吕忠梅所指，立法事关社会经济秩序的建立和维护，是一种政治家的行为，不能采用"技术化"的简单思维，还需要秉持"良法善治"的法治思维，否则，不仅实现不了规范主体行为的预期目标，而且会造成对社会秩序的破坏，是无法被民众所认受的。"雾霾被列为气象灾害"一则有推卸治理责任的嫌疑，不能够真正有效推进环境治理的改善，二则没有充分的科学依据证明雾霾不是大气污染而是气象灾害，所以没有在事实层面获得"法律的认受性"，引发了公众的批判和质疑，甚至引发了更大范围的恐慌。

知识共享社会，立法者传统权威受挑战

然而在追求真理的讨论过程中，"更佳论据"往往要建立在专业知识之上，而立法者往往因其专业属性而占据讨论上的优势，从而也就能够拥有界定问题的权力，这便是在启蒙时代，就被确立的"知识/权力"的共生现象，也是现代性最显著的特征。

在教育未普及、信息不通畅的社会，专业知识确实只掌握在少数人手中。伴随着社会理性化的发展，知识分门别类，不断走向精细化，概念、方法不

断演进的同时，出现了越来越多复杂的程序，来进一步保障相应领域知识的专业性，就如同圈地一般，将专业之外的人隔绝在外，同时也剥夺了专业之外之人与专业之人进行商谈的权利。

那么缘何北京市人大常委会一纸条例下来就会引发如此多的反对？是什么原因导致当前立法者的权力受到挑战？一方面是立法者在专业知识层面的专属优势不再明显，另一方面是公共话题关乎民众的切身利益，立法的合理性将受到关注和审视。

当今社会，得益于互联网的发展，最热门的词当属"共享"，经济可以共享，知识同样可以共享。我们有任何问题都可以在"知乎"上@专业背景的人士，收获专业的解答，还能够听到不同专业背景的人对同一问题给出不同专业的意见；我们想学习任何知识都可以去"网易公开课"，听到高校名师的课程，通过轻松有趣的方式了解看似深奥的学科；社交平台，如微博、博客、微信等，各类专业大拿的知识分享俯拾即是。专业知识对于普通民众来讲再也不似原来那样无法企及。在知识和权力共生的背景下，一旦民众突破了专业知识的屏障，就自然而然不会束缚在无知之幕下，而是能够自主寻找"更佳论据"去与立法者进行商讨，真正有效行使议事的权利。

而当前社交网络的发展更是给民众行使议事权利提供了有效的平台，我们可以在个人的圈子里发表自己的观点，与圈中的好友交流，同时也可以在公共的圈子与不同视角下的观点进行辩论。互联网平台的匿名性让更多的人愿意无所顾忌地分享自己真实的观点，表达内心的诉求，而关乎大多数人切身利益或能够唤起共情的话题往往能够引来许多网友的关注。雾霾是一个典型的公共话题，它关乎同一片蓝天下所有人的健康问题，而健康问题关乎每个人的切身利益，所以不论你是否是环保主义者，你都会因为对自身健康的关注主动或被动地卷入对于雾霾的讨论中，热切地寄希望于相关部门能够担起环境治理的责任，改善雾霾的现状。那么，雾霾的相关立法者的所有举措都必将接受每一位民众的关注和审视，其合理性将不再依附于权力获得，而是必须能够经受得起事实和价值的考验。

 **小智库，微建言**

本文并非旨在参与这场论战，而是想进一步探究这场因立法带来群民激愤给我们的启示。

第一，权威式的话语再难轻易获认同，立法者要立足于参与者的视角，不能忽视沟通理性。立法者的角色往往是由对权威性话语的构建活动构成，这种权威性话语旨在对争执不下的意见纠纷做出仲裁和抉择，并最终决定哪些意见是正确和应该被遵守的，而立法者的合法权威来自于他们对知识的掌握，因为他们是这个领域最专业的，所以可以用最少的沟通成本去完成对问题的界定。而普通公民，在信息社会还不甚发达的时候，受限于专业的局限性，不了解相关知识，也就不知道"正确与否"的标准和依据，无知之幕下根本没有机会和权利参与到对争议的讨论中，更别说影响仲裁和抉择。而当下，知识不再仅仅掌握在立法者的手中，它通过专家学者进行传播，通过社交平台进行扩散，公民可以突破自身专业背景的束缚，充分参与到议事过程中，不仅了解到了更多的事实论据，也有了"寻求更佳论据"的意识，这时候权威式的话语又怎能让公民臣服？只怕是会激发更多的反抗和质疑。所以立法者绝不能再以自以为是的姿态去面对公民，悬置争议，妄下论断，必须从参与者的角度去进行更多有效的沟通，了解所有参与沟通的人都共同接受的知识和信仰，拿出更多的诚意，担起治理的责任，考虑法律的效度。

第二，共享知识时代的发展能有效扩大公民议事的公共区域，提升公民议事的意识和整体能力。当《草案》刚发布，专业领域的专家教授第一时间通过媒体采访、撰文的方式表达了专业意见，明确了反对的态度，有专业学科背景的学者学生则以知乎、贴吧、微博、微信等社交平台为阵地对"雾霾立法"问题发酵讨论，分享专家观点，摆数据、论事实、讲道理，而没有相关专业背景的更多人也不甘于做吃瓜群众，而是通过社交平台去了解更多的事实和观点，参与讨论，并且在个人的圈子里进一步分享自己的感受和认识。显然，这些都得益于信息社会的发展，使我们能够在越发多元和开放的平台上进行信息的共享和传播,为公民议事提供有效的公共区域,对公共话题进行充分的沟通和讨论,而在这个讨论的过程中,所有参与者,不论是什么职业背景,都因为对共同话题的关注,主动参与到了对立法/政治过程的干预中,并且将其视为自身的道德责任和共同权利,进一步保障了法律/政治的有效性。笔者呼吁,我们要勇于突破自身专业/职业的局部关怀,参与到对真理、判断等公共话题的讨论和权利的维护中来!

校园欺凌案频发,
　　　未成年人违法事件成焦点

近年以来媒体和网络不断曝光校园的欺凌事件，特别是有视频、有图像的报道令人震惊，笔者在点击了一部视频后看到几位学生正围住一位女学生殴打、谩骂、强迫其脱衣……施暴者与被害者竟然都是一些未成年人。或许既不懂法又没有法律的约束和制裁他们才敢这样放纵自己为所欲为。据称，大部分被欺凌者受了那样的侮辱和委屈也不敢吭声，还要赔礼道歉表现出服软示弱的样子，这也助长了这些校园欺凌者嚣张的气势。由于校园欺凌现象频发，还发生了受辱者不堪受辱自杀等恶性事件，这才引发了全社会的强烈关注，使校园欺凌成为社会的焦点议题。人们都在问，常在校园欺凌别人的这些学生是什么人？学校和老师们怎么不管管呢？法律该怎样判定这样的事情？

其实校园欺凌现象并不是现在才有，这种现象是伴随着学校产生而存在的。过去中国的孩子上学有一种名称叫作"打学"。先生对一些学习不专心、调皮捣蛋的学生常常用教尺掌手、罚站，或用最严厉的语言训斥、贬低、挖苦，总的来说，惩罚的手段和名堂很多。这些都不被看作什么欺凌现象，反而被当作一种正当的教育手段。后来，同学之间也开始有了这种欺负、侮辱现象，只不过是背着先生。如果说身体上的攻击不符合读书人的身份，但在语言上的欺凌，如极尽挖苦、又不失文化的语言欺凌在哪个朝代都有记载。诸如，曾传清光绪帝在京师大学堂开学典礼上引用了王阳明的一句话，鼓励大家要"破心中之贼"勇于接受新事物，然后举了一位王姓学生的例子，大意是这位王姓学生家境贫寒，几番科举落第后正郁闷不得志时，听说到京师大学堂上学有生活津贴，毕业后还可在官府谋得个实缺，这位王姓学生虽感到疑虑心中有纠结，但还是跑去报了个名。结果在旅馆里受到了一些守旧学子们的讥讽和嘲笑。更过分的是这些人在酒后还写了一首极尽侮辱的歪联贴于王姓学生床头，上联是"孝悌忠信礼义廉"，下联是"一二三四五六七"，上联缺"耻"，下联缺"八"，这是骂他无耻、王八。结果这位王姓学生受不了这样的侮辱自杀了。虽然光绪帝将王姓学生的自杀归因为"心中之贼"——守旧和好面子，但从实际的结果看应该说这是一个典型的学子之间的欺凌现象了。再回到现在，校园欺凌现象频发，有些案例竟然有仿黑涉黑之嫌，所以从这些案例和后果来看，其性质和严重程度也同样是令人震惊的！

触目惊心的校园欺凌案

互联网上一段视频曾引发社会高度关注。视频显示，一名身穿北京某校校服的女生，被其他身穿校服的女生及男生不断地扇耳光，中间还夹杂着叫声，"别扇这边，这边肿了，扇另一边"，"告诉她什么叫黑社会！"据了解，事发时被打女生仅15岁。据该校一名高一男生事后称，大约在几天前，被打女生在校外用手机抓拍他，不慎将高一的一位女生抓拍入镜，随即引发双方冲突，"她当时就删了照片，还道了歉，但是没用"。打人的地点离学校不远，当时共有30余名学生将该女生围住，"一开始就有一外校学生先上来扇了一耳光，后来有男生添油加醋，提议一人扇两下"。该男生称，最后有五六名女生轮番上阵，每个人都扇了两巴掌，还"踹了胸"，全过程中，被打女生一直都在哭泣着说对不起。

另一段视频几乎抓拍了欺凌全过程，近3分钟的视频中，黑上衣女孩的施暴行为连续不断。视频转换中看到又有一位身穿花衣的女孩也加入施暴行列，对蓝上衣女孩拳打脚踢，黑上衣女孩这时摘掉了口罩，开始用一根小木棍一阵一阵抽打着蓝上衣女孩。可以看到蓝衣女孩被打得很疼，但仍然没有呼救和反抗。在旁边，还有一个八九岁的小女孩在围观。从施暴女孩的讲话内容可以判断，她们边打边逼迫蓝衣女孩脱光衣服。而在这段视频中，数名围观者仍然冷漠拍摄甚至笑闹起哄。从视频拍摄的环境看，该起事件发生在校园的操场上，不远处还能看到有人在打篮球。[①] 看来，校园欺凌现象并没有妨碍别人的活动，也许是见惯不怪了。

这两个视频记录的都是典型的校园欺凌现象，谁会想到施暴者竟然是几

---

① 《初三女生被30人轮番扇耳光：告诉她啥叫黑社会》，《京华时报》，2016年11月27日。

个女学生，对被害女学生殴打不说还有人身侮辱。特别是被害者并无任何还手和反抗行为，哭泣哀求也难以逃脱这样残忍的欺凌。"踹了胸""逼脱光衣服""告诉她什么是黑社会"，这些语言和行为暴力已经超出一般校园的打架斗殴，其性质无疑是触犯了法律。为什么她们敢触犯法律？这就是一个问题，是法律对未成年人犯罪处理过轻，还是学生根本就是法盲，还是法律在学校根本就没有发生过作用？虽然在媒体网络曝光后有几位涉嫌欺凌的学生到公安局自首，公安局也好像在立案调查，但从结果来看，仅仅判处几个月的刑罚，再缓刑一下就都出来了。或许正是法律处理得过轻导致校园欺凌现象很难被遏制。

为此，笔者问过几位留学生，如果这样的校园欺凌发生在美国会怎样？他们都说像上述案例的校园欺凌会判得很重，不仅会为此丢掉学业，承担被害者的医疗费精神补偿费，等等，还会坐好多年的牢。举例来说，曾经震惊全美的一件中国小留学生校园欺凌案2016年正式宣判了，涉嫌凌虐和绑架同学的三名中国留学生翟云瑶、杨雨涵和章鑫磊在签了减刑协议后分别被判处13年、10年和6年监禁，刑满后将被驱逐出美国。法庭上据被害人刘怡然声泪俱下地控诉说3名被告对她施以的残暴罪行，其中包括扒光衣服、用烟头烫伤乳头、用打火机点燃头发、强迫她趴在地上吃沙子、剃掉她的头发逼她吃掉等，手段之凶残，令人发指。但事情并没有就此结束，相反，这才是整个虐待、绑架案的前奏。令人啼笑皆非的是，这场轰动中美两国的、几名留学生被告有可能面临终身监禁的惊天大案，竟然是因为男女之间的争风吃醋而引起的。据知情者透露，翟云瑶和章鑫磊被捕后第一次出庭时都是一副满不在乎的样子，可一听宣判两人完全懵掉了，她们没想到自己竟然闯了监禁的大祸。在他们的心里，这种在中国司空见惯的学生打架就算被校长知道了，顶多是教训一顿罢了，连开除学籍都谈不上，更不用说被捕入狱，还要把牢底坐穿了。① 当然让她们还没有想到的是美国的法律对校园欺凌案竟

---

① 《中国留美学生翟云瑶、杨雨涵和章鑫磊凌虐同学获刑 6~13 年，刑满后驱逐出境》，http://www.cninfo360.com/hyxw/qthy/20160107/406404.html。

然会判得如此重,还有涉嫌欺凌的人中虽然没有动手只是旁观,但也受到了同样的刑罚处理。这就引发了一件令人啼笑皆非的事情,他们中的一位父亲试图行贿法官,结果也被认为有罪而摊上了大事。

宣判后,在美国这件事情就这样过去了,施暴者正在服刑,受害人也正在从身体和精神上慢慢修复。但这些华人小留学生却给所有的华人带来了极坏的影响,这种影响也许是无法修复的。如此看来,校园欺凌现象竟然能从中国带到美国,如果不对校园欺凌像美国一样严惩严治,谁知以后还会不会再出现震惊美国和世界的校园欺凌案?如果就此做到亡羊补牢并防患于未然就有可能减少和杜绝这样不光彩的事情。可是,就在美国宣判几位中国留学生因校园欺凌犯罪入监之后,发生在中国的同样恶劣的校园欺凌事件却还在有增无减。①

案例一、江苏无锡女生遭羞辱、打耳光、扯头发被围观哄笑

2016年1月11日晚上,两段共长达3分钟的视频在微信朋友圈里疯转。在视频中,一名女生在宿舍角落里遭到数名女生持续捏脸、打耳光、扯头发,甚至是砸椅子。施暴及围观女生竟然时不时哄笑奚落,并且满嘴脏话,一位围观者还进行了拍摄。

案例二、海南15岁少女遭多人围殴扒衣被骂"打死她"

2016年1月16日,一段少女遭多人殴打、脚踹、扒衣的视频被传到网上,打人者讲海南临高方言。记者16日晚从海南省临高县公安局得到证实,视频里的暴力事件发生在该县东英镇的乡间小道上,受害人已报案。

案例三、安徽高三女生发微博称被同学下春药遭威胁

2016年3月5日上午8点多,安徽省黄山市田家炳实验中学一位高三女生发表长微博:因自己是Les,被班上三位男同学下春药,随后女生父母

---

① 佰佰安全网,http://www.bbaqw.com/wz/11845.htm,2016-06-21 18:00:18。

要报警,而三位主谋男生却继续威胁要用砒霜下毒。

案例四、湖南女生在不到 100 秒视频中被掌掴 32 次

2016 年 4 月 22 日晚,有网友在 QQ、微博、微信等网络平台上发布一段视频,视频内容为数名女生掌掴一名女生。在不到 100 秒的视频中,女生被掌掴 32 次,其间一直没有反抗。

案例五、重庆彭水一初中生被同学持刀捅死

2016 年 4 月 28 日 13 时许,桑柘中学学生沈某(男,14 岁)与同校学生赵某(男,15 岁)在校内因同学间纠纷发生争执。争执中,沈某持刀刺中赵某胸部,赵某经送桑柘卫生院抢救无效死亡。

案例六、初二女生找男生说话遭掌掴 被逼说自己是狐狸精

2016 年 5 月 14 日,雯雯在济南历城区某中学读初二,成绩优异、性格开朗。刘女士觉得女儿表现异常,再三追问之下,女儿痛哭流涕,才说出自己的遭遇。大概在半个月前,雯雯因为跟同班一个男同学多说了一会儿话,就被该男生的女友喊来俩同伴扇了耳光。

案例七、日照五莲一中学发生校园欺凌事件!学生在厕所被群殴

2016 年 5 月 16 日,一段校园暴力视频被疯传,一名中学生男孩,被一名身体强壮的同学殴打,其中几十人围观。据网友称,这起事件发生在五莲街头中学。

如果这一部分就作为案例总结的话,接下来还有很多令人发指的校园欺凌案,但我们只是想通过这些案例给个说法,也就不再归纳了。细想起来,这些当事人都是豆蔻年华的学子,大家一起来上学,既无宿怨也没有深仇大恨,为什么会因即时性发生的行为和事情而要加害于对方?下面我们通过媒体看看大家是怎样讨论的,即怎样回答了之前提出的三个问题。

网络议论声声，校园欺凌再成焦点

要说先前提到的一个问题是"常在校园欺凌别人的这些学生是什么人？"恰好看到最近在网络上兴起了一个新词"校园霸凌"给这个问题做了回答。据说"霸凌"是音译英文"bully"一词，指恃强欺弱者、恶霸。是指孩子们之间权利不平等的欺凌与压迫，长期存在校园中，发生这些同伴间欺压的行为，可能包括肢体或言语的攻击、人际互动中的抗拒及排挤，也有可能是类似性骚扰的谈论或对身体部位的嘲讽、评论或讥笑。最可能发生的时间和地点是：上下学途中、午休时间、课程休息时间、体育课时间、放学后、在操场、在楼拐角处、在厕所中、僻静小路上。① 这里人们会问，作为一名学生为什么或怎样成为霸凌的？我们在网络上看看大家都是怎样的说法。

中国中医科学院广安门医院心理科主任医师王健分析说，从心理学角度分析，一方面看，孩子的行为是对父母或者其他成人行为的效仿，因此家暴在施暴未成年人的成长过程中较为频发，未成年人也容易对流行文化进行模仿。另外一方面看，未成年人的暴力行为是一种"品格障碍"，而这种"品格障碍"演变成人格障碍或者罪犯的例子屡见不鲜。在初中到高中阶段，未成年人的自我意识成长，以上的两类未成年人逐渐会采取产生反社会行为，这种行为从欺骗开始，进而演变成暴力。施暴者希望在一种非主流的价值体系中，通过别人的惧怕来获得尊严。② 上述的分析揭开了校园霸凌的内在生成因素，模仿是动物学习行为，同样也是人类在未成年人时的主要学习行为。正如有学校老师指出，部分学生参与校园暴力的原因，是希望通过暴力行为建立或者巩固自己在朋友圈的地位，还有的学生是模仿网上的暴力视频。还有网友认为校园欺凌的问题还是出在家庭上。有研究学者指出，调研中发现，许多施暴的孩子有着相似的家庭背景：或是家境优越，认为不管出了什么事，家长都可以摆平；或是家境恶劣，自己也有过被父母暴力对待的经历。孩子

---

① 《女生遭校园欺凌内心极度受创半夜梦中惊醒》，2015年7月20日，新浪网。
② 《中学女生遭校园暴力案一审宣判 3名18岁被告获刑》，《新京报》，2016年11月24日。

的成长是一个不断学习的过程，家长处理问题的方式，往往会引起孩子的模仿。① 这样的解释让我们想起了英国教育社会学家威利斯的《学做工》里的工人阶级小伙子们，他们模仿工人阶级特有的反抗压迫和挑战权威的男性气质，形成了反学校文化的特质。人们倾向于将这种反主流文化看作一种亚文化，与越轨等词联系在一起。在心理学家看来，如前面王健分析的那样，是一种"品格障碍"。但这里要区分出的是偶发性的和经常性发生的暴力或校园欺凌行为，前者有情境因素，而后者则是品格障碍所致。

  经常出现施暴的学生具有品格障碍，那么学校和老师会视而不见还是根本就不管，这引发了之前提出的第二个问题，"学校和老师们怎么不管管呢？"就这一问题网友们也是有话要说。笔者在网络上看到一位网友说，校园欺凌现象很普遍，中国没有这样的大数据，要是有的话可以说80%以上的同学都有过欺凌和被欺凌经历，当学生是一个漫长的成长过程，每个人都可能由受欺凌者变成欺凌者。由于学校有老师和学校纪律管着，即使起的作用不大，学生还是有所顾忌的。所以欺凌一般发生在学校和老师视野不及的地方，有着极大的隐秘性。当然，一旦受欺凌者告状告到老师那里，老师也就是对当事人进行批评教育一下，这些学生当然会配合了，演演戏嘛！所以说，学校老师不是不管，而主要是批评教育为主。这样无关痛痒的处理，根本管不住这些"校园霸凌"，他们在私底下继续为所欲为不说，被欺凌的学生还因告老师后可能会再次受到更大的欺凌伤害，即二次伤害。所以，受欺凌的学生一般会保持沉默。我们说，校园欺凌是祖国花朵下的阴暗地带，是阳光下的罪恶。也有老师在网上留言说：

  如果说老师见到这样的事情不管是不负责任的话，我就处理过这样的事情，对当事学生狠狠地批评教育后，还到学生家里与他的父母亲谈话，希望家庭与学校共同教育这些经常性的校园欺凌者。结果有的家庭父母亲根本不合作，认为他家的孩子没错，之所以欺负别人了，那肯定是别人惹着他家孩子了。学生父亲很有理地告诉我，我们从小就教育孩子不许欺负别人，但也

---

① 《广东又现校园暴力：一巴掌扇学生脸还问爽不爽？》，《广州日报》，2016年11月23日。

别让别人欺负你。"人不犯我，我不犯人，人若犯我，我必犯人。"听后，我顿时无语。确实与这样的家长根本就没有办法沟通。有网友接着说，这样的父母教育出来的孩子是不可能有忍让精神的。我说的意思是，教师管学生是没有权力的，所谓教师的权力是虚的。过去学校有惩戒功能，老师有体罚学生的正当理由，而现在都被废了。老师面对犯错学生时只有通过说服教育。如果有老师采取一些惩罚的手段或批评得重了些，家长就到学校找老师算账了。所以，如今的老师也真是不好当啊！

听了这些话以后觉得有道理，过去有了任何问题都可以到单位解决，行政处分、开除等都是有力的制约管束机制。如今，一切都是社会化了，学校教育也管不了那么多了，要是开除学生也得交由法律裁决，否则学校自行做出的决定可能会在法律面前败诉。因此，我们这就引出了之前提出的第三个问题：法律该怎样判定这样的事情？

由于校园欺凌案已经踩到了未成年人的犯罪违法底线，人们开始在法律层面上讨论这样的案例。华东师范大学教育学部的范国睿教授认为：

我国刑法规定，未满14周岁或已满14周岁故意伤害但没有致人重伤的，不能构成犯罪，这类行为均作为一般民事纠纷，由监护人承担民事赔偿责任。可以说，这样的法律已经不适合现在的未成年人，随着社会经济的发展，14周岁的未成年人无论在心理上还是在身体上都比过去的同龄人要成熟和强壮得多，所以世界各国都在重新制定法律认定标准。面对日益猖獗的学生欺凌和暴力事件，美国联邦政府和州政府都加强立法，通过制定欺凌行为认定标准和严惩欺凌行为，遏制校园暴力。荷兰、印度、加拿大、希腊、匈牙利、丹麦都认定是12岁，中国香港和美国的纽约州是7岁。挪威发表了《反欺凌宣言》，对学生欺凌和暴力实行"零容忍方案"①。有网友认为，各国都有校园欺凌现象，由于法律严厉，近年来有减少的趋势。但我国法律似乎对未成年人一般犯罪和越轨又有减轻之势。比如，以前有未成年人犯罪又未到年龄，就会集中到劳教学校。每座城市都有几所这样的劳教学校，一旦进入劳教学

---

① 《树立大安全观　综合防治校园欺凌和暴力》，《中国教育报》，2016年11月14日。

校，就会在将来的升学和就业上处于不利地位。所以，这对严重的校园欺凌现象有着极大的遏制作用。可今天这些劳教学校都取消了，相应的未成年人犯罪的法律和认定标准还没有改变，以至于校园欺凌现象在当今并无有效遏制，这就出现了手段残忍、仿黑涉黑的校园霸凌，和敢于挑战和践踏法律的校园欺凌行为。

由上述讨论引发我们的思考，校园欺凌现象不是一个单纯的负面同学关系，而是一个负面的社会现象，单纯靠学校、靠教师以及学校常规的办法，如道德教育、思想政治教育、人生观教育，我们不是没有做，而是做了很多，但还是无法制止和杜绝校园欺凌现象。因此，必须诉诸法律，而法律也应根据社会变化的情况适时做出调整，对于有辱人格、对精神和肉体摧残的欺凌行为视为犯罪，应当重判。当然，对校园欺凌现象的重判也是有章法、依据证据的。为此，在这方面要根据国情，邀请各方专家学者深入研究和讨论，并参照外国成功的经验制定出适合我国未成年人犯罪的量刑标准和法律依据。

校园欺凌现象的社会学思考

将校园欺凌现象放到社会学的理论中去分析和解释有三种主要途径，其一是结构—功能主义的；其二是冲突理论的；其三是相互作用论的。前两个理论是宏观取向的，有助于我们从整体社会综合各方面的因素来看这一现象，后一个理论是微观取向的，有互动的和现象学解释学的。下面我们逐一做出分析，然后再综合来看。

从社会学结构—功能主义的观点看，校园欺凌是一种非正常的人际和社会现象，在社会系统中被定义为反功能。反功能的存在一方面会造成现有的社会系统，包括社会制度陷于混乱并失去对人的约束和调整（失范）；另一方面，会反逼社会系统做出调整，修复或建立健全有效的制度。从这方面看，反功能也有积极的作用。在我国校园欺凌现象频发，说明学校制度和法律制度存在着缺陷和不足，学校和社会在这方面并无有效严厉的制度和法律对学生进行约束和管理。实际的情况也是如此，学校教育的重心（功能）都放到了升学考试上面，忽视了对学生心理健康和优良品质养成的教育；没有创造出良好人际关系的环境，即没有教给学生如何尊重别人以及与别人如何相处共同生活；没有重视学生的法律法制教育，培养出高分高智商但低度法律认知甚至法盲的学生。在这样的制度和法律环境下，学校教育即培养精致利己的学业优等生，也因忽视和制度不健全而放纵出"校园霸凌"。从这方面看，校园欺凌现象应当从制度入手进行遏制和消除。但该怎样在制度上治理校园欺凌现象，我们还缺乏经验。过去以教师为权威的中心已经变化，教师从百科全书的教学模式和家长式的管理模式逐渐变为某一学科领域的职业者。管理学生越来越依赖制度和社会。制度的滞后多少归因于管理人员对教师的观念还没有改变，继续强化教师作用的同时，并没有真正意义上的赋权，使教学与管理相脱离，即教书不育人。在这种情况下，制度的作用就越发突出出来。

应该说美国是最早开始从制度上研究校园欺凌问题的国家之一，经过了近半个多世纪的摸索和研究，找到可能引发校园欺凌的原因和环境，逐渐在法律制度上形成有效的条文。其中 1994 年国会通过的《学校安全法案》（Safe Schools Act of 1994）和《学校禁枪法案》（Gun-Free Schools Act of 1994）奠定了制度基础，前者规定联邦政府每年需拨专款用于地方学区以帮助学区实现安全管理，而后者配合规定了联邦拨款的申请条件，要求学校对持有武器和违反法律的学生实施停学一年的惩罚，同时学校执行状况直接关系到是否能够领取联邦政府的援助资金等。如今，美国防控校园欺凌的学校安全法律已相当完善，包括从禁枪、风险评估、联邦拨款再到公开学校安全状况，由政府和学校共同承担安全管理的责任等。可以说，制度上立法并不能彻底消除校园欺凌现象，但确实让校园欺凌行为付出非常大的代价受到很重的法律惩罚。因此，在美国，其法律的约束和警示作用远远大于教师的说教。就像美国的一位老教师所说的话，美国在现行交通法立法之前，学校老师教给学生不要闯红灯，学生听的人并不多，结果出了很多交通事故；立法后，现在还有人敢闯红灯，但人数已经很少了，一旦出现事故自负全责。有了制度约束和保障，教师再对学生进行说教这个效果就不一样了。

从社会学冲突理论的角度看，校园欺凌与社会暴力都是不平等社会的产物。美国校园欺凌法案的出台和完善正是全美反对种族隔离并立法的前后，从历史文献中可以看到，美国社会是一个不平等的社会，白种人具有人种上的优越感与社会优势，他们歧视有色人种特别是黑人。虽然在法律上废除了种族歧视，实行了混合学校制度，但黑人的孩子在学校里经常会受到白人学生的欺凌。所以，联邦政府派专人开始研究发生在校园里的种种欺凌现象，找到原因后开始在法律上、政策上、学校日常生活中提出依据，最后颁布了校园安全法案和反校园欺凌法案。受到保护的有色人种和黑人学生应该安心上学了，但是，谁也没有想到的事情是城里的白人"飞走了"，却在交通极为不便的郊区落户了。随着越来越多的白人和中产阶级聚居郊区，学校与生活设施也很快建立起来。从美国现在的情况看，最好的学校都分布在白人和中产阶级居住的郊区。由于中产阶级对孩子教育的重视，大多家长都会陪伴着孩子们学习，与学校和老师有着紧密的联系，所以在这些学校里几乎没有校园欺凌现象。在城里和一些低分排名的学校里，黑人学生之间发生的校园欺凌现象和犯罪率要高很多。

那么再看我国的情况，改革开放以来中国社会由于收入上的分化加剧了社会的分层，随着富裕人口的增加，家庭背景对孩子的教育获得越来越重要。可以说，中国的教育是全世界最公平的教育，通过教育让农村及城市普通家庭的孩子一直保持着较高水平的和较大规模的向上社会流动。但是在进入21世纪以后，这种情况开始改变，由于优质教育资源有限且分布不均衡，学校教育从初等到高等也因此而分层了。如果说过去也存在着教育分层但差别并不大，并没有引起人们对教育不平等的不满，而今天来看，虽然平等的教育政策并没有改变，但学校教育客观的择优标准越来越对家庭背景好的学生有利，于是优质的教育资源即好的学校都被有着良好家庭经济资本、社会资本和文化资本的学生所获得，家庭经济差的学生被分流到教育分层的底层。好，分析到此我们就明白了，在一般和差的学校里由于通过教育根本无法获得社会流动的机会，上学可能就成为他们应付家长和玩耍的地方。中国农业大学人文与发展学院的熊春文教授对北京肖家河的一所打工子弟学校进行过调查，就发现了有趣的团伙网络现象，在他们之间校园欺凌现象经常发生。其实从媒体报道校园欺凌现象看，大多数校园欺凌发生在农村地区、城市郊区的一般学校和较差的学校里，而很少或几乎没有发生在名牌学校那些优等生身上。因此我们可以推论，从现象上看是生源问题，是学校问题，但实质是社会分层的结果，是社会不平等的结果。看来致力于教育公平，实现优质教育资源均衡化的目标对遏制校园欺凌也是有益的，当然，平等是社会意义上的，法律上的保证才是最根本的。

　　社会平等就会减少校园欺凌现象，这是因为平等给予了人们相互尊重的可能。谈到尊重这就涉及社会学微观解释学派的相互作用论解说理论上。相互作用论也可以看作社会心理学的解说，根据这一理论假设，校园欺凌现象是源于一种尊重，但这种社会性需求却是以非正常手段得到满足的，结果这就超出了一般尊重的范畴。这是江湖老大的做派，是黑社会老大的淫威。但为何会在学生身上表现出来呢？心理学家已经谈到的原因是由于模仿和病态人格，当然作为社会心理学家更倾向于将校园欺凌看作对权力的一种渴望，即控制他人、支配他人的一种需求。这在社会心理学上有一种需求理论可以获得解释，在人的基本需求得到满足以后，每个人还有三种主要的社会性需求：成就需求、权力需求和归属需求。哪一种需求占优势就会表现出相应的行为。在学校里一般受到尊重的是成就需求为主导的优等生，而差生是得不到尊重的，为了获得所谓的同学间的尊重，那就只有通过暴力和强势获得。当产生这样的意识以后，一种控制他人的权力需求开始上升，而且越来越敏感于别人对他（她）的态度和尊重，稍有一点冒犯就会教训别人。在强力下有一些学生（当然大都也是差生）就会跟随他（她），并产生了强烈的归属需求，"校园霸凌"就这样产生了。① 后来与一些名牌大学的大一学生谈话时

---

　　① 曾经看过一部书叫《猿形毕露——从猩猩看人类的权力、暴力、爱与性》，描述的黑猩猩好斗残忍的一面与人类非常接近。天性使然，为了地盘、权力和性，黑猩猩会杀了同类，甚至结盟杀了另一整群的黑猩猩。而跟随的小猩猩就会模仿成年黑猩猩的行为，平日的生活里就会有打斗、欺凌现象，强者为尊。

也证明了这一点,当然,他们都是学校的优等生,几乎没有这样的经历,但是确实也听说过每个中学都有这样的"校园霸凌",还听说过他们有时会与外校的某某"霸凌团伙"打架。每个学校甚至每个年级都有这样的人,这些学生确实让学校和老师们很头疼,当然,学习差和考不上好的大学也是情理之中。谈到这里,我们也在思考,获得尊重没有错,但在学校里只有优等生才能获得尊重很不公平,这说明学校评价学生的标准过于单一,这就让许多学生在学校里过着没有尊严的生活。为了获得尊严,一些学生便会以亚文化方式满足,如威利斯笔下的工人阶级"小伙子"们、熊春文研究的打工子弟学校的"团伙网络"。所以治理校园欺凌现象,学校对每一位学生的评价标准应是多维的,在人格上是平等的,相互之间是尊重的。让每所学校都能做到这样其实并不容易,如果学校教育的择优模式不改变,那么,中小学还是以应试升学为主,大学依然是培养精致的利己主义者(钱理群语)。或者说,在中小学最有尊严者还是学而优则上,在大学还是唯名牌马首是瞻。在这样的价值观下,即使法律从严,也并不能根除校园欺凌现象。就像美国,法律不可谓不严,但校园枪击案还是频发,虽涉种族问题、宗教问题,但很大的原因也许是源于犯案人没有受到应有的尊重。

从社会学结构—功能主义的观点看,校园欺凌现象对学校系统和社会都是一种反功能,可以使系统的整体功能紊乱和制度失灵。因此,在社会学中将反功能看作一种破坏力量。正因为社会中存在着相反的力量——破坏力量,所以社会制度和功能会不断发生调整和变迁。例如,青少年越轨和犯罪不断升级,相应的司法制度就要不断做出调整。中国的校园欺凌现象已经有触犯法律的嫌疑,但是对未成年人量刑过轻无法从重惩处,尤其对一些少年抢劫、杀人犯也因年龄不够而只能从轻判处或交由民事法庭处理,这也助长了未成年人犯罪率的上升。随着社会的发展,青少年犯罪已经呈现出成人化,手段残忍后果恶劣。于是各国都开始在量刑上降低年龄,这样就大大降低了青少年犯罪率，也有效地遏制了校园欺凌现象的发生和升级。所以建议我国根据青少年犯罪的特点和实际的后果将犯罪年龄适当降低，这样就可以遏制犯罪行为的发生。将校园欺凌现象列为威胁校园人身安全的高度，并建立严厉的法律法规。

从社会学冲突理论的观点看，治理校园欺凌现象不能仅仅依靠法律，而应从社会不平等的根源上寻找。为什么在中国校园欺凌现象多发生在差的学校和差的学生之间，而名牌学校和优等生身上较少或没有这种欺凌现象？分析的原因有如下几个方面：一是名校和优等生有着严格的作息时间、安保措施和明确的目标；二是学校老师和校方对优等生的学习和生活高度关注（他们直接关系到学校的升学率和排名）；三是家庭与学校、老师联系紧密，家长陪学生学习时间长。那么，差校与差生们则相反，校园欺凌现象最容易发生在学校、老师和家长顾及不到或放任的地方。这种情形有点类似于美国学者拉鲁写的一本书《不平等的童年》中所描述的中产阶级与劳工阶级学生的情况。中产阶级的学生学习紧张不说，就连课外活动家长都要陪伴，校内和校外的学习和生活都是计划好的；而劳工阶级的学生则是一种自然成长，无明确的目标和抱负，课余更是他们自己的时间，想玩什么就玩什么。当然，在无人看管的时间里，一些孩子聚集在一起最容易发生欺凌行为了，也最容易形成霸凌和亚文化团伙。所以，在一个分层的社会里，不平等也表现在学校教育里，学校的分层和对学生的分流，越是依赖学业成就这样的单一标准，就越有利于家庭背景好的学生。处在底层的人因资源短缺和无明确的目标（即使有也难以实现）就会互撕或采取非正当手段达到目的（经常是团伙地位和经济利益）。建议社会和学校的改革朝向一个更加公平、优质资源配置更加平等的目标努力，改善社会分层的差距，增加底层社会人们的希望会极大地减少底层社会人们的犯罪率。同样，缩小学校间的差距，对所谓的差校和差生给予更多的关心和帮助，校园欺凌现象也会减少和逐渐杜绝。

从社会学相互作用论的观点看，校园欺凌行为是由于尊重的需求不能得到满足引起的，尊重是一种社会性的需求，是在与人的互动中产生的。在马斯洛的需求层次理论中居于归属需求之上，这就是说，当学校不能成为他们认同与归属的地方，那么，他们就会寻找或建立属于自己的团伙，并在团伙内外获得尊重和认同。当他们一旦知道团伙外的人不认同他们也不尊重他们时，就会处在高度的自我敏感中，或寻衅闹事或误认为外人有冒犯行为就会发动团伙去教训和欺凌外人。由此来看，校园欺凌一方面让团伙成员获得了所谓的自尊，另一方面也加强了团伙的认同和凝聚力。一般来说，当团伙形成以后，一般会以反主流和反学校文化的形式出现，这样会干扰了学校的正常秩序，严重时也容易发生未成年人的犯罪，扰乱社会秩序。所以，根据相互作用论的建议，学校教育不仅是让学生学习文化知识，而且更重要的是要引导和满足学生正常的心理需要，特别是社会性需要，如尊重、归属；以综合评价、特殊才能评价代替目前单一的学业评价；能让每位同学感受到平等和尊重，就会让每位学生认同学校的主流价值，并对学校产生强烈的归属感。学校在这方面的工作做上去了，就会弱化学校亚文化团伙的影响，也对减少校园欺凌现象具有正向的积极意义。

（文章刚刚写完就看到媒体发布了一篇文章，题为《每对母子都是生死之交，我要陪他向校园霸凌说NO》，此文引发了持续的大规模的讨论。这是一位遭受校园欺凌的学生的妈妈，讲述了在中关村二小读书的孩子在如厕时遭受了两名同班同学的欺辱过程。由于性质严重，再加上校园欺凌现象屡屡发生，人们开始对当事的学生、家长、教师、校长，还有现行的教育制度以及相应的法律等进行批评和质疑，其中不乏真知灼见。）

人民币贬值凸显中产阶层困境

近一年以来，人民币兑美元不断贬值，2016年人民币兑美元一年时间内疯狂贬值达4000点，贬值幅度超过6%。换句话说，如果2016年年初你有100万元，到年末就不见了6万元，这就是人民币这一年干的事儿。如果放在更长的时间范围内看，自2014年年初开始人民币其实就一直处于贬值通道。实际上，自美联储2014年决定逐步退出量化宽松（QE）举措之后，美元就开始了崛起之路，人民币几乎是在同一时间陷入贬值旋涡，甚至在2015年8月11日出现了人民币"一次性贬值"1.86%的有数据以来单日最大降幅。三年来，人民币对美元贬值累计达9000点，贬值幅度10%，且有分析认为人民币兑美元在中期会跌破7∶1这一心理关口。

那么人民币为何会不断贬值呢？普遍认为主要有以下几个原因：一是美元加息预期的影响。2016年，美联储多位官员发表关于支持加息的言论，使在2016年年末加息成为大概率事件，导致美元不断走强；而与之对应的非美元货币都出现下跌走势，当然人民币也不例外。二是房地产调控措施的影响。2016年以来，国内多地楼市出现了大幅疯涨，随后各地政府相继出台了各种限购限贷措施，导致投资者对楼市信心不足，一部分热钱选择外流，给人民币贬值造成压力。三是货币发行量过大带来的影响。我国的经济增长率从原先的10%以上降到了7%以下，近几年强劲的货币发行量在支撑经济发展方面边际效应不断递减，如此大体量的M2也给人民币贬值造成压力。四是央行主动释放人民币下跌的动能。之前人民币存在汇率管制，而现在人民币放宽了波动幅度限制，同时央行不断调低中间价，主动释放人民币的贬值动能。五是连续升值带来的调整压力。美元兑人民币从2005年的8.3左右到2014年的6.1左右，10年时间里，人民币兑美元实际升值达30%~40%，如此升值本身就构成了人民币的调整压力。从上述因素来看，人民币近期上演不断贬值也在情理之中。①

---

① 《人民币不断贬值，中产阶级这样做才能保住钱袋子》，2016年10月19日，搜狐财经。

人民币贬值引发的中产"钱包保卫战"

客观地讲，近一年人民币对美元的确存在一定幅度的贬值，但相比绝大部分非美元货币，人民币相对强势。中国央行副行长易纲早些时间表示，2015年10月份以来，发达经济体货币中，日元、欧元、瑞郎对美元分别贬值10.5%、5.8%和4.2%；新兴市场货币中，马来西亚林吉特、韩元、墨西哥比索对美元分别贬值7.2%、6.5%和6.1%；而同期，人民币对美元只贬值了3.5%，只有美元指数升幅的一半。而且实际上，10月份以来人民币相对一些主要货币是显著升值的。此外，从长周期看，过去5年CFETS人民币汇率指数、参考BIS货币篮子和SDR货币篮子的人民币汇率指数以及对美元汇率分别升值10.9%、11%、4.4%和8.8%，过去10年分别升值28.3%、33.4%、28.4%和11.9%。①

其实，笔者认为，与人民币对外贬值相比，人民币对内贬值或许更加明显。这些年大家应该有一个很明显的感受，就是人民币的购买力一直在下降。这不仅表现在国内商品市场，购买境外商品也是如此，用一句话来说，就是人民币对内、对外都贬值。曾有专家用大米作为标的，非常直观地展示了10年来人民币购买力的下滑程度。某种大米在2005年的平均售价为1.90元/斤，到2014年已经高达3.30元/斤，按照这个比例测算，人民币10年间的贬值幅度高达43%。再如房价在过去15年中普遍上涨了5~10倍，即人民币购买力对房价贬值了80%~90%；如果我们按照过去15年房产占中国家庭资产的平均比重为50%的话，即仅因房地产涨价因素，过去15年人民币就贬值了60%~80%。除却一些极端个例，国内整体通胀状况也蚕食着你手中的人民币。2016年全国居民消费价格总水平同比上涨2.0%，看起来并不高；但是这与我国CPI的构成有很大关系，食品所占的权重很大，但食品的需求却是有限和相对稳定的，毕竟中国人口的增速已经大大放缓。如果

---

① 《央行副行长易纲：人民币仍具稳定强势特征》，2016年11月28日，人民网—人民日报海外版。

换个角度看，2016年上半年中国的GDP是6.7%，而M2均值在13%，简单说就是财富增长的速度跟不上印钱的速度。上半年我国M2与GDP的差值是6.3%，虽然不能简单说这个数字就是通胀，但是它很直观地告诉我们，如果财富增长的速度达不到6.3%以上，那么基本就是在贬值。假如一个中产家庭有存款500万元，且不做任何投资理财，按通胀2%计算，相当于财富年缩水10万元；如按照实际通胀水平6.3%计算，财富年缩水达到31.5万元，这笔存款在国内的购买力被通胀严重蚕食。此外，2016年人民币对外大幅贬值6%同样削弱了这个中产家庭的海外购买力，如购置海外房产、境外旅游、留学、购物所消耗的人民币都会大幅提升。

总之，不论是对内贬值也好还是对外贬值也罢，人民币较先前出现大幅贬值已经成为一个基本共识。这一变化也引起了社会大众特别是受其波及最为严重的中产阶层的广泛关注。面对人民币不断贬值的事实，财富水平处于中上等的中产阶级如何才能确保自己手中的财富不缩水？如何才能最大限度地拯救自己的钱袋子？这些问题已经成为中产者最为关心且最急迫的事情。其实，不少中产家庭已经行动起来，围绕打赢"钱包保卫战"，积极采取措施、丰富资产配置、有效分散风险。一个最简单的办法是换汇，直接把手里的人民币兑换成美元，在未来合适的时候换回人民币，抵消人民币贬值所带来的亏损。第二个办法是买黄金。由于黄金主要是以美元计价的，如果用人民币买黄金某种程度上也就是间接持有美元；而且世界各国都在疯狂印钞施行宽松的货币政策，但黄金由于其具有稀缺性且当前黄金价格也并非高位，所以在未来一段时间内依然有上涨的空间。因此，在人民币贬值的情况下，很多中产者会将黄金作为避免财富被缩水的第一选择。第三个办法是考虑海外置业。鉴于国内一线城市动辄一套房上千万元的售价，笔者认为国内高净值的中产阶级可以把眼光投向欧美，在历经了几次经济危机市场一片萧条的欧元区和美国投资别墅或公寓，其房产价格现在处于低位，买房投资正当时。第四个办法是投资因人民币贬值受益的股票。其实，并不是人民币贬值就一无是处，对纺织服装、航空运输、化工和钢铁等行业出口盈利反倒是利好，中产家庭可关注这些行业的龙头企业，寻找优质标的，合理配置一些资产。第五个办法是购买境外保险。近期香港保险公司推出的保障功能少、理财产品属性强的储蓄型保险,更加适合中产阶级进行海外资产配置。由于港币紧盯美元,内地居民在香港购买的保单,赔款、保险金给付以港币、美元等外币结算,这就从某种程度上规避了人民币兑美元贬值的风险。据数据统计,在内地购买保险理财,80 年后升值 29 倍;而在香港地区购买美金理财保险,同样的时间内可以升值 181 倍,这对中产家庭来说也是一个不错的选择。仅 2016 年上半年,内地同胞购买了近 39% 的香港保险公司人寿保险保单,购买总额约 310 亿元,平均每天 2 亿元的主动购买量,这恰好和人民币兑美元的贬值期一致。此外,海淘、旅游或留学一族可转战欧洲,如果人民币保持贬值势头,去往美国的出境游线路价格肯定会继续上涨;而相比之下,欧元区等地货币对人民币还在贬值,海淘购物、旅游和留学可以首先选择这些国家,并不耽搁中产阶级在这些地方追求更高性价比的产品和服务。[①] 笔者发现,其实每位中产者身边,近期总会有个换汇或赴港买保险,甚至出境投资、买房或移民的中产朋友。凡此种种说明,中产者正在越来越多地通过上述途径或其他方式,跟贬值赛跑,对冲人民币贬值带来的风险,千方百计打赢"钱包保卫战",努力让自己不跌出原有的阶层,让自己的财富在负利率时代不断增值。

中产阶级的焦虑与困境

我们先来界定一下中产阶级。美国著名社会学家赖特·米尔斯虽然早在 1951 年出版的《白领——美国的中产阶级》一书中,就首次提出了"中产阶级"的概念,但迄今为止,各国和地区关于中产阶级仍没有统一的界定。但是关于其的一个共识是:中产阶级人才济济,是科技创新的主力军,是经济社会发展的中坚力量和"稳定器"。白宫 2010 年曾发布一份报告,勾勒出

---

① 《人民币不断贬值 中产阶级这样做才能保住钱袋子》,2016 年 10 月 19 日,搜狐财经。

美国中产阶级生活的六大标准：经济稳定，有一套住房，有退休保障，能保障孩子们的健康和供他们上大学，拥有汽车，有能力外出度假。对中国中产阶级的定义，官方、学术界及社会舆论争论很大，没有一个比较权威的或者大家都认可的概念。一般而言，国人印象中的中国中产阶级是这样的：多从事脑力劳动或技术基础的体力劳动，主要靠工资及薪金谋生，一般受过良好教育，具有专业知识和较强的职业能力及相应的家庭消费能力；有一定的闲暇，追求生活质量，对其劳动、工作对象一般也拥有一定的管理权和支配权；他们大多具有良好的公民、公德意识及相应修养。换言之，从经济地位、政治地位和社会文化地位上看，他们均居于现阶段社会的中间水平。不过这个描述仍然相当模糊，有人认为个人收入是衡量的主要标准（至于收入多少是中产，又有极大争议），有人则认为是职业地位，也有人认为是生活质量，还有人认为是教育程度或者素质。一个比较典型的中国中产阶级形象是这样的：人均年收入达到 1 万~5 万美元，至少拥有一套房和一辆车，从事白领工作，具有大学以上文化程度，有一定时间休闲和旅游。笔者发现，最近且最常被引用的关于中国中产阶级的报道，来自于 2015 年瑞士投资银行瑞士信贷分析的一篇报告。按照瑞信的研究报告，拥有 5 万~50 万美元（34.5 万~345 万元人民币）财富的成年人属于中产阶层。其中，5 万美元相当于美国两年的中位数收入，50 万美元相当于美国一个即将退休的人为自己准备的中位数工资养老金。麦肯锡的最新研究报告则将年收入 9000~34000 美元（6.2 万~23.5 万元人民币）的家庭界定为中国中产阶级。① 国内一项调查显示，在中国月收入达到 45000 元人民币的家庭成员，更倾向认为自己属于中产阶级。但"网易有钱"联合 TNS 中国发布的《2016 中国渐富人群研究报告》认为，"中产阶级"的界定可能并不符合当下中国快速发展且地区间不平衡的国情，因为当代中国正处于社会变革时期，阶层本身的成型、发展和没落以及阶层间的流动仍在频繁进行，收入、财富等有价社会资源的相对占有量难以全面界定和辨识出真正的"中产阶级"。报告提出了以"渐富人群"的

---

① 《在中国有多少钱才算是"中产阶级"？至少 900 万！》，2016 年 11 月 30 日，华股财经。

概念取代传统的"中产阶级"概念,将"年龄为23~35岁,个人年收入5万以上,经济、政治、教育等方面资源和技能仍在提升的群体"定义为"渐富人群",代指绝大部分"正在拥有更多可支配社会资源,但离财富自由还有距离"的人群,并认为其可以更合理地概括相当一部分国人的生活状态。①

我们接着来看中国中产阶级的数量规模。根据瑞信标准,中国的中产阶层达1.09亿人,占全国成年人口的11%,2015年首次超越美国的中产阶层人数(9200万人),位居世界第一。西南财经大学的甘犁教授也用同一标准测算,得出中国中产阶级成年人口数量是2.04亿人,约占全国成年人口的22%。2012年波士顿咨询的分析结果显示,中国年收入超过2万美元的阶层人数达到了1.2亿。《经济学人》杂志最近撰文指出中国中产阶级规模达到了2.25亿人。可以说,不管是1亿中产还是2亿中产,通过持续且耀眼的经济发展,单就中产者数量来讲中国已是全球之冠。有分析认为,虽然目前中国经济进入增速仅为6%~7%的"中速增长"时期,但中产阶层的发展壮大不会停止,中产阶级数量仍将持续增长。麦肯锡指出,到2022年,中国的城镇人口将有76%进入中产大军,而2000年的时候这个比例只有4%。2015年,中国的城镇人口为7.3亿。换言之,哪怕这个基数不再变化(事实上显然会增加),到2022年,也将有5.5亿以上中国人属于中产阶级。以数量论,这个人群已经超过了中国和印度之外其他任何国家的人口。麦肯锡还指出,到2022年,伴随高收入的高科技和服务业就业机会的增加,就将有54%的城镇家庭进入"上中产"行列,即年收入16000~34000美元(11万~23.5万元人民币)。

我们再来看中国中产阶级的财富水平。据《第一财经》的统计数据,2015年中国中产阶级的财富总额73420亿美元,仅次于美国和日本,位居世界第三位,占全球财富比重为2.9%,占国内财富比重为32.2%。西南财经大学中国家庭金融调查与研究中心调查结果表明,中国中等收入家庭平均财富为12.7万美元(约87.6万元人民币),财富总额居世界首位;但中等收入家庭人均财富不及美日,成年人口中的中等收入家庭占比中国为21.4%,日本接近

---

① 《"网易有钱"发布〈2016中国渐富人群研究报告〉》,2016年12月12日,界面新闻。

60%。如果按年均增长 6%~7% 的速度，中国中产阶级一年财富增长规模可达 6600 亿~7700 亿美元，相当于每年增加了一个瑞士或荷兰的 GDP。

最后，我们看看中产阶级的行为方式和消费习惯。复旦大学熊易寒教授在《中国中产阶级的三副面孔》一文中指出，中产阶层的影响力是巨大的，表现在最近十年中国社会的道德、审美、价值观、生活方式和消费方式都在迅速中产阶级化。熊教授认为，中产阶级的行为方式是"情境化"的：在日常状态下，中产阶级更多地表现出保守的倾向，这是利益和制度使然；而一旦利益受到实质性损害，中产阶级也会走上街头抗议维权。他指出，中产阶级具有三副面孔。日常世界里的中产阶级是焦虑的经济动物，常常表现出保守的一面。在日常生活中，中产阶级作为单位里的骨干成员，他们面临巨大的工作压力，无暇参与公共生活；作为消费文化的拥趸，他们是理性的经济动物；作为现行体制的受益者，他们渴求稳定，害怕改革影响自身的既得利益。一方面，中产阶级常常表现出一定程度的政治冷漠；另一方面，中产阶级又热衷于讨论政治，关注重大的人事变动和政治事件，各种政治小道消息在朋友圈广为流传。房子和孩子是中产阶级最关心的事情。中产阶级关心房子，那是他们栖身之所，也是他们让资产保值增值的主要方式，房子意味着安全感和成就感；中产阶级关心孩子的教育，因地位焦虑而尤其注重教育投资，希望自己的孩子可以继续接力，向更高的社会经济地位跃迁；如果做不到这一点，他们就会转而拥抱阶层固化，希望孩子至少可以继承自己的中产阶级身份。公共舆论中的中产阶级是舆情主导者。得益于新媒体的发展和社会价值观的中产化，他们成为网络舆情的主导者，很大程度上塑造了主流舆论，然而声音很大、行动很少，背后都是其对财产安全的焦虑。集体行动中的中产阶级往往徘徊于公私之间。作为一个社会阶层，中国的中产阶级是通过业主维权和环境运动进入公众视野的。20 世纪 90 年代末以来，随着住房商品化改革，步入中产的城市居民刚刚共享"业主"这个统一称号，他们要求优美的生活环境、良好的社区服务，并希望亲自参与社区管理和社区建设，环保运动和业主自治更是中产阶级彰显自主意识和组织能力的舞台。中产阶级业主们开始为保护小区的绿地、驱赶不受欢迎的物业公司，或者成立自治的业主委员会而采取集体行动，向基层政府、开发商或物业管理展现自己的力量。但是，中产阶级的维权活动有时候也暴露了这个阶层的"私性"，当个人利益与公共利益发生冲突时，他们往往不愿意做出任何妥协和让步。①

在消费方式和习惯上，随着中国中产阶级数量扩大，中档零售部门正在与之同步增长，这也带来中端消费品市场的扩张。有资料显示，从2013年至2015年，日本服装公司优衣库在中国市场的年化销售增长率高达62%。法国体育用品零售商迪卡侬利用注重性价比的消费趋势，将中国门店数量从2012年的55家增至2015年的166家。中国国内的品牌也在迅速发展，如总部均位于杭州的绿茶和外婆家在全国各地开设连锁餐厅，门店数量在3年时间里增长了两倍；它们吸引了愿意在非高峰时段或者排队等候就餐的消费者，带来了较高的入座率，两家餐厅每天可以达到6至8次的翻台率，几乎是同行的两倍。还有高品质低价连锁店——名创优品，该公司的零售定价只是成本的2倍，而行业标准是3倍。在成立以来两年时间里，名创优品开了1000多家门店，年收入达到50亿元人民币。② 麦肯锡曾预计，到2022年，中国中产阶级数量将从2012年的1.74亿家庭增长至2.71亿家庭。中产阶级的消费能力将随之扩大，将给中国经济提供强劲而持久的拉动力。据统计，2015年消费对GDP增长的贡献达到了66.4%，是2001年以来的最高水平；2016年上半年，消费对经济增长的贡献更是取得历史性突破，越过70%大关，且全国社会消费品零售总额同比增长10.3%，中产阶级在这种经济的消费转型中起到了重要作用。同时，我国一些有大量购买力支撑的消费需求在国内得不到有效供给，消费者将大把钞票花费在出境购物、海淘购物上，参与的主力军也是中产阶层。波士顿咨询则估计，从现在到2020年，中国人的消费将以年均9%的速度增长；而且中国的年轻一代中产比老中产更加倾向于消费。与那些在20世纪80年代以前成年的人们不同，新一代中产者可以轻易购得世界各地的消费品，他们的消费支出年增长速度为14%，这样的

---

① 熊易寒：《中国中产阶级的三副面孔》，《文化纵横》2016年8月号。
② 周子勋：《中国向消费社会的转型已经到来》，《北京青年报》，2016年10月10日。

速度相当于 35 岁以上人群的两倍。

到这里，我们对中国的中产阶级有了一个初步的了解。不难看出，中国中产阶级的数量和财富规模已经使其成为不可或缺的重要经济和社会力量，并对中国社会的道德、审美、价值观、生活方式和消费方式产生了巨大的影响作用。但是，在实际的生活过程中，中产阶级在享受着别人羡慕的生活的同时，内心却时刻充斥着担心、焦虑和不安。一次大规模裁员、一场可能存在的降薪、一场突如其来的大病、股票的波动和税率的调整，甚至是住房公积金的调整，都可能让中产阶级从睡梦中惊醒。这就是中国中产阶级的生活，他们仿佛拥有着让人艳羡的生活，有着房子和车子，收入远高于普通人；但是大部分人都会觉得有钱但钱不够用，无闲且加班越来越多，房贷、教育、医疗、社会保障以及生活消费的经济压力日趋重大；未来还面临着子女结婚、养老金储备，以及可能存在房屋和车辆置换等大宗开支。这就是中国中产阶级的现状，一种被夹在贫富两者之间的表面风光的中间阶层。有人测算过，如果以一般水平满足上述这些开支，那么一个过得压力不大的中产阶级家庭，在还完房贷、车贷等一系列贷款之后，必须要有 550 万~650 万元的现金存款，这个标准对于当下中国中产阶级而言恐怕并不轻松。

然而，这些现象其实都是一些表象，问题的根源还在于我们的公共社会福利水平还不完善，目前在中国除了最基础的社保以外，大部分的日常支出都是需要家庭自己来承担。如医疗费用一项，我国医疗费用中的 32% 由家庭支出，与世界其他 GDP 排名靠前的国家相比，中国家庭仍然承担着较高比例的医疗费用，也意味着如果大病发生，一个家庭的经济状况可能面临灾难性压力，存在因病返贫失去中产地位的风险。因此，刚刚富裕起来的中产阶层往往呈现出这样的矛盾心态：收入不低，但翻来覆去依然为钱发愁；表面风光，实际却是社会最脆弱的群体；不敢辞职，怕一分钱难倒英雄汉；满怀梦想，却身心疲惫无暇追逐。于是乎中国中产阶级仿佛走在平衡木上、过着独木桥，每天为了家庭和工作尽心尽力，却没法给自己减少一丝一毫的焦虑和担忧，因为大部分中产阶级都只能用"别无选择"来形容自己。加之今年人民币不断贬值对中产阶级钱袋子的危害颇高，使其在财富问题上更加焦虑,进一步加剧了中产阶级的恐慌心理。正如2016年7月初《经济学人》杂志发表的那篇关于中国中产阶级的文章所言,中国中产阶级面对的各种挑战越来越大,担心因病返贫、担心养老、担心房屋产权得不到保证,等等,这些困境正在让他们"节节败退"。无独有偶,最近经济学家杨国英指出,目前中国90%中产家庭将陷入返贫的危机,其理由是当前中国经济正式进入了"金融空转"时代:意思是目前发行的货币和信贷无法有效流入实体经济,应该流入实体经济的资金却流入了金融体系内,在金融体系内循环(炒房、炒股、炒大宗商品等),促使资产价格泡沫增长。在这种情况下,国内90%的中产家庭将出现财富缩水的问题。近一年国内经济运行,一方面虚拟经济泡沫过旺,另一方面实体经济投资持续恶化。这说明国内经济形势十分严峻,且未来前景具有不确定性,我国中产家庭普遍感到焦虑。《金融时报》近期有一项调查也验证了这种焦虑,中国多数中等收入受访者希望能将资产变现后兑换成美元,更有近三成受访者表示已经完成了上述目标。纵观美国、英国的中产阶层的发展史,我们会看到金融空转时代,中产阶级很大程度会被消灭掉,就如现在的美国穷人很多,中产阶级越来越少,富人也很多。[①]

综上所述,中产阶级目前遭遇到了结构性的困境,他们挣扎于理想的彼岸与现实的此岸之间。从马斯洛的需求层次理论来看,中产阶级是低层次的"生理和安全需求"得到了满足,且中等层次"感情和尊重需求"也得到较好满足,但不到追求高层次"自我实现需求"的阶级或阶层。与财富上遭遇返贫的风险相比,中产阶级的自我实现需求得不到满足和价值观崩塌才是他们焦虑和不安的真正原因。他们曾无比相信,知识能改变命运,奋斗能带来成功;但现实中随着阶层的固化和挤压趋势越来越明显,他们的上升途径和渠道无法完全打开。他们强调法制化,需要权益与尊严得到保障;但现实中他们害怕政府的一个决策会轻易威胁自己的利益,对于手中的财富有着极强的不安全感。他们认可全球化,因为只有市场经济才能让他们的价值获得最大体现;但现实中国际保守势力开始抬头,反全球化思潮已经出现,他们将

---

① 《"金融空转"倒霉的为啥还是中产阶级?》,2016年8月9日,搜狐财经。

要面对的是不断萎缩的国际市场和"本土意识"绑架下的精神困局。他们强调个人价值,强调生活质量,强调教育质量与公平;但在当下由于知识贬值,此前一度消失的"读书无用论"也死灰复燃,否定了中产阶层所坚持的知识崇拜,潜规则横行。目前的形势,中产阶级所追求和信奉的价值正在逐一被否定。① 正如深圳著名作家钟二毛所言:"中国的中产阶级硬件达到了欧美中产的标准,但没有安全感与幸福感,这源于社会的保障体系的不完善,以及政策的不连贯性。比如说政策上,股市今年上半年的熔断机制,有钱都变成没钱;还有最近的延长退休,关于养老的一些担忧。"②

毋庸置疑,我们遭遇了最好的时代,也遭遇了最困惑的年代。高速增长后留下遍地狼藉,财富的累积造就了一个庞大却脆弱的中国"中产阶级"。在焦虑中前行,这是正在崛起的中产阶级的画像。如何才能消解当前中产阶级焦躁不安的困境,让中产阶级从容地拥有健康的生活和富足的精神?这需要国家、社会和个体不断地反思和践悟。在《双城记》中,狄更斯说:"这是最好的时代,也是最坏的时代;是智慧的时代,也是愚蠢的时代;是信仰的时代,也是怀疑的时代……我们的前途拥有一切,我们的前途一无所有。"这恐怕是中产阶级对所处的这个时代最真实的感受。

对中产阶级困境的社会学思考

就一般意义而言,社会分层是社会结构中最主要的社会现象,因而被视为现代化社会变迁的焦点,也因此而成为社会学研究的一个核心领域。将当前中产阶级的困境放到社会学理论中去分析和解释主要有三种理论范式,分别是结构—功能主义理论范式、冲突理论范式和相互作用理论范式。前两个理论是宏观取向的,有助于我们从社会整体的功能和冲突视角来看待这一现象;后一个理论是微观取向的,笔者主要从认同的角度分析中产阶级面临的

---

① 《节节败退的中产阶级》,2016年8月12日,搜狐财经。
② 《节节败退的中产阶级》,2016年8月12日,搜狐财经。

困境。

　　从社会学结构—功能主义理论视角看，中产阶级历来被视为一个社会的中坚力量和"稳定器"，中产阶级的发展与壮大对维护现有社会系统运行具有显著的正功能。我国经济近十几年的高速增长，使人们的收入水平持续提高，步入中产阶级队伍的人数快速增长。虽然各方就中产阶级的规模人数未能达成一致，但从近期公布的一些数据显示，中国中产阶级的人数规模相当庞大，中国中产占总人口比例虽然远低于美国和日本等发达经济体，但中国是中产人数和财富增长最快的国家，中国中产的规模和财富总额均居世界首位。而且中国中产阶级还在不断壮大，他们不断增长的消费需求将是促进我国经济结构转型和经济增长的推动力，同时更为重要的是这一群体日益成为社会主流人群，必将对中国社会未来走向产生持续积极的关键性重要影响。当然，目前中产阶级群体的"夹心阶层"现状，反映出现有社会系统功能的不够完善，反过来会促进社会系统做出调整、修复或变革，起到积极的作用。正如李春玲所指出的：虽然我国中产阶层的收入或个人财富基本达到了美国中产标准，但他们的生活质量和生存状态未能达到真正的中产阶级的标准，对于这种状况，他们感到不满。他们认为，依据他们所接受的教育和所从事的职业，他们应该享受中产阶级的生活水平。然而，由于中国的社会保障和公共服务水平比较低，中国中产阶级普遍缺乏安全感和满足感。一些中产阶级成员认为，虽然目前他们有较高的收入或享有较好的物质生活条件，但他们担心意外事件或偶然因素会导致他们失去现有的身份地位。他们时常抱怨，他们缺乏欧美中产阶级享有的社会保障和福利，不能像欧美中产阶级那样安逸舒适地生活。笔者认为，只有在不断完善社会保障制度和提升社会公共服务水平，解决中产阶级预期的问题与他们内心的不安全感和不确定性之后，中产阶级才真正可以成为有钱有闲、享受生活、敢于消费的一群人，他们才能真正成为中国经济和社会发展的脊梁与支柱。[①]

[①] 李春玲：《中国中产阶级的不安全感和焦虑心态》，2016年8月11日，《文化纵横》，2016年4期。

从社会学冲突理论视角看，走出中产阶级困境不能仅仅依靠中产自身，而应从社会不平等的根源上寻找。近期多家知名西方民调机构的调查结果却显示，西方社会的中产阶级正在加速分化，多数人的收入水平呈现下降趋势。而造成这一现状的罪魁祸首就是收入和财富的不平等。以美国为例，其财富收入不平等程度已经超过所有主要国家，顶层1%人群掌握的财富相当于底层90%人口的总财富，20名富豪的财富超过全国一半人口的总财富，而中产阶级家庭所占比例已不到一半。随着社会经济的发展，金字塔的构成会发生微妙的变化，中间和顶端部分将会扩大。比如，在美国，高、中、低净值人群的比例分别为12%、38%和50%；在日本，这一比例分别为9%、60%和31%，属于典型的"橄榄形"社会，中间大，两头小。显然，中国在社会财富人口结构方面还不够成熟。中国位于塔尖1%的高净值人群平均个人净财富为3500万元，这群人坐拥着全中国60%的财富；不到两成的中产阶级的平均个人财富为78万元，他们掌握全中国29%的财富；而占据八成人口的普罗大众仅分得财富蛋糕的11%。可以说，当前中国社会存在着严重的贫富差距和不公平现象，让身处贫富夹层中的中产阶级群体极易产生"相对被剥夺感"，群体性焦虑情绪严重。而这种压抑和焦虑情绪背后的时代压力，更是令中产者深深陷入各种现实生活问题所编织的困境中。① 因此，"中产阶级焦虑"的字眼在当下频频出现，这些精神困惑和人生困境与如今社会的动态变化有很大关系，或者说，这些精神问题乃是由人的生物性、个体性和历史社会性的三方辩证关系互相联系影响所致。中产阶级群体中存在的这些内心冲突、精神焦虑，已不是一个个体心理上和精神上的问题，而是触及了某些普遍的社会特性。②

从社会学相互作用理论视角看，导致中国中产阶级不安和焦虑的原因，既与外部社会经济环境相关，也与中国中产阶级内在特质相连。高速的经济增长、剧烈的社会变迁、演变中的文化价值等，使快速成长的中产群体在享

---

① 李春玲：《中国中产阶级的不安全感和焦虑心态》，2016年8月11日，《文化纵横》，2016年4期。

② 许民彤：《中产阶级在焦虑什么？》，2016年10月26日，上海金融新闻网。

受到物质提高的同时,也感受到了压力、困惑和矛盾。近年来,经济增速放缓,市场竞争急剧激化,生活成本持续上升,未来的社会经济风险凸显,更增强了中产阶级的不安全感和焦虑感。前文所述2016年年初,部分中产阶级上层对未来不确定性恐慌对应,掀起了对外投资和移民潮;大量的中产阶级中下层成员,对社会保障和生活品质抱怨增多,对各类公共安全和人身权益保障问题忧心忡忡;年轻的中产阶级成员或准中产青年群体中的焦虑感更为突出,他们急切地渴望实现他们的中产梦,然而实现梦想的过程却障碍重重。此外,压力和焦虑还对中产身份认同产生了负面影响,使许多人虽在物质条件方面具备了中产硬件(如收入、职业、教育、消费等),但内在却缺乏中产认同(不认可自己是中产阶级)。导致这种现象的主要原因还是这一群体的许多成员缺乏安全感和满足感,而安全感和满足感是中产身份认同的基础。安全感和满足感的缺乏,使那些拥有较高收入和较多财富的人难以培育出中产心态。快速的经济增长,与相对滞后的社会、文化、道德价值及政治领域变化演进之间的错位,是中产阶级不安全感和焦虑心态产生的深层根源。尽管中产阶级是经济增长的极大受益者,但政府并未对这一迅速扩大的群体给予足够关注,在相关政策制定时不够重视这一群体的特殊需求。政府政策缺位以及对中产阶级诉求反应迟缓,也加剧了中产阶级的不安全感和焦虑情绪。虽然20世纪90年代后期国家领导人就提出"壮大中等收入群体"的政策目标,目前推进的"十三五"规划也把"扩大中等收入者比重"放在重要位置,但一直未能制定出促进中产阶级发展的针对性政策。①

一是政府的相关政策制定应该更多地考虑维护中产群体的利益和促进这一群体的增长,以便更好地发挥中产阶级的"稳定剂"作用。在发达国

---

① 李春玲:《中国中产阶级的不安全感和焦虑心态》,2016年8月11日《文化纵横》,2016年第4期。

家，由于中产阶级是社会上最庞大的人群，政府实施相关政策时总会考虑政策对这一群体的影响。在一些发展中国家，政府把培育壮大中产阶级作为政策目标，实施一些有利于中产阶级发展的政策。我国政府虽然提出"扩大中等收入群体"的目标，但并未落实到具体政策层面；而且，提出"中等收入群体"的概念主要是针对调节收入分配，并未把这个群体作为利益相关群体来考虑。因此，政府制定相关政策时较少考虑对中产阶级的影响。比如税收政策，大多数中产阶级感觉最近5年来他们缴纳的税款越来越多，但政府决策时对于中产阶级的利益考虑较少；政府政策会偏向于强势阶层而损害中间阶层和下层民众的利益，因为强势阶层的成员是各个领域的精英分子，他们对政府决策的影响较大；下层民众在利益博弈中往往受损最多，政府会采取一些政策扶助或补偿这些弱势群体；而中产阶级往往成为政府政策忽略的群体，中产阶级的利益成为政策制定的一个盲点。党的十八届五中全会明确指出"十三五"时期是全面建成小康社会的决定性阶段，在近期召开的中央财经领导小组第十三次会议上，习近平总书记强调："扩大中等收入群体，关系全面建成小康社会目标的实现，是转方式调结构的必然要求，是维护社会和谐稳定、国家长治久安的必然要求。"在全面建成小康社会后，中等收入群体以及中产阶级应该成为社会主流人群。为此，需要政府采用相应政策，促进中产阶级的顺利成长，缓解其不安全感和焦虑情绪，提升他们的社会满足感。①

二是要重点关注中产阶级的中产社会心态的培养，强化中产阶级的中产身份认同。中国中产阶级的中产身份认同较低，对自我的认同与社会对其身份的认同出现错位，中产阶级认为自身处于社会中下层或下层的比例越高，不公平感就越强，社会风险就越大。换句话说，中产阶级发挥稳定作用还是变革作用，要取决于当时的社会、经济、政治情境，目前的实证研究结果表明，当前中国中产阶级仍是社会的稳定力量，他们的社会态度倾向于温和保

---

① 李春玲：《中国中产阶级的不安全感和焦虑心态》，2016年8月11日，《文化纵横》，2016年第4期。

守，希望社会稳定发展、渐进变革而不是激烈变革。但是缺乏中产心态的中产阶级，促进社会稳定的作用必然会受到影响。所以，要进一步提升社会保障水平和公共服务质量，消除中产者的不公平感和不安全感，使他们切实拥有中产的生活状态和社会心态。①

三是要重建中产阶层价值观，适应经济和社会发展新常态。与中国人认同自己是中产阶级、中间阶层或中上阶层的比例明显低于其他国家不同，中国人对未来个人生活水平提高的预期明显高于其他国家。这种社会心态，是过去几十年激发人们更勤奋地工作、更努力地追求，推进我国经济高速增长的一个动力。然而，当我国经济增长步伐逐步放慢，社会经济发展进入新常态阶段，个人收入的增长速度可能难以维持过去30年经济高速增长时的水平，过高的物欲期待和不满足心态就会产生负面效应。所以，在新常态下，不仅我国的经济结构和增长模式需要适应新常态，中产阶级的价值观认同也需要适应新常态。全面建成小康社会不仅意味着多数人步入中等收入群体，而更重要的是成为社会主流的中产阶层应具有平和、知足、快乐、健康的小康社会心态，金钱和物质不再是最重要的人生目标，精神追求、道德水平和社会责任成为个人价值更主要的实现方式。②

---

① 李春玲：《中国中产阶级的不安全感和焦虑心态》，2016年8月11日，《文化纵横》，2016年第4期。

② 李春玲：《中国中产阶级的不安全感和焦虑心态》，2016年8月11日，《文化纵横》，2016年第4期。

墨香阅读和指尖浏览之争，
孰深孰浅？

据 2016 年 4 月份中国新闻出版研究院发布的第十三次全国国民阅读调查数据统计显示，2015 年我国国民人均纸质图书阅读量为 4.58 本，电子书阅读量为 3.26 本；数字化阅读方式（包括网络在线阅读、手机阅读、电子阅读器阅读、光盘阅读、平板电脑阅读等）的接触率为 64.0%，较之 2014 年的 58.1% 上升了 5.9 个百分点。在诸多数字化阅读方式中，手机阅读接触率上升最快：2015 年，60.0% 的成年国民进行过手机阅读，较 2014 年的 51.8% 上升了 8.2 个百分点；有 51.9% 的成年国民在 2015 年进行过微信阅读，较 2014 年的 34.4% 上升了 17.5 个百分点。①

这一系列数据说明，在网络时代下，互联网已然开始改变人们的阅读习惯。从传统的墨香阅读到当下的指尖浏览，这不仅仅关乎阅读方式的选择，更暗含着深刻的时代烙印，即阅读场景的变革。在传统阅读时代，人们的阅读场景比较明确，比如报纸杂志在办公室里阅读，书籍在家里的书房或者图书馆阅读，时间紧凑的上班族也可以在公共交通工具上阅读，等等。如今，随着移动互联网的发展，人们几乎可以在任何时间、任何地点阅读任何内容。以往时间和空间这两大因素对阅读的限制，已经被移动互联网的技术全部解除。阅读场景的变化，引发了一场知识领域的大变革：传统的知识载体——书籍的图钉们被网络撬开了，知识信息漂浮了起来，随即成为碎片化的存在。而网络放大了这些信息碎片，进而改变了人们的阅读心态。面对一拥而至的海量信息，人们的信息焦虑症越来越严重：时间不够用、注意力不够用，读过的信息像手中的沙子一样，既记不住也留不下。

在海量信息充斥眼球和"快阅读"的时代，关于网络阅读是否有利于我们获取知识、是否是阅读的"洪水猛兽"等一系列问题引起广大民众和媒体的关注和讨论。这个话题充斥着 2016 年的媒体板块，尤其在"世界读书日"临近之时，一场有关网络阅读是坏的话题讨论引起热议，诸多报纸、网络媒

---

① 《网络阅读是洪水猛兽还是有益补充？》，光明网，2016 年 4 月 20 日。

体以及专家、民众和网民们纷纷参与到此话题讨论中。

一方面网络阅读满足了现代社会人们碎片化时间的浅阅读需求，但另一方面网络阅读却难以让读者形成深刻的思考。于是有人担心，长此以往是否会让阅读环境变得越来越浮躁、获取知识越来越浅薄，甚至消解真正的阅读精神？但也有人认为，网络阅读只是载体变了，并不等同于快餐阅读，其中不少深度好文值得点赞。而且，网络阅读方便、灵活，让随时随地学习成为可能，有望引导更多人爱上阅读，为推进全民阅读、建设书香社会做出贡献。

那么，究竟要如何恰当看待网络阅读时代的洪流？当墨香阅读逐步远离步履匆忙的大众，网络阅读、碎片式的阅读是否仅是简单的优弊所能界定的呢？本文在对网络阅读的方式、内容进行解读之后，尝试对网络阅读的利弊进行分析，以此来回应网络阅读是否带来了知识的浅薄。

指尖浏览意味着什么？

案例一、"早晨起床刷，上班得空刷，下班途中刷，回家继续刷——每天至少要刷 3 小时。"——来自一位"手机控"的网络阅读时间

在这位"手机控"看来，微信的朋友圈就像客厅。大家沟通生活、交流琐事、传播八卦，甚是有趣；而微博则像文化广场，可以看到许多"生活在别处"的人的生活态度、观念理念。有专家说，一般看完一条微博用不到一分钟，这种随时随地的零碎阅读，无疑是最吸引年轻人之处。事实上，当下年轻人刷微博、玩微信，已经成为生活必不可少的内容。但凡有零散的时间，就习惯性地掏出手机。

网络阅读盛行必然有其独特优势。"方便""实惠""内容丰富"成为读者选择网络阅读的主要原因。据"第十次全国国民阅读调查结果"显示："获取便利"是我国国民选择数字阅读的首要原因，其选择比例超过六成。45.4% 的人因为"方便随时随地阅读"而选择数字化阅读方式，26.9% 的人选择数字阅读是因为"方便信息检索"。这两者均显示了"数字阅读的便捷性"。其次，31.1% 的国民因为"信息量大"而选择数字阅读，26.0% 的人因

为"收费少甚至不付费"而选择数字阅读。以手机"微博或博客"为主要阅读内容的手机使用群体在手机阅读接触者中的比例已超过两成。① 较之传统的纸质阅读，移动阅读存有很多优势，比如，获取内容更便捷了，省去物流环节；购买成本更低，即便是正版电子书也只有纸版的 1/3；交互性强，比如即时评论可以直接和其他读者分享；并且多媒体元素的植入，含有音频和视频的电子书都提供了阅读方式的多元化。

　　网络阅读最终推动力来源于互联网发展本身。那么在互联网时代，网络阅读到底对我们的阅读产生了哪些影响？本文认为，影响主要有三个方面：第一，是"阅读"本身。在互联网时代，我们首先需要对"阅读"进行重新定义。传统的阅读形态主要是指纸质的文字阅读，比如图书、杂志和报纸等，它往往不包括影像内容，更不包括电子文本。但这一切，随着互联网时代的来临，都被颠覆了。换言之，互联网时代的阅读，不仅包括传统的纸质阅读，更包括一切基于互联网或电子设备的文字、影像、图片等内容，阅读的内涵和外延都大大扩展了，而且其对象和内容都处于一种边界日益模糊和不断的延伸与变动当中。第二，网络阅读对传统阅读渠道、条件与环境的改变。在传统阅读中，我们依赖于容量有限的单一渠道，即图书报刊等纸质阅读形态或图书馆等物理空间，但互联网的出现，不仅使得阅读的渠道变得更加多元化，而且其海量信息也使个人阅读的自由度得到极大提高。尽管现实世界中可能还存在"数字鸿沟"问题，但相比于图书报刊等的购买，kindle 等电子阅读设备、手机等移动智能终端和互联网的多维链接，极大地降低了阅读的成本，拓宽了阅读的渠道，优化了整体的社会阅读环境。第三，更重要的是，网络阅读真正使全民阅读成为可能。在互联网时代，随着电脑尤其是智能手机的普及，不仅催生传统出版的颠覆性变化，而且可能导致新的阅读革命的出现。如在互联网逐渐普及的 2005 年，我国传统的国民阅读率为 48.7%，比 1999 年下降了 11.7%；而与之相反，网上阅读率却从 1999 年的 3.7% 增加到 2005 年的 27.8%，7 年间迅速增长了 7.5 倍，每年平均增长

---

① 《微博微信时代"微阅读"的利弊分析》，《中国青年报》，2013 年 6 月 18 日。

率达到107%。这表明，数字技术和互联网的发展正在改变着人们的阅读习惯，尤其是随着数字终端的普及，通过网络在线、手机、电子阅读器、光盘、PDA/MP4/MP5等途径和方式看书的人正在迅猛增加。2013年的调查数据显示，有50.1%的受访者使用过数字化阅读，人数首次过半。如今，在6.68亿中国网民中，通过手机等移动终端上网的用户规模达5.94亿，占网民总数的88.9%。[①] 在"上网即阅读"的意义上，网络阅读不仅让全民阅读成为可能，而且正在使全民阅读成为一种现实。

就网络阅读方式而言，以微信和微博为主要载体的网络阅读，大致由两部分构成：一则是琐碎的"社交讯息"；二是各式各样的公号文章。由此所提供的海量文本，所吸引的庞大"注意力"，到底会对国民的阅读生活产生何种影响，想必还很难说清。一方面必须承认，这一阅读模式的确有效实现了"化零为整"，在分散而有限的时间内渗透了最多的信息；但从另一方面看，微信端和微博客端的手机阅读，却往往是浅表的、缺乏连续性的。同时，微信朋友圈的用户还存在另一种需求："我只是想满足自己的八卦心理，因为朋友们常会更新状态——自己在做什么、在什么地方、与谁在一起。朋友圈就像是放大镜和望远镜，让我看到朋友的生活细节。"而这种阅读基本是无效阅读，因为这"往往满足好奇，与世界建立联系，舒解孤独感"。而正如编剧史航所说的："我也会在朋友圈中发照片，但是那里没人喜欢认真讨论和跟帖。那只是道早安、晚安的场域。"他发现，微信中看到的阅读内容，基本都是自己不感兴趣的顺口溜或者祈福文字、养生信息。因此，也有专家指出，微信朋友圈的"象征意义大于实际意义"。

利用微信公众号、微博迅速传递的网络信息，带来了阅读便利，但同时存有让人诟病之处。一方面，信息发布者没有受过专业训练，不会像媒体人一样遵守真实等准则，其发布的信息可能更鲜活，但是不够专业；这就导致网络阅读中的信息存在诸多不完整和不准确性。另一方面，正如"大学生微博使用情况调查报告"数据所显示的——42.11%的人认为阅读过于

---

① 《互联网时代的全民阅读：阅读永恒　载体创新》，光明网，2016年5月5日。

"微"化，会让大家形成阅读惰性。网络阅读提供的内容虽然有用，但是都是片段化的；这容易让读者有一种错觉，即"以为自己看过就是懂了"。但其实这种信息的轻率传播，没有经过沉淀、反思、消化，没有实践和学习，仅仅只是给了自己一个虚幻的阅读假象。这种惰性不可避免地侵蚀自己，不仅影响了阅读习惯，也影响了深阅读、深思考。例如，很多人有睡前看书阅读的习惯，然而在网络时代、在微阅读时代下，形成很多人睡前拿起一本书但翻不了两页，就忍不住拿起手机。这是因为，看100个字总比看一页纸要轻松得多。并且，之前书本阅读看到重点还需要写写画画以标记，而网络阅读只需轻点"收藏""粘贴""复制"即可。但是此"保存"非以前的大脑"保存"。

与此同时，网络容易传播负面信息，形成误导价值观的"偏阅读"。传统读书方式相对单一、封闭，信息预先过滤的可靠性相对较高。网络信息发布具有很大的开放性、随意性和自由性，决定了其信息过滤相对松散，信息良莠不齐，各种灾难事故、贪腐丑闻、暴力谣言、色情信息屡禁不止。而在"流量为王"的理念指导下，有的网站也愿意炒作、发布各种负面新闻，并通过头条、专题、要闻或热门排行等方式，影响并引导阅读选择，还能够轻易以图像、音视频等多样化手段创造看似真实的感知环境，刺激人们的感知系统，使人们不知不觉接受。经常阅读网上负面信息，容易导致人们认知混乱、价值观扭曲，一些人还会因此对社会前途、国家未来产生怀疑甚至悲观情绪。

同时，网络容易造成满足私欲、异化人格的"伪阅读"。网络具有自由性和隐匿性，在网络上，网民可以随意更改自己的身份、年龄、性别，甚至干脆简单虚拟为个性化数字或符号。这种虚拟性和匿名性，使网络世界中的道德自律和传统熟人社会中的道德他律在相当程度上失去了作用，阅读者可以摘下社会面具，显露人性中一些本能的需要和欲望。同时，网络也为人们轻易获得各种所需读物提供了有效平台，在这个平台，任何人为的阅读障碍都不存在，网民几乎可以完全按照自己的意志自由阅读各种读物。于是，诸如网络色情、暴力、窥私、猎奇等低俗阅读成为"读网者"

难以回避的重大诱惑与挑战。这种阅读，不仅无助于个人思想境界的提升、人格的修养，反而容易导致畸形心理的产生与道德人格的异化，给人们的身心健康带来危害。

恰是如此，网络阅读显然无法发挥"阅读"所应具备的涵养功能。移动阅读时代，人们在电子设备上的阅读更多的是获取与分享。移动互联网的普及也导致了快速阅读的出现，无论书籍还是新闻，用户习惯性地获取信息之后，可能会伴随一些分享行为，但这其中就已经丢失了"深阅读"。从公共价值层面而言，之所以提倡"阅读"，就是因为其能够拓展智识、健全理性。然而，必须看到的是，微信上的公号文章，业已形成了一种耸动化、情绪化的写作风格；各种朋友圈信息、聊天发言也时常滑向偏激化、无厘头化的轨道。有鉴于此，实在无法确定手机阅读的勃兴，对于提升国民阅读品质有多大益处。需要厘清的是，对于阅读数据的统计，绝不仅仅是孤立地描述现实而已，而是承载着全社会推动有效阅读、有品阅读的美好意愿。明乎此，我们更有必要以审慎的姿态，全面评估手机阅读所带来的系统性影响，以求最大限度地趋利避害。

阅读浅薄与否，不在方式在内容

习惯于浅阅读、碎片化阅读，容易造成被动式的接收而导致思考的惰性、知识的表面化乃至思想的肤浅。一段时间内标题党、鸡汤文、伪科学盛行，哗众取宠、低俗营销、假新闻都借着浅阅读的渠道蔓延，这些都成为一些人担忧和抨击数字化阅读的原因。然而，正如纸质阅读并不等于深阅读一样，数字化阅读、网络阅读也并不是浅阅读的特定标签。僵化地看待全信息时代的数字化阅读，或者戴上有色眼镜加以抵制，也是一种武断和偏执。数字化阅读应该与纸质书阅读一起，相辅相成，相得益彰，从新媒体到纸质书，由浅入深，从点到面，剔除娱乐化、低俗化、泡沫化的速成快感，用优质高品的书籍占领数字化及纸媒阅读市场，引导民众养成亲近书本、勤于思考的好习惯。无论是纸质阅读还是数字化阅读，都以质量取胜、与经典为友、与科学同行，让开阔视野、汲取精华成为每一个人阅读的目标，书香便能涵养情操，润泽心灵，成为个体和社会进步的阶梯。

不少人诟病网络阅读，特别是调查中比率最高的手机阅读，认为它们过于"碎片"和"鸡汤"，是粗制滥造的"快餐"。这就将网络阅读直接等同于"劣质阅读"了。海量信息缺乏装订工具和装订方式，正是被很多人称为"阅读危机"的根本所在。不过，网络阅读并不等同于快餐阅读，传统的纸质书籍阅读也并不专指对经典的深阅读。在网络阅读出现之前，不是所有人都热衷于阅读经典。同理，即使习惯网络阅读形式，仍有人以系统、经典的作品作为自己的主要阅读对象。网络阅读代替纸质阅读，很大程度上是购买、使用它们的成本发生变化的结果。网络阅读从未试图消解、颠覆传统的阅读体验。网络阅读的"碎片化"，主要源于技术上的局限。随着传统媒体转战互联网，阅读内容的品质越来越有保障，内容和技术上的同步革新，必将逐步消除看似致命的难题。客观来讲，网络阅读的确亟待规范，但若因此将它视为洪水猛兽则有失公允。通过优化内容品质，让线上阅读与传统阅读相得益彰，共同促进国人的阅读自觉、审美品位，才是明智之举。

因此，网络阅读的争论不是选择什么样的阅读载体，反倒是在阅读内容上，该做出什么样的甄别判断。那么，数字化阅读时代，我们究竟该怎样选择适合自己的阅读内容呢？首先要走出的一个误区是，对网络阅读的利与弊，不能简单地用阅读的"深"与"浅"来衡量，因为就阅读者而言，不同的阅读需求往往决定着他们的阅读方式是宽泛的浏览还是深入的研究，而单纯用"深"与"浅"来概括网络阅读的利与弊则未免太过武断与极端。至于阅读内容的选择，则是要在摒弃娱乐与消费的基础上，多些适合自身心灵发展、综合素质提高的深度文本，并有着起码的判别意识，更不能被海量信息牵着鼻子走。

事实上，网络阅读作为一种新技术，其本质应是辅助性的，我们的整个社会也应该创造更加有利的因素使它在各领域之间实现良性互动，并为其内容呈现出更多的精彩。传统纸质阅读和新阅读不是相互取代的关系，而是并行不悖、融合发展的。人们既需要传统纸质阅读的墨香，也需要在时间日益被碎片化的当下,用移动互联设备挽救阅读空缺。因此,两者之间大可不必"相爱相杀",携手前行才是正确方式。

阅读的深度,如何达到?

信息社会下,人们对网络阅读的青睐,见证着时代进步。但欣喜的同时我们也该看到包括微信和微博在内的网络阅读,仍有一些缺憾亟待克服。事实上,网络阅读和纸质阅读很大程度上是平行线,它们有不同的受众,人们习以为常的"担忧"不过是个伪问题。如今热衷于"网络阅读"的读者,未必是从"纸质阅读"的读者群中分离出去的,而是"网络阅读"自身培育出来的。

决定人们阅读方式的关键因素并不是互联网以及社交媒体这样的"工具",而是社会个体的心性和意志;决定人们阅读深度的关键因素并不是网络阅读这种方式,而是文本本身的内容深度。无论是微信阅读还是纸质图书阅读,阅读量的提升终归是好事,我们没必要强调"网络阅读"与"纸质图书阅读"之间的对抗。真正的读书人自然懂得网络阅读的不足,他们也不会因此而忽视纸质阅读的重要性。在"网络阅读"显著提升的现实背景里,我们需要做的,只是提醒那些热衷于网络阅读的人,"网络阅读"无论如何便捷高效,它都无法替代纸质阅读的慢与精细,无法给阅读者冥想的诗意与活在历史中的觉悟。培育书香社会,别一味地纠缠于网络阅读方式有多"坏",而是要把更多人引导到真正的"阅读生活"中来。

以微信为例,一些阅读量超过 10 万的文章,不见得有多么深邃,而是打着所谓的"一律转"的旗帜,针对网民的情绪弱点,编造一些谣言。而打开一些门户网站的首页,我们也能看到,各种奇葩的图片以及低俗的帖子充斥其间。由此可见,针对数字化阅读,需要一场要流量更要常识的头脑风暴洗礼。数字化阅读方式的流行也考问文化管理部门有无与时俱进的主动性。一方面,要大力鼓励网络阅读成为优秀文艺作品的载体,创造好的环境,让线上阅读的品质获得提升。另一方面,要抓好监管,既确立好网络阅读的管理机制，又筑牢事后监管的红线，通过动态管理，净化数字化阅读的环境。这需要从网络数字出版环节和网络阅读内容监控这两方面进行落实。

在网络数字出版方面，目前出版业发展的一个主要趋势，就是市场日益由出版社主导转向大众阅读主导，出版与阅读、读者与作者之间的界限日益模糊，而其契机就是互联网的迅猛发展。作为一场信息技术革命的产物，互联网不仅极大地改变了传统的阅读形态，为全民阅读的实现创造了无限的可能，而且也对传统的出版形态带来革命性的影响，数字出版将成为未来出版的主流和趋势。正是基于此，2006年颁发的《国家"十一五"时期文化发展规划纲要》，就重点列出了8项数字出版工程，以加快我国数字出版业的发展，它们分别是数字化多媒体研发工程、国家数字复合出版系统工程、中华字库建设工程、国家知识资源数据库出版工程、国家动漫振兴工程、中国古籍数字化工程、国家版权保护技术开发工程、数字化文化传播工程。①《国家"十二五"时期文化发展规划纲要》则进一步提出，要加强互联网等新兴媒体建设，鼓励支持国有资本进入新兴媒体，做强重点新闻网站，形成一批在国内外有较强影响力的综合性网站和特色网站，发挥主要商业网站建设性作用，培育一批网络内容生产和服务骨干企业；打造一批具有中国气派、体现时代精神的网络文化品牌；引导网络文化发展，实施网络内容建设工程，推动优秀传统文化瑰宝和当代文化精品网络传播，制作适合互联网和手机等新兴媒体传播的精品佳作，鼓励网民创作格调健康的网络文化作品。

不同媒介具有不同的传播倾向，网络媒体的传播特点决定了它具有容易导致上述浅、偏、伪等阅读的倾向。但需要澄清的是，网络阅读并非必然等同于上述阅读。与龟甲、简帛、纸张等一样，网络只不过是文字、信息的载体，它可以影响阅读，却不能决定阅读。决定阅读价值和意义的根本，主要不是通过什么载体，而是读什么、怎样读，后者恰恰取决于阅读主体的品位和选择。

在网络阅读内容监控环节，以"经典""切实"为宏观把握。把握经典，

---

① 《互联网时代的全民阅读：阅读永恒　载体创新》，光明网，2016年5月5日。

不忘阅读初心，且行且珍惜。在阅读的里程中，"经典"是一个绕不过去的弯。相对于别的内容，"经典"只是一种不容再复制的存在形式，是一种宝贵的精神资源。在互联网时代，我们推广阅读，实现这样的"不忘初心"，不过就是延续"经典"，赋予"经典"特殊的存在方式。比如，以往"经典"总是纸质阅读的方式，如今变身成为网络形式，这就是一种与时俱进，也是一种特殊的价值呈现。既然如此，我们就应该能够明白，对于网络时代的阅读来说，"经典"仍旧需要延续，也需要在这样的基础上，才能够顺水推舟，实现全民阅读的蓝图。这也需要摒弃"非此即彼"的思维。纸媒和网媒，纸质阅读和电子阅读，两者绝对不是一种对立关系，也绝对不是一种此消彼长的关系。而只有认识到两者是一种互生共存的关系，才能够做到"不忘初心"，因为在网络阅读时代，"不忘初心"要抛弃这样的非此即彼的观念。只有如此，网络时代的阅读才能够吸收不同方面的经验，懂得不同方面的利弊，呈现一种全新的姿态。让阅读点亮我们的新时代。

对于每个读者来说，阅读习惯的养成是极其重要的。网络阅读这样的碎片化不仅能够带给我们冲击，也能够带给我们思考。冲击在于对传统阅读的打击，思考在于我们会体验更多不同形式的阅读。具体而言，在阅读中，要牢牢把握以下四点。

一是要有引领阅读的梦想追求。阅读，是人的一种主动选择行为和实施过程。梦想追求决定人们的阅读态度和目标取向，有怎样的阅读选择取决于人们拥有怎样的梦想追求。北宋诗人张载曾说："人若志趣不远，心不在焉，虽学无成。"若有所成，必然有梦想指引，有目标追求。毛泽东等老一辈无产阶级革命家在革命战争年代艰苦卓绝的环境中，仍然长期坚持不懈地读书学习，一个重要原因就是他们有心怀国家民族、服务国家民族的伟大梦想。毛泽东青年时期就提出了"为改造中国而读书"，周恩来13岁就慷慨陈词"为中华之崛起而读书"。正是这种伟大梦想和家国情怀，激发他们奋力读书、手不释卷，成为指点江山、激扬文字的一代伟人。必须将个人梦想追求融入实现中华民族伟大复兴的强国梦之中，为这项光荣而艰巨的事业去奋斗，才能保持和维护阅读的精神高度，延伸和拓展阅读的广度深度，才能使青春充满阅读的激情，成就精彩人生。

二是要有把握阅读的理想信念。坚定理想信念，才能把握好阅读方向，迷失理想信念，阅读就容易陷入盲目状态，难以抵御各种错误思潮，甚至误入歧途，极易被一些脱离国情、不切实际，甚至极其荒谬的东西所迷惑、所俘虏。尤其是在社会利益多样化、价值观念多元化、敌对势力加紧对我进行思想文化渗透的复杂背景下，面对网络上良莠不齐信息的冲击，我们必须扭住理想信念这个总开关，增强政治上的敏锐性和鉴别力，才能确保开展科学正确的阅读活动，确保不受各种反动思潮、腐朽思想文化的侵蚀和影响。

三是要有判断阅读的道德品质。学者周国平（微博）曾说，一个真正的读者具备基本的判断力和鉴赏力，仿佛有一种内在的嗅觉，能够嗅出一本书的优劣，本能地拒斥劣书，倾心好书。这种能力部分地来自阅读经验，但更多地源自一个人灵魂的品质。有人说，一旦你的灵魂足够丰富和深刻，你就会发现，你已经上升到一种高度，不再能容忍那些贫乏和浅薄的书了。这种内在的嗅觉，就是一个人的道德品质。道德是发自内心的一种自我约束，它能够让人们拒绝各种诱惑。在网络时代各种诱惑和冲击面前，我们尤其应培育高尚的道德品质，提升内在品格修养，才能对网络信息做出客观审视和理性选择，才能在各种诱惑面前，清楚地意识到自己的鼠标该滑向哪里，点击何处，洁身自好，健康阅读。

四是要有深化阅读的基本素养。无论是在书本还是在网络上阅读，学习和思考始终是阅读的本质。从阅读心理的角度来看，阅读是一个意义建构的过程，阅读的有效性在很大程度上取决于阅读过程中思维的参与度。只有在阅读过程中不断深入思考、质疑和沉淀，才能既有效避免偏阅读、伪阅读，又使浅阅读、深阅读相得益彰，让浅阅读激发阅读兴趣、发现值得深读的读物，让深阅读沉淀思维，提高浅阅读的品位，在情感体验与理性分析相交融的过程中，获得知识、品德、情感、审美、心理等方面的发展，真正成为网络时代的"阅读达人"。

正如巴丹在《阅读改变人生》一书中的前言所写到的："阅读不能改变人生的长度，但它可以改变人生的宽度；阅读不能改变人生的起点，但它可以改变人生的终点;阅读让人生永不听任命运的摆布,把握自己,执着地走向梦想的极地;不论出身高贵与卑贱,阅读可以改变人生的坐标和轨迹,奏响人生的乐章。"这时,通过什么媒介阅读到这段话已经不重要了,重要的是我们仍然在阅读,仍然明白读到的内容是什么。

读书是一个长期的需要付出辛劳的过程,不能心浮气躁、浅尝辄止,而应当先易后难、由浅入深、循序渐进、水滴石穿。在网络阅读盛行的时代,愿我们能够去辨别所读内容的真与假、深与浅,愿我们既有着指尖划过屏幕的悸动思考,亦有拂过纸质墨香传来的心安。

小智库,微建言

根据结构—功能主义的看法,社会是具有一定结构和组织化手段的系统,并且组成这一系统的各部分之间相互作用,功能互补,以平衡的状态存在并在不断调整中趋向新的平衡。网络阅读的出现,是伴随着互联网时代的全面到来而产生,是对传统阅读的一个有力补充和发展,二者不仅不存在冲突,反而是在协调与互补中,在不断的动态调整中,使整个阅读系统、知识传播系统趋向更高层次的功能和平衡。一份关于"大学生微博使用情况调查报告"显示:大学生半数以上注册了微博,"微博控"即每天微博使用者占到25.15%。同时,新兴的微信平台已拥有3亿用户。通过微信朋友圈交流日常生活、共享心灵鸡汤、转发新闻信息的"微信控"已经初步形成阵容。事实上,"微博控"加"微信控"的手机阅读,已成为越来越多年轻人的选择。据2016年中国新闻出版研究院发布的"第十次全国国民阅读调查结果"显示:我国18~70岁人群人均每日手机阅读时长为16.52分钟。2012年比2011年的13.53分钟增加了2.99分钟。网络阅读人数、阅读时间的增加,无论是在阅读形式、阅读内容上都是对传统阅读方式的一个强有力的补充和发展。以微博为例,大学生使用微博的主要原因是:关注新闻热点,参与话题讨论,了解名人动态,发表个人观点。这些都在时效性、沟通性上大为提高。

社会冲突论认为权力和资源具有稀缺性,冲突就是围绕权力、资本的斗争。由于权力的稀缺性,"两虎相争必有一伤",达成共识需要有各方的妥协,而在这过程中,需要不断地对资源进行抢夺。在网络阅读和传统阅读的争论中,也正是体现此观点。不可否认的是,网络数字资源的出现,对纸质阅读市场造成了相当大的冲击。二者在阅读人群、阅读内容的市场争夺中,不断较量。戴上VR眼镜,平面读物瞬间立体起来,还有配合的声响,参观者可以"玩"阅读;懒人听书以轻量方式带来海量有声书籍,耳朵取代眼睛,参观者可以"听"阅读……这些都是在刚刚闭幕的第二十三届北京国际图书博览会上发生的场景,这一幕幕要传达的主题便是互联网正在深刻改变人们的阅读习惯。最新的"全国国民阅读调查"结果显示,我国国民人均纸质图书阅读量为4.58本,与之前的4.77本相比,减少了0.19本;不少家庭的所谓"藏书"数量本来就不多,还都是孩子的旧课本和没来得及处理的旧杂志。与此同时,电子书阅读量为3.26本,比之前增加了0.78本。因此,网络阅读市场的快速发展,势必影响着纸质图书市场的资源发展。

社会互动论认为社会并不是结构性的整体,而是人与人互动的产物。因此,关注人的互动这一微观层面极为重要。以微博和微信为代表的网络阅读而言,更多人阅读微博、微信朋友圈,是希望新闻来源更广泛,信息快捷而有效。打个比方,一家大型微博网站发布的信息,可超越《纽约时报》60年的信息量;全球最大视频网站一天上传的影像,能连续播放近100年。现在手机、平板电脑等移动终端在我们的生活中越来越不可或缺,是我们跟家人、朋友交流以及获取信息的重要平台。与此同时,由于大家日常工作、生活压力大,空闲时间紧张,阅读越来越趋于移动化和碎片化,我们都希望通过最少的时间成本和最便捷的方式获取资讯和知识。创新的是载体,不变的是阅读。做好了适合互联网时代的推广,全民阅读才可能成为精彩生活方式。届时,除了怀有"世界那么大,我想去看看"的愿望,大多数人可能会由衷地产生"世界那么大,应该多读书"的诉求。

女大学生"裸贷"风波乍起,
校园贷到底在搞什么鬼?

2016年下半年，网上流出10G大小的女大学生借款裸条视频，167名女大学生手持身份证的裸照及视频被公开，一时间骤成公众关注的焦点。2017年4月，一则女大学生裸贷的新闻再次将大学生借贷问题推向了风口浪尖。"裸条""裸贷""肉偿""女大学生""借贷宝视频"成为网络媒体热搜词条，随后网络评论舆论如潮，校园借贷中介平台（网民称校园地下钱庄）随"裸贷"一起登上了社会热点。央视《焦点访谈》栏目曾点名批评了借贷宝违规借贷，接着央视《第一时间》栏目再次批评借贷宝平台上暗藏消费陷阱，让借贷人未借款却先负债，导致大学生被骗。在接续的媒体披露详细的报道之后，大家发现校园地下钱庄的兴起并不是简单的一种借贷关系，性质上看虽属高利贷，但却有着"项庄舞剑，意在沛公"之嫌。怎么这么说呢？这也许就是事情发生发展的必然规律吧，在最初发生事件时，人们看到的仅仅是表面现象，不就是一种借贷关系吗，放高利贷的。但持续一段时间以后，媒体称事件经过了"发酵"，实质性的东西渐渐浮现了出来。那就是，在校大学生并不是一个潜在的有偿还能力的群体，高利贷本不应该针对他们，这不符合市场交易的规律。但为什么要这样做呢？那就是清纯的女大学生是一个比放高利贷还能带来更大价值更高利润的群体，这才是校园地下钱庄意欲发展的一条地下灰色产业——色情业。正如有网友说道，只要你随便点击大学生贷款，在网上就会出现百十条大学生网贷群，什么大学生网贷QQ群、上海校园贷，等等。随便点击一个就会有这种暧昧信息出现，一般这样的群注册交费后就可以进入——"裸贷"和色情交易。例如，在名为上海校园借贷群和湖北大学借贷群中，就有记者发现疑似"最近风声紧，伙伴们多留心"以及"学生放贷，月息30%"，接着还有"女果（同'裸'）视频，需要私聊"之类的消息频频出现。作为普通人，一个守法的公民，谁会想到在一个美丽的充满阳光的校园里，一群阳光的大学生，还有那鲜花一般的女大学生，竟然有人会走到阴暗的角落里以裸身借贷，以肉身还贷，直至被逼还走上了卖淫的不归路。人生总难免要犯错误，但是犯这样的错误真是要毁掉人生啊！

面对网络中人们的各种指责和猜测，女大学生被污名化，校园贷被推上了舆论谴责的高峰，大学也用网络语言说"躺着中枪了"。到底是谁之错？谁之罪？目前说法多元混杂，写手身份无从考察，有说是一般记者，也有说是部分专家学者，还有说是这些校园地下钱庄雇用的专业网络写手。不管怎么说，笔者认为还是应该根据媒体所披露出来的事件本身做出判断和分析。为此，本文先从发生的事件谈起。

校园裸贷事件回放

案例一、"裸贷"的过程必然导致"肉偿"的结果

2016年12月8日，一名记者进入一个名为"果贷交流群"内，网名为"纯污染小女孩"的网管问记者需要多少钱，用钱来干吗？记者谎称有急用后，这位网管说，最快20分钟下款，金额从1000元到3万元不等，但要根据提供的资料信息来审核。当记者问对方需要提供什么信息时，对方毫不避讳地说拍几张照片和视频验证下就可以了，很简单。见到记者"同意"后，她却突然告诉记者，因为是网上借贷，怕借钱后不还，所以拍照片需要裸身拍照，并要手持身份证正面，再加上自己私处的照片，最后还需要提供一个3分钟的全裸视频，并且说只有先提交了这些视频照片才可以给你传个表格，里面还要提供学生证、学籍资料、家人、同学、老师的联系方式等个人隐私信息。

一般的借贷关系应该是信用关系并受法律保护，而在这样一种校园地下钱庄则采用了非法的手段，用个人隐私和周围人的身份信息做抵押，显然这是侵犯人权的行为，并且当事人和他的周围人都有可能受到安全的威胁。应该说除非遇到困境的人会借高利贷，一般大学生还是能够识别其后果和危害的，那就是一旦背上高利贷就会被别人控制起来。可就有些年轻大学生由于缺乏生活经验不谙世事，轻信别人不说，特别容易被诱惑。特别是这些地下钱庄在网上信誓旦旦说得天花乱坠，钱确实来得非常容易也非常快，当真遇到急事时就去交易了，这就有了女大学生"裸贷"之说。

接下来的调查中，这位记者在该群"结识"了一名就读于兰州某高校的

受骗女大学生小王。

几个月前,一场噩梦在她身上发生。当时,她因为有事急需用钱,通过这个渠道借了 8000 元,原以为一两个月就能还上。没想到利息竟然高达 25%,每个月光是利息就要 2000 元,她没有收入,现在已经还不起了。刚开始借钱时,对方说不着急可以慢慢还,而且绝对保证个人隐私、照片、视频等资料信息的安全,不会外泄。现在那些人天天逼她还钱,如果不还,就把当时的裸照视频和个人信息都放在网上,还经常骚扰她的家人朋友。甚至有许多陌生人给她打电话(视频已经泄露),说可以给她钱,但要求提供色情服务,这种情况在网贷中叫"肉偿"①。

"肉偿"就是指那些借了钱却还不起的女生,通过中间人联系一些"客户",他们愿意为女生出钱还贷但需换取女生性服务。还有人将这些借款女生裸体视频打包成"裸条"在网上叫卖,通过发红包形式赚钱。一些不法分子就是这样以"果贷交流群"为平台,给女大学生贷款索取利息,同时也收集了很多有钱人的信息,给有钱人介绍女大学生,从中谋取钱财。

由这个案例我们可以看出,这种校园的地下钱庄与传统的社会的地下钱庄大同小异,后者是借助黑恶势力放高利贷,通过放贷后获得高额的利息,特别是在利息上"驴打滚"利滚利,最后会搞得借贷人家破人亡。而校园地下钱庄借助互联网+,知道大学生根本就还不了高利贷利息,所以主要针对大学女生,尤其是颜值高的女生更容易得到贷款,其"司马昭之心"网络皆知。而比高利贷更有可能赢得更高利润的是在网络出售女大学生裸体图像和"自慰"视频,并逼迫一些还不了高利贷的女大学生与社会闲杂人员和一些富人子弟做肉体交易,即"肉偿"。

案例二、"明修栈道暗度陈仓",地下钱庄衍生色情业

网络校园贷规模兴起,大家原以为是发起者宣称的社会民间力量公益助

---

① 案例一选自:《裸贷群盯上女大学生,裸身验证劝诱还不起钱者"肉偿"》,2016 年 12 月 10 日,《兰州晚报》,http://news.xinhuanet.com/legal/2016-12/10/c_129399061.htm。

学，但随着媒体曝光出来"裸条"和"肉偿"事件以后，让大家认清了这是不法之徒通过高利贷捕获大学女生成为性奴来赚取高额利润的手段。为此有媒体记者不惜冒着一定的风险去调查事件的真相。其中就有一位记者以女性身份在"大学生借贷群""裸贷群"等借贷群内潜伏近一年，了解到了一些内部色情交易情况。

因媒体曝光和腾讯相关政策等原因，一些借贷群名会将"裸"以"果"字替代，或以另起炉灶、更名乔装、全体禁言等方式"躲避风头"。在群内，常会有放贷人主动加她为好友，吸引她进行贷款，"这些人有民间借贷平台的中介，也有个人"。有些放贷者会在对话开始便询问她是否为处女。对方称"处女额度高一点，非处女额度低一点"。至于贷款利率，"据我观察，放贷人对此都有不同的要求，一般在5%到35%之间，裸条利率则视女生资质而定，处女和条件不错的女生利率相对低一些"。该记者称，群内有人专营"骗裸条"的生意，以优厚的条件吸引借款人提供"裸持"自拍和视频，随后又以"审核不通过"为由拒绝为其放贷。此外，群内还常会出现"裸条打包出售"及"裸条福利"的信息。并有人专门建立"裸条信息售卖"群和"福利"群，公开售卖和分享裸持者的裸照、视频和个人信息。更有人专门建群，以便招揽客户，安排无法按期还款的贷款人"肉偿"，就是以性交易偿还欠款。"老资源的价格相对较低，也有人按人售卖，最低可以卖到一人一元。新资源的价格则较高。"据说，可以提供肉偿的贷款人裸条被简称为"肉偿资源"，售价从88元到388元不等。①

这一案例让人们看清了网络校园贷的另一副面孔，尽管有的校园贷平台为此做了辩护，声称有不法之人借助这个平台搞骗贷来获取女大学生的"裸条"拍卖牟利，但不管怎么说，正是这些非法存在的地下钱庄才会滋生出如此肮脏的勾当——逼良为娼，这在旧社会已经是臭名昭著了，如今在新社会又上演了这一幕。过去的高利贷针对的是底层社会的民众，而如今也一样。

---

① 《裸条信息遭贩卖　群公告：群主专业裸贷20年》，2016年12月2日，前街一号·中国青年网，http：//news.youth.cn/jsxw/201612/t20161202_8910141.htm。

但谁也没有想到竟然会在大学校园里让如此多的女生卷进"裸贷"和"肉偿"的灰色交易之中。例如，在各种"裸贷"QQ群中，不定时地弹出消息："女大学生裸持放贷，专科3000，本科8000无前期任何费用，结款周期一月，利息20%，当天下款。""颜值高女大学生，且为处女，贷款额度1万起，利息28%，当天下款。"如果女生没有遵守他们的规矩，不仅是将裸照直接拍卖上网，还要在私底下进行威胁恐吓，波及家人。举例来说，一名南京在校的女大学生，因为手头紧缺，从互联网借贷平台筹借了4000元人民币，以自己的裸照和不雅视频做抵押，原以为按期还上就可以了，没想到事情远没有她想得这么简单，在之后的数月内，该名女大学生向借贷平台陆续还款10万余元，本想这样就可以瞒天过海把这事儿糊弄过去，没想到，最终还是没有得偿所愿，该名女大学生裸照被家长收到，她本人不时收到不明身份的人发来的信息要求"肉偿"交易。①这里有个问题困扰人们，明知道高利贷害死人，为什么这些女生还要"飞蛾扑火"？下面我们再看看几个具体的案例。

案例三、女大学生为何要去地下钱庄？

在一个高消费的社会里，商品对人的诱惑很难抵挡，为了满足消费的欲望，就有女生会不顾后果错误地选择了高利贷。例如，媒体中有一报道称：

"合肥某职院女生以投资为由，主动用裸照抵押且伪造其父亲担保书，诈骗携款潜逃，已经失联一个星期。"结果对方将她的"裸照"曝光，说是这样做也是为了逼迫她还钱。据悉，该女生在上大一时交了男朋友，花销比较大，于是她将目光转向了"校园贷"，第一次贷了2000元，因为很轻松就贷到了款，之后就一发不可收拾。不过，"借钱"多了，中介就适时向她介绍一些所谓的"放贷人"。不知不觉中，与她有"贷款"往来的网贷平台及放贷人达到59家，贷款本金共计30万元。经过几个月的"滚雪球"，现在本息已经达到50多万元。该女生说借到的钱很大一部分都是用来"以贷养

---

① 《禽兽！女大学生裸贷借4000还10万还没完》，2016年12月9日，中关村在线（北京），http：//digi.163.com/16/1209/06/C7QRT9IH001680MT.html。

贷"。而她的父亲每月收入仅4000多元，其母每月收入1000多元，女儿借下的"利滚利"的债务让他们感到绝望。无奈之下，她的父亲只能将家里仅有的住房挂在网上售卖，"填坑"还债。①

看到这样的事情，网上有网友怀疑和不解，难道仅仅是为了满足购买欲望和高消费就敢进行裸贷，真不知道有这样的认知的人是怎样上了大学的。就像有的女大学生事后说的，当消费欲望占满脑子的时候人其实是非常弱智的，对物质诱惑是没有任何抵抗力的。举例来看。

冯萧，20岁，大三，在北京读艺术类专业。她有三年网贷经历，通过借贷宝、分期乐、蚂蚁借呗等平台均借过款，最多时共欠款3万多元，"每天睁开眼都是怎么还钱"。其实她的家庭并不富裕，一次为了还之前的欠款，她通过QQ聊天进行裸贷，但对方拿走视频却没有给钱。事后她十分后悔轻率地"出卖自己"。冯萧贷款的原因很简单，只是为了买买买。"我第一笔贷款是从分期乐开始的"，大一的时候，冯萧在这里分期购买了iPad，当时申请5000多元的额度，买iPad花了4000多元。她说"学生分期买电子产品，很正常"。第一次的顺利贷款、还款，不仅让冯萧买到心仪的东西，也让她相信自己有还款能力。"我平时花钱确实大手大脚，看到喜欢的东西，总是忍不住去买"，每个月家里给的生活费并不足以支撑冯萧的支出，她在学校的月均生活费4000~5000元。在所有的支出中，购买衣物成为她最大的花销，大概占到总支出的1/3。

看到这里我们一定惊诧于一个家庭并不富裕的女生竟然有这样的高消费欲望，用社会学的话来说就是现代社会的消费并不是源于自己真正的需要，而是一种"炫耀式消费"，炫耀的目的一是为了获得大家的尊重和羡慕，再就是为了更好地获取社会资源。我们再来看看这位女生是怎样说的，冯萧说：

"艺术的女生打扮花得多一些。现在都是看脸的年代，大家都以貌取人，如果自己太邋遢，会错过很多机会。"此外，冯萧还有日常交往的支出，"班

---

① 《合肥95后女大学生裸贷30万需还50万，父亲被逼卖房还债》，社会万象万家热线，2016年11月14日，http://news.qq.com/a/20161114/028705.htm?foxhandler=RssReadRenderProcessHandler.

级经常聚会，每次聚会都要几百，再加上同学过生日，等等，钱不知不觉就花完了"。冯萧前前后后在十几家贷款平台贷过款，包括借贷宝、分期乐、蚂蚁借呗、曹操贷、现金巴士等，每家平台借的钱数从 1000 元到 5000 元不等。冯萧告诉记者，她最多时欠款 3 万多元，几乎每天都活在还款中，"分期乐 10 号之前还，闪银 14 号之前，信用卡 24 号之前……还钱的日子让人感觉很漫长"。最后不得不去拍裸照"拆东墙补西墙"以贷还贷，就这样私人信息被泄露出去。我的微博、微信每天都收到几十个好友申请或私信，"有人要帮我还钱，当然他肯定是不怀好意"。①

上述这个案例具有一定的代表性，女生进入大学以后相互之间的攀比就会导致生活成本增加，如果是根据自己家庭的基本经济情况去消费那就不会有什么问题，往往是一些并不富裕家庭的学生为了面子和争取各种可能的机会而做出超出自己家庭经济能力的事情。为了钱，让一些女大学生逐渐改变了自己的人生观和价值观，认为现代社会就是一个开放的社会，很多明星不也是拍裸片嘛，那又有什么呀？该出名的还是出名该有钱的还是有钱。正是带着这样的认知和心理，一些女生就会心安理得地用裸照去贷钱。俗话说"苍蝇不叮无缝的蛋"，这也是社会上别有用心的人开始将黑手伸向这一女生群体去做色情交易的理由。

女大学生"裸条"事件，引发网民公众热议

在中国不可以说没有严格的法律去制止和处置从事任何形式的卖淫嫖娼活动，但即使在严打的情况下，私底下的性交易活动仍一直很活跃。民间有一笑话说，"东边扫黄西边藏，捉了老娘有小娘，打不尽捉不完，乔装打扮又上场"。如果说过去还是小规模的游击战，那在互联网发达的今天，真让人哭笑不得的是"互联网＋色情业"又迅速地大规模地发展起来了。因其隐

---

① 案例选自：《女大学生深陷裸持借贷网贷路　还钱视频照片裸照仍被公开出卖》，北京时间，2016 年 12 月 9 日，http://www.mnw.cn/keji/internet/1493089.html。

蔽性、匿名性、伪装性、便捷性、即时性、寄生性等特点，使得公安系统对网络地下色情交易很难控制和打击。于是，在社会阴暗的角落里渐渐发展成一条灰色的产业链。以专对女大学生贷款的校园地下钱庄——"裸贷"网络产业链由最初的小规模扩大到令人吃惊的地步，就像网络上有人放言90%的大学60%的女大学生有过"裸贷"经历，握在手里的"裸条"远远超过10G，公布的不过千分之几万分之几而已。这些专门伸手校园女大学生的地下钱庄也是格外混杂，有真放贷获取高利息的、有假放贷骗裸照的、有真放贷真要"肉偿"的。总之，都是违法行为。那么，这些违法行为为什么能在校园里大行其道呢？除了上述案例里当事人说的理由之外，我们先看看网友们是怎样看的。

一位名叫 maomaobear 的《创世纪》微博网友认为：

裸条也好，裸条背后的色情服务也好，归根结底都是高利贷造成的，而且是针对学生的高利贷。所以说裸条的根源不是裸，是贷。

当然网友这样分析也有他的道理，利益是最根本的。如果有比贷款还要高的利润的事情，人们一定会选择更高利润的事情做。马克思有句经典名言："资本家害怕没有利润或利润太少，就像自然界害怕真空一样。一旦有适当的利润，资本家就大胆起来。如果有百分之十的利润，他就保证到处被使用；有百分之二十的利润，他就活跃起来；有百分之五十的利润，他就铤而走险；为了百分之一百的利润，他就敢践踏一切人间法律；有百分之三百的利润，他就敢犯任何罪行，甚至冒绞死的危险。"所以说，放贷有25%到50%的利润，但要承担贷款收不回来的一定风险，所以要捆绑色情业；因色情业能达到100%到300%以上的利润，又会极大地降低成本和减少放贷风险。在这样的计算下，校园地下钱庄就敢铤而走险去做这些违法的事情，特别是拥有诸多寄生在借贷宝平台的不法之徒就专做骗贷和"裸条"勾当。为此，针对这些不法现象猖獗，同意这位网友在最后说的是法律缺失造成地下钱庄的肆意和色情链的产生，因此需要加强立法。

《IT时报》的记者近日卧底多个"大学生借贷群"，发现"裸条"视频还在疯狂售卖，不法分子打着"裸条"之名进行淫秽物品买卖、诈骗，甚至组织卖淫，并且形成了有序分工的产业链。同时，"裸条"已成为一些人获取利益的新噱头。有人用"灰度空间"来形容，并分成三重灰度：第一个是"裸条借贷"形成地下产业链，由客户、放贷者、代理人等形成有序分工的产业链。第二个是在"裸条借贷"中，裸照成为借款的"抵押物"，如果借款人无法还款就会公开裸体视频或被要求"肉偿"。第三个是色情是真，"女大学生"只是幌子。这样的分析和归纳是有道理的，由于女大学生这一群体具有年轻、有文化、处事简单、有品位等优势，是人们倾慕和艳羡的对象，当然也被社会不良之人所垂涎。一旦打上清纯的女大学生的标签，无疑在色情业上具有难以抵抗的诱惑，人们总会不惜重金购买黄色视听及肉体上的"服务"。由于社会上存在着巨大的"需求"，其利润又如此巨大，铤而走险的人也就越来越多，这条灰色的地下色情产业链就形成了。在互联网的便捷下，形成了色情产业网并已经覆盖在社会的许多方面，大学校园也没有被放过。针对这种隐蔽性极强的高利贷和色情违法交易，单纯为此立法还是比较容易的，查处后以法律论处也没有问题①，但是怎样执法却是很有难度的。尽管政府对此打击的力度不可谓不大②，但面对互联网的治理在今天来说也是政府和法律的新课题，需要时间需要研究。

据《人民日报》报道称，应当承认，网络借贷最大程度上解决了资金流动中的信息不对称问题，对经济社会发展大有裨益。然而，借贷平台毫无约束的"野蛮生长"也会快速耗尽社会的宽容与期待，破坏已具雏形的信用体系。像"裸贷"一样，通过将女性身体商品化，瓦解着整个社会的道德基础、

---

① 如果转播的内容涉及淫秽色情内容，可在《刑法》第三百六十四条第一款、第四款传播淫秽书刊、影片、音像、图片或者其他淫秽物品判罪。情节严重的，处二年以下有期徒刑、拘役或者管制。

② 据央视报道，"净网2016"专项行动自2016年4月开展以来，全国共清理处置淫秽色情等网络有害信息327万余条，查处关闭违法违规网站2500余家，查办网络"扫黄打非"案件862起。处罚或关停乐盘网、千军万马网盘、可乐云等多家利用云盘传播淫秽色情信息的云盘网站；对"斗鱼""映客""嘿秀"等10个直播淫秽色情信息内容的平台进行处罚；协调处置"斗鱼""直播造娃娃"、天津"张碧晨"等不雅视频事件；对"今日头条""一点资讯"等2个新闻客户端运营企业进行行政处罚。

扭曲着年轻人的价值观念、冲击着社会主义核心价值观。更为严重的，那些正在也可能利用"裸贷"产生的"肉偿""卖淫还钱""吸毒""艾滋病传播"等违法犯罪行为，一旦失控，就会极大地摧毁肉体和生命、摧毁家庭、破坏社会的安全和稳定性。笔者认为，这样的利害分析也正是社会和政府所感到焦虑的，如果没有办法遏制住借贷平台这种野蛮生长，对现有的社会秩序就会带来极大的干扰和破坏。这足以引起政府和社会的重视，围剿、打击、取缔的行动也是势在必行。

对校园"裸贷"及网络借贷平台（地下钱庄）的综合思考

女大学生"裸贷"事件引起网上人们的热议，其中不乏真知灼见者，但大都是在微观视角上对具体事件进行分析。为此，在人们评论的基础上，笔者想从社会学两个宏观理论视角对这一事件再进行综合思考，这是一次尝试将具体微观的现象纳入宏观理论背景中去分析和解释，也许每一个理论都不能详尽事实，但将两个相对立的视角结合起来就会对由"裸贷"引起的这一社会问题有个较全面的看法。

从社会学结构—功能主义的理论视角看，女大学生"裸贷"事件可以从三个方面进行分析，其一是人格方面；其二是社会方面；其三是文化方面。这三个方面相应于帕森斯所说的社会系统层次说，如第一层是人格系统，由认知、态度、习性所构成；第二层是社会系统，由社会角色、社会结构和社会制度所构成；第三层是文化系统，由观念、道德、规范所构成。一般来说人格系统受社会系统调节，社会系统受文化系统所控制，而文化系统则通过社会系统作用于人格系统。

首先，我们从人格系统看女大学生"裸贷"事件，有三个疑问，一是女大学生是一个受教育群体，在正常的认知状态下，应该对"裸贷"的后果和代价有着清楚的认识，但为什么要为之？二是女大学生对于生活和消费的扭曲态度是怎样形成的？三是习性的养成是个性使然还是与所处的环境有关？其次，我们从社会系统看女大学生"裸贷"事件，也有三个疑问，一是大学赋予女大学生的社会角色是清晰的，但为什么会出现角色混乱？女大学生"裸贷"与社会结构分化存在着必然的联系吗？抑或是社会转型导致社会制度处在一种"失范"的秩序状态，而由此产生的社会问题？再次，我们从文化系统看女大学生"裸贷"事件，同样也有三个问题，一是什么观念会导致女大学生失去对与错的判断，诸如为了金钱可以出卖色相和身体？二是网络色情泛起是源于道德危机与道德滑坡的后果吗，还是旧有的道德早已失去了对人的约束？三是在法律与规范存在的情况下为什么会产生无视法律规范的行为与事件？诸如地下钱庄的兴起与网络色情业的猖獗。

下面我们将这三个方面综合起来对上述每一系统所提出的问题进行分析。首先来看，在人格系统中提出的三个问题是关于认知的、态度的和习性的。大学作为社会系统的一个组成部分，具有智识的、文化的、政治的、经济的、社会的功能，其主流文化一定表达的是社会核心价值的。应该说大学生受到高等教育应该具有较高的认知水平，对事物的判断也应该与高认知是一致的，就是说能以社会主流价值观做出正确的判断。但为什么有那么多女大学生却为了消费和摆脱经济困境就会去选择"地下钱庄"，还有一部分女大学生明知裸贷的后果和代价还要去"交易"？这样低等的认知与大学生所具有的认知显然是矛盾的。由此不得不让我们想起了社会上对大学的批评，如大学正在培养有知识没文化、精致利己主义的人。这也说明大学功能的单一和弱化从而导致了大学生功利主义的态度，即可以不计手段地达到目的。当这种态度导致一种习惯化的行为之后，就形成了所谓的习性。在韦伯的理性分析中属于传统固化的理性范畴，从工具理性和传统理性结合上去分析，这就不难说明为什么一些女大学生为了金钱会不顾廉耻拍裸片和淫秽视频的原因。

其次，在社会系统中提出的三个问题是社会角色、社会结构和社会制度。根据概念定义，社会角色（social role）是在社会结构中与一定社会位置相关联的符合社会要求的一套个人行为模式，也可以理解为个体在社会结构中被赋予的身份及该身份应发挥的功能。换言之，每个角色都代表着一系列有关行为的社会标准（社会制度），这些标准（制度）决定了个体在社会中应有的责任、行为与制度规制。而女大学生的"裸贷"显然是一种社会角色混乱，导致身份危机，使得社会所赋予的身份不能正常发挥功能，在社会结构中以一种"反功能"存在，导致社会结构紧张，并对社会制度形成破坏力而使社会制度处在一种"失范"状态。

再次，在文化系统提出了观念、道德和规则的危机。从概念上看，观念是人们对事情的主观与客观认识的系统化之集合体。人们会根据自身形成的观念进行各种活动。利用观念系统（观念体系）对事物进行决策、计划、实践、总结等活动。人的观念与社会道德和社会的规则如法律习俗有着紧密的联系。分析女大学生"裸贷"这种错误观念的形成，一定是与社会的道德滑坡和法律习俗约束力变弱有关。为什么会这样呢？这就不得不谈到中国社会正处在一个大转型之中，由计划经济向市场经济的转型打破了中国人传统的道德观念，使得原有的道德体系出现了断裂，而新的道德体系又没有形成。所以今天中国社会的道德进入了多元取向的时代，传统的、落后的还有新生的诸多道德观念混杂在一起，尚没有形成被普通大众信服和接受的主流道德观念。更缺少适当的道德理论引导，当被工具理性所支配时，人们就会不择手段地追求起自己的利益来。

从社会学冲突理论视角看，女大学生的"裸贷"与地下钱庄的兴起发生在一个分层的社会里，社会出现分层必然是将一个平衡的社会结构打破了，出现了贫富差距日益扩大的现象，致使社会处在一个不平等的状态之中，这时社会的主要特征由冲突取代了均衡。从历史上看，道德的力量可以在一个相对均衡的社会里发挥作用，特别是在农业社会阶段。而在一个不平等的社会中即使是主流的道德观念也很难通用于不同的社会阶层的，尤其是在工业社会和信息社会里。媒体上所披露出来的女大学生"裸贷"现象大家都用道德去谴责，这本身没有什么错，但是根本不解决问题，因为没有触及问题的实质。所谓的道德危机其本质是由社会危机造成的人自身的危机，所以应当从社会上找到原因。

中国正在从一个生产和贡献的社会走向一个消费和分享的社会，由于这一转型过程还没有完成，消费社会就提前到来了，它的出现一方面改变着社会结构,另一方面将底层社会改革红利的分享大大推迟了。具体来说,就是最先富起来的人们在消费社会中形成了一个富裕的社会阶层,已经进入了消费和分享阶段;而还没有富起来的人们基本还停留在生产和贡献阶段,但人们的观念已经在向消费和分享转变了。消费社会中富人们炫富性的消费具有极大的示范效应,富人们的生活成为主导社会消费的主流。举例说,不同社会阶层都可以看到的消费性杂志如《时尚》(VOGUE)、《服饰与美容》《世界时装之苑》(ELLE)、《Beauty》《娇点》《HOW》《时装》等,这几种时尚潮流杂志介绍的流行都是与欧美同步的,包括妆容、服饰、食物、单品,以及化妆品,这对现代社会的人们特别是年轻人的吸引力是致命的。

消费社会不仅是以消费主导着人们的价值观,还以消费水平和品位评价取代了对人们的道德评价,这就驱使年轻人拼命挣钱拼命消费。而女大学生这一群体本身还处在依靠父母亲生活的时期,也同样被卷进了消费的潮流之中。昂贵的化妆品、不菲的衣饰、名堂花样的聚会社交都让她们难以抵抗消费的诱惑。当消费主导一切时,什么自尊、价值观念、社会态度都发生了改变,在权衡出卖色相和肉体可以换来消费的资本时,就有一些女大学生不会顾及后果也不惧道德谴责,从而敢于主动去"裸贷",甚至无力还款时被迫"肉偿",还有一些人就会滑入色情的陷阱而不能自拔。

正是消费社会的存在,使得社会上流行一种新的价值观——金钱至上。人们确实需要金钱,购房、子女教育、看病、旅游、生活必需品支出、奢侈性消费,等等,但底层社会民众靠工薪或微薄的收入根本无法满足一个人或一个家庭在消费社会的支出,这样,银行业就迅速发展起来,短短几年中国从几大银行就发展出来1000多家银行,就这样也难以满足人们的借贷消费需求,于是地下钱庄就像雨后春笋般冒了出来。即使利息比正规银行高了许多,但由于借贷方便、灵活,所以在民间百姓中特别在农村地区比较流行。由于大学生不具备贷款条件,无法从正规银行中获得贷款,于是小额贷款资助性质的校园贷开始出现,结果就有不法之徒看到小额贷款获利还不够,开始打上了女大学生的主意。原本寄生在校园贷平台上发展起来的"地下钱庄",而在网络监管尚不健全法律打击不力的情况下,几乎所有的大学都成为他们引诱女大学生"裸贷""肉偿"的灰色产业。

也正是消费社会导致人们产生了畸形的价值观,即"笑贫不笑娼"。可以看出人们的道德观念和人生价值观正处在一个矛盾期,所以说这个社会已经不是结构—功能主义所说的是一个均衡的社会,而失去均衡的紧张正是来自于社会的分层和日益扩大的差异。如果不从根本上解决这个问题,而只一味地强调什么道德滑坡,要重建道德体系去整合社会,这样的结果只能是治标不治本。

小智库,微建言

结构—功能主义认为,由于社会中存在着一个由人格、社会和文化构成的系统,作为社会行动者的大学生,其人格受到社会系统,主要是大学机构的塑造,而对大学生进行教育和塑造的内容又来自于社会的文化系统。在一个社会功能协调的状态中,这样自上而下的控制是正常的,即文化对社会制度的建立起到了决定作用,而社会制度对于人的约制也会生效。而一旦处在社会动荡或社会转型没有完成的过程中,文化对社会,社会制度对人就会处在一种失控的状态,"失范"就是这样发生的。上述女大学生"裸贷"及地下钱庄违法搞色情业(裸条、肉偿)都是一种"失范"所引起的,即文化上特别在道德上不能通过社会制度有效地约束人们不合理不合法的心理与行为。所以功能主义建言,应当尽快建立健全转型社会后的各项制度,使得社会主流文化能够通过社会制度发挥功能,正确地引导和规范人们的心理和行为。

冲突理论认为,社会的"失范"导致社会矛盾和问题爆发,而失范的原因主要是现有的社会制度出现问题,即社会不断扩大的贫富和阶层差异,大家会认为是制度产生了不平等现象。因此,过去能维持社会秩序的道德、法律和习俗就会出现功能障碍,人们不遵守它了,这就使社会制度功能失效了。有许多学者也分析了中国社会正处在历史上一个"断裂"的时代，利益集团（群体）的出现正在控制社会的主要资源，而绝大多数人则被迫流入资源短缺的社会底层。而由于资源短缺，底层社会积累的问题爆发，青少年越轨、犯罪、卖淫等已经成为现代社会治理的难题。从社会分层的角度看，女大学生"裸贷""肉偿"的个案和卷入这一事件的群体有几人是出身殷实家庭的？所以冲突理论者建言，要想真正解决诸如此类的社会问题，一定要从社会保障体系改革入手，建立一个更加公平、公正的社会保障体系，最大限度地减少和降低社会各阶层间的差异，扩大社会中等收入阶层，消灭贫困。只有在一个更加平等的社会里，犯罪率才会减少，道德和文明才会进步。

　　从符号相互作用理论来看，其基本假定主要有：人对事物所采取的行动是以这些事物对人的意义为基础的；这些事物的意义来源于个体与其同伴的互动，而不存于这些事物本身之中；当个体在应付他所遇到的事物时，他会通过自己的解释去运用和修改这些意义。据此我们分析发生"裸贷"行为的女大学生，从第一个假定上看，之所以要去"裸贷"，对自己的意义是需要金钱解决困难和满足自己的消费欲望；第二个假定，通过"裸贷"换取金钱可以保持自己在同学和同伴面前的平等与体面；第三个假定，一旦不能还高额利息，会考虑到许多人都会去这样出卖色相和身体也不是什么大不了的事情，只要保密做好了照样可以维持自己的尊严和面子。所以根据符号互动理论的假定，我们建言一定要紧紧抓住"裸贷"的实质，让当事人形成对事物正确的判断和意义理解。

　　还有一个符号互动理论的变种是污名化理论，其主要解释是，一些非法的校园地下钱庄为了扩大自己的"生意"，将网络和社会上从事色情和卖淫的标签贴在了女大学生身上，并且在社会上通过各种渠道广为散发，使"女大学生"这个名词本身具有了污点。这样做的目的就是让一些从事色情和卖淫的女性都可以打着女大学生的旗号，这样会使地下钱庄的色情业更加吸引"客户"，从而可以更多更快地获得非法利益。交换理论认为，由于对女大学生的污名化会带来较高的经济回报，人们就倾向于强化和维持污名化的效果。为此我们建言，大学应该彻底清理和整顿民间校园贷平台，彻底清除任何形式的地下钱庄，阻断网络色情对女大学生的污名化。同时，由学校和当地政府以及社会多方共同督办和监管针对大学生的贷款行动，引导大学生将贷款真正用到助学上。

国考报名挑肥拣瘦，只缘公务员岗位"冰火两重天"

2016年10月24日18时，2017年度国家公务员考试报名截止。据统计，截至24日17时30分，已有超过133万人通过报名审核，最热岗位竞争比已高达9837∶1，刷新纪录，可谓"万里挑一"。超过历史最高值，成为新的国考最高点。

报考最多的前10个部门均来自国税。历年来，国税系统一直是招考大户，而2016年报名人数最多的部门也来自该系统。据统计，2016年国税系统招录职位9455个，计划招录17476人，占总招录人数的64.58%。这其中，山东国税局以42027人通过审核位列第一，广东国税局、贵州国税局分别以40384人、38579人位列第二、第三位，这十大部门总共报考353727人，占总报名人数的26.4%。从2011年至今的报考情况来看，山东国税局已连续7年成为国家公务员考试报考人数最多的部门。①

然而，在热火朝天挤破脑袋的另一面却是冷冰冰的无人问津。统计显示，截至10月24日17时30分，仍有223个职位无人通过审核。"香饽饽"与"冷衙门"的对比之下，使本就广受关注的国考再度成为热门话题。

国考报名为何"冰火两重天"？

先看看"万里挑一"的"炽热"。2016年最有人缘的是"民盟中央办公厅接待处主任科员及以下"，就是那个被9837人争抢的职位。说起来，这个职位也没那么诱人，之所以创下报考纪录，最主要的原因是门槛低——本科毕业，对应专业宽泛，也没有户籍、政治面貌等方面的限制，且面试阶段不组织专业能力测试，唯独限定了2年的基层工作最低年限。这样的低门槛，难怪会吸引大量考生报考。

---

① 《今年国考报名大盘点：最热岗位"万里挑一" 最冷岗位无人问津》，每日经济新闻，2016年10月25日，http://m.nbd.com.cn/articles/2016-10-25/1047603.html。

国考岗位"冷热失衡"从不是偶然。其实这几年，每逢国考都会涌现出类似的最热岗位。有媒体梳理以往资料发现：2013年国考，报名的最热职位接近"万里挑一"，是"国家统计局重庆合川调查队业务科室科员"；2014年国考报名最热岗位的竞争比接近"七千选一"，职位来自国家民委；2015年国考，报名最热职位的竞争比为2625∶1，来自中央国家机关政府采购中心；2016年国考招录，最热职位是人社部下属中国就业培训技术指导中心的"技能竞赛处（全国技能人才评选表彰办公室）"，竞争比达到2847∶1。

而上述一些职位普遍具有学历门槛低、基层工作经历无限制、政治面貌基本不限制、不组织专业考试的特点。

一般情况下，比较热门的岗位都具有一些共同的特点：第一，抢手职位一般为职位本身条件要求宽泛，如学历本科及以上，专业和工作经历等没有要求。第二，中央和省一级的职位报名人数较多，因为中央和省一级的机关层次比较高，平台比较大。第三，在各个党政机关中，权力机关是比较热门的。第四，与岗位所处的地理位置也有直接的关系，那些位于特大城市、中心城市以及一些区域性城市的岗位的报名人数也相对较多。

再看看"零报考"的"冷清"。"零报名"职位来自哪里？多在西部偏远地区，气象部门占比多。统计显示，截至2016年10月24日17时30分，仍有223个职位无人通过审核。招录专业较为单一是其中一个原因，但大多数职位都在西部偏远地区才是其被考生舍弃的关键因素。

无人报考的职位不仅仅都来自基层，个别中央层级的职位也遭遇了无人问津的尴尬。例如，据华图教育的统计，截至24日报名系统关闭时，中央党群机关以及中央国家行政机关（本级）这两个系统都有1个职位无人报考，分别为国家外国专家局经济技术专家司"项目处主任科员及以下"职位，中共中央对外联络部二局"蒙古语翻译"职位。这些岗位是因为专业等条件的限制，要求太多让大部分考生望而却步。

对于国考中的冷门职位，也都有其共性：其一，县级乡级的基层岗位报名人数较少；其二，县级以下职位很多要求本单位最低服务期限为五年，且经常下乡入户，工作强度较大，条件较为艰苦；其三，专业要求过高，工作年限、学历层次要求等门槛过高。

从近四年的无人报考数据来看，2017年无人报考的职位远超往年，"冰火两重天"趋势严峻。"冰火两重天"现象的出现，有其报考要求限制的严格性，也有报考人员趋利避害，不愿去边远地区以及基层锻炼的主观性。

从报名来看，中央层级职位竞争比为60∶1，远远超出平均竞争比，县（区）级及以下职位目前竞争比最低，还未达到平均竞争比。在"无人问津"的职位中，县级以下基层职位和经济条件相对落后的艰苦边远地区的职位占了大多数。

"冰火邂逅"的背后凸显基层待遇之困

国考报名仿佛陷入"冰火两重天"的魔咒，年年如此，只不过是"年年岁岁花相似，岁岁年年人不同"。有人将造成这种现象的原因解读为"考生功利心理重，参加国考只为了稳定的工作和较高的社会地位"。这样的观点，有点道德绑架了。对绝大多数人来说，成为公务员首先是谋得了一个"饭碗"，就算胸怀远大理想的人，也要先解决生活上的后顾之忧才行。这里既折射出岗位间的利益差距，也暴露出人才供求矛盾，同时还有资源地区差异等问题，如果忽视现象背后隐藏的实质，一味对考生上纲上线，质疑考生报考动机和道德品质，未免有失偏颇。择业的功利化，折射的是基层公务员的现实困境。

面临严峻的就业压力，其实不只是国考有残酷的竞争，每个领域都有客观的就业压力。加上"天下熙熙皆为利来，天下攘攘皆为利往"的天性，影响着择业观，趋利避害自然让省级以上的职位受人追捧，偏远地区的职位无人过问。这不仅是国考的"特色"，也是众多岗位共同面临的问题，不然怎么会有"逃离北上广"，"逃回北上广"这样的风潮呢？我们理应辩证全面看待国考"冰火两重天"，这既有考生的主观选择，也有招考"门槛"的客观受限。

不论国考也好，还是省考也罢，国考"冰火邂逅"的背后，实乃油水部门与清水衙门现实版的"短兵相接"。俗话说:"世界上没有无缘无故的爱。"偏远地区发展相对落后,基层岗位工作压力较大,待遇福利水平较低,的确是普遍事实。很多无人问津的偏远地区基层岗位,工资低、负担重不说,还有供职时限要求,动辄三五年不能变更。要求的不仅是一个人承受至少三五年较低的生活水平,还有宝贵的数年光阴,这对于任何一名通过了国考,具备健全学习工作能力的青年人而言,都是很大的代价。吸引年轻人下基层,待遇虽不是万能的,但没有适当的待遇恐怕万万不能。而中央机关级别高、晋升空间大、培训交流机会多、发展机会多,有些单位还有福利分房或者优先购买两限房、自住房等优惠条件。提高基层以及偏远地区公务员岗位薪资待遇才是吸引新时代青年下基层的根本之道。

"趋利避害"是人之本能,任何人都有权选择自己喜欢的工作环境,追求更好的生活。我们应该反思的是部门和部门之间、行业和行业之间、岗位和岗位之间、地区和地区之间的利益差距,若公职岗位本身就有"肥瘦之分",又怎能怪考生挑拣?去除岗位"附加值"和"隐形含金量",让权责对等成为常态,让公开透明成为惯例,让为民服务深入人心,才能避免公职岗位上有人吃肉,有人喝汤,进而避免考生选择"功利化"。

岗位之间不可能实现绝对的平均主义,地区资源差异不同,造成相同岗位、不同地区之间存在着过大的差距,这个问题同样不容小觑。基层公务员,不可谓不苦,"上面千条线,下面一根针",基层公务员工作内容涉及经济发展、社会治安、计生维稳、低保评定、安全生产等方方面面,群众利益诉求日趋多元化,基层干部常常处于"五加二""白加黑"的高强度工作状态。在艰苦岗位奉献,不仅得不到制度救济,反而收入不高、前途逼仄,"抬头就是天花板,一眼就能看到退休",对考生何来吸引力?如果建立起科学的补偿机制,出台鼓励大学生到基层工作的相关政策,形成公务员体制内由基层向上流动的晋升机制,何至出现岗位两重天?

基层公务员的工作之所以不受大家青睐,有一些共同的原因。

一是烦琐重复,缺乏创新性。大部分的大学生刚毕业都是满腔的热血和抱负,但真正到了岗位上却面对的是打扫卫生、接听电话、复印材料和写不完的官样文章，面对的是暮气沉沉、经常喝酒打牌的"老乡镇"，开始的一腔热血和抱负慢慢被消磨掉。

二是基层晋升空间狭窄，看不到晋升的希望。对于一般公务员来说，副科级已是一生梦寐以求的最高理想和目标了。就拿一个基层法院来说，一百多人的法官队伍中，副科级以上也不过十来人，也都是些中层正职，而且这样的正职基本上也就失去了进一步上升的空间。所以，"考走"成为他们一致认可的"正途"，而在职公务员不再可以参加国考，更是堵死了基层公务员的一条路，这更加导致了报考基层公务员的"遇冷"。

三是与原来交际圈的脱离。毕业后工作在城市的同学，天天在朋友圈里晒美食、晒出游，他们丰富多彩的"微信朋友圈"，无声传递着这种优越，而基层公务员视野聚焦在区里、乡镇，越来越跟不上城里同学的节奏，慢慢地成了"土老帽"。

四是公职就业环境的改观，公务员再不是一种可以终日清闲的"铁饭碗"。"打虎拍蝇"也好，治庸倡能也好，公务员已经被大多数人视为一种普通职业。在北上广深等大城市，市场经济提供的就业岗位多，薪酬水平、发展机会、晋升空间、实现价值等各方面都优于普通公务员。因此，近年来，公务员辞职逐渐增多，甚至一些局级干部也进入企业创业或者担任管理层。公务员职业退去了耀眼的"光环"，和其他的职业并无多大的区别，甚至基层公务员的工作还不如公司的技术、管理工作。

事实上，从一些公务员辞职的个案中能看出不少端倪，正如习近平总书记所言："当官就不要想发财，想发财就不要去做官。"重压之下的反腐使个别"硕鼠"再不可能放肆，"八项规定"和各类禁令堵住了奢靡享乐、作风不端的缺口，再加上当前全国正处于改革攻坚的关键时期，一些公职人员既要面对复杂的工作，更要面对各方的质疑和压力，一碗不好吃的"饭"便也让"围城"大开城门。

对外经济贸易大学公共管理学院教授李长安在接受《中国青年报》采访时表示，公务员考试报名数量不是一个很全面的指标，很多人只是把公务员当成一个选项而已。"据我了解，一些能力较强、学历较高的学生，并不想进公务员队伍。在报考热的背后,公务员离职潮也一直存在,尤其是硕士、博士和名校生的离岗率很高,这一现象同样值得关注。"

水往低处流,人往高处走。每个选择背后都有着理想丰满与现实骨感的纠结和妥协,但无论做何种选择,都值得尊重和肯定。在生存和发展面前,我们不能一味地指责考生。怎样切实解决基层公务员待遇低、工作忙、环境差等客观问题,尽量为基层公务员创造一个较好的工作环境,从待遇、上升通道等方面给予更多倾斜,这才是国考报名"冷热不均"背后我们更应该关注和努力的方向。祛除有关部门的"隐形好处",打掉油水,还原部门的"干事"属性,才是破除"冰火邂逅"的"锦囊秘籍"。

莫怪考生"挑肥瘦",破解尴尬还需制度设计

对应这一病灶的药方是什么呢?

一是从制度层面给予基层公务员更多倾斜,破除基层公务员的"天花板效应"。

人总是活在希望中,所有的现实选择,也都是未来希望对当下的投影。基层公务员岗位"含金量"不高,工作地点没有"风景",工作内容没有"钱景",自然也就没有了吸引力。这就要求国家和地方推动公务员制度改革,完善激励机制,改良业绩评估制度和考核制度,建立灵活的工资制度,用活加薪政策,并向偏远地区倾斜,弥补"钱景"的问题。此外,还要考虑到他们的"前景",为符合条件的基层公务员开启"上行通道",国考也可及时面向基层取"才"。事实上,这项改革正在逐步推进,投身基层的优秀人才有了更加理想的工作环境;这条"通道"也正在逐步畅通,基层工作经历越来越成为中央选拔任用干部的硬杠杠。既然基层岗位的职业空间同样广阔,想必一部分考生会理性选择、转投于此。

在越来越趋向于面向基层的用人导向下,能否考虑给予安于清苦扎根基层的考生政策和待遇上的诸多"福利"?为打破一考定终生的痼疾,在已确立逢进必考的今天,针对部分考生"高分低能"的现象,建立健全公务员队

伍的退出机制是否也该提上日程？为真正做到人尽其才，才尽其用，在大众创业、万众创新的当下，能否开辟除国考之外的更多通道成就各自的价值？

过去，对基层公务员管理实际上没有激励，进而导致相关管理机制虚化。事业心和责任心是基层公务员的动力所在，但这种事业心和责任心是需要激励机制呵护的。如果不能给基层公务员提高待遇，又不能给他们更多的晋升空间，还要不断给他们更高的工作要求，不少基层公务员要么就成为一个"抱着最苦金饭碗"的工作机器，要么就成为一个"喝茶聊天发牢骚"的庸人。

目前基层公务员面临诸多压力和困扰，亟待制度化解。这就要求国家和地方应该推动公务员制度改革，制定措施吸引更多优秀人才投身基层，进一步分散下放权力，更加关注基层公务员健康成长，提供公平竞争和晋升机会。特别是，完善激励机制，改良业绩评估制度和考核制度，建立灵活的工资制度，用活加薪政策，并向偏远地区倾斜，使基层公务员待遇与业绩成正比。

二是改变社会的用人标准。

一方面，我们提倡和动员扎根基层，甘于奉献，信誓旦旦不让老实人吃亏，另一方面，更多有权、强势和实惠的岗位依旧抢眼，吃亏的往往还是老实人；一方面，我们都在宣扬学历不代表能力，文凭不代表文化，另一方面，无论在人才的选聘还是提拔上，又从来未曾放弃过对文凭或学历的门槛要求。

由此观之，把脉国考"冰火两重天"的症候，要是考生真的能遵从内心，扬长避短，社会及单位能纠偏价值取向，优化用人标准，政府在制度安排上更加合情、合理、合法，国考或将回归理性，冰火定能融为春水。

基层是面对面地与群众打交道，是社会大课堂，更是座大宝藏，扎根基层就会收获多多，既能锻炼工作能力培养人，又能丰富阅历成就人。国考面向基层"取才"，能够体现出对基层经验和实践能力的重视，这是提高国家公务员队伍整体素质的必然要求。没有在基层多多接"地气"，很容易成为墙上的芦苇——头重脚轻根底浅。

国考面向基层"取才"，也为基层更多的群体打通向上的"管道"，打破阶层的界限，不拘一格才能使国家人才选拔更具公信力与科学性，人才辈出的社会环境才能形成，也让基层的公务员在竞争激烈的"国考"中脱颖而出，更好地实现人生价值和社会价值。

因此，国考岗位空缺需要冷静分析，切实把握好报考者的就业心理特征，及时调整策略，面向基层"取才"，引导人才合理流向，这样才能形成人尽其才、才尽其用的人才环境。

三是正确教育引导和政策宣传。

公务员主管部门应该加大对公务员职业属性的宣传引导力度。为有效遏制"万千考生争一岗"的羊群效应，媒体不应炒作最热岗位，以营造客观理性的国考氛围。通过传统媒体和新媒体结合的方式，客观宣传公务员的职业属性、岗位职责。让社会对公务员这一职业有一个更客观更理性的认识。国家可以考虑出台向偏远地区岗位和基层岗位倾斜的优惠政策。年轻人参加工作必将面临生活和经济上的困难，国家可以在财政上适当提高工作人员的工资水平，在住房和子女教育上给予一定的照顾，让偏远地区工作者和基层工作者消除后顾之忧，让他们能够更好地投入到国家建设的事业中去。

国考是选拔优秀公务员的关键环节，更是为国家建设提供人才的有效渠道。只有社会各界共同努力，彻底解决公务员报考冷热不均问题，为有志之士搭建干事创业的舞台，做到人尽其才、才尽其用，才能让"大庇天下寒士俱欢颜"，在实现伟大复兴中国梦的征途上奋力拼搏。

所以应该客观思考这背后所代表的大众择业观，响应习近平总书记"鼓励广大青年一定要矢志艰苦奋斗"的号召。侧重对无人问津的岗位做介绍、宣传，从认识上改变考生的择业观，而不是免费帮国考的热门职业打广告，变相地让考生对偏远岗位望而却步。

马斯洛需求层次理论将人类需求像阶梯一样从低到高按层次分为五种，分别是：生理需求、安全需求、社交需求、尊重需求和自我实现需求。在当前社会形势下，决定基层公务员是否甘于留守的因素，主要来自于家庭经济

收入、住房医疗教育、人际交往发展、发展机会等因素。不可否认，能够长期坚持留守在基层一线的公务员，其品德和行为值得称赞。然而，他们的甘心付出和奉献，却不能成为忽视他们利益诉求的借口，而是提醒我们应该从改善环境入手，能够让他们安身立命。作为基层公务员，他们也应该有"诗和远方"，如何在制度层面进行改善和创新，让他们感受到温暖和希望，无疑是纾解他们内心困惑的最好方式。

社会分层指因社会资源占有不同而产生的层化现象，社会资源可以是政治资源、经济资源、文化资源等不同方面。中国改革开放前是政治分层社会，以身份制为核心特征的制度。这种官本位制的分层体系中，以干部或官员级别垂直分层作为全社会的基础与主线，并由此派生出全社会的分层体系。官僚体系、政治权力控制着全社会最主要的资源。在这种单一行政级别体制下，"当干部""考公务员"成为全社会普遍向往和追求的目标，人们争相挤入公务员队伍。越是层次高、级别高的机构，由于晋升空间大，福利待遇好，越是受到考生"热捧"。改革开放后中国社会逐渐演变成经济分层社会。改革使经济成分多元化，人们的收入也多元化。市场的发展直接改变着过去的官本位等级制度。随着政府各种权力的逐步下放，官员不再占据社会经济运行的中心位置。市场经济的发展为人们提供了更多更好的就业机会，公务员不再是人们追求的唯一目标。特别是北上广深等大城市给年轻人提供了大量有发展前途的工作机会，人们纷纷涌向大城市淘金。基层公务员由于收入低、晋升空间有限、工作没有创造性等原因，在各个方面都远远不如大城市的公司或者企事业单位工作。也可以说，大城市的职业经理人或者专业技术人员，在社会分层体系中的地位远远高于基层公务员的地位，他们占有的政治资源、经济资源、文化资源等社会资源也远远高于基层公务员。这些职业经理人或者专业技术人员通过自己的努力，还能挤进中产阶层，而基层公务员却日复一日地重复简单劳动，难有发展，无法达到中产阶层。因此基层公务员报考"遇冷"也很正常。"热"与"冷"反映了当前社会正常的职业结构，也反映了人们正常的就业需求和择业心理。对于这种社会现象不必大惊小怪，应该正确认识和合理引导，通过大浪淘沙，各尽其才、各尽所能。

社会流动，指人们地位垂直、上下、高低的变化。一个公平、公正的社会应该有比较健全的顺畅的社会流动机制，给人们以自由流动的机会。公务员的流动，是人才竞争和筛选的过程，既包括体制内的流动，也包括体制内、外的流动。要进一步完善公务员的晋升、考核、交流、培训等管理机制，促进人才的通畅、健康流动，给基层公务员更多向上流动的发展机会。同时，还要建立健全公务员正常进出的制度，促进人才在体制内、外的合理流动，使这种社会流动更加规则化、常态化，促进整个社会的人力资源有效合理的配置。

"倚老卖老"与"为老不尊"怎成热词，是谁在污名化老人？

"倚老卖老"与"为老不尊"怎成热词,是谁在污名化老人?

关于老人的话题古往今来很多,中国历来是一个敬老尊老的社会,"尊老爱幼"是人的美德也是社会的好风尚。但最近几年关于老人的话题却让人感到越来越沉重,最先指向老人的是带有极端贬义的"广场舞大妈",被诉噪声扰民;紧接着是媒体不断爆出"老人倒地碰瓷讹人钱财","老人倒地冤枉好人"的新闻。仅从媒体报道中抽举典型几例来说,一是北京司机都知道有这么一位腿脚不便走路颤颤巍巍的 65 岁老人,谁能想到他竟然是街头职业"碰瓷"人。自 2001 年开始,老人在北京市城八区各大路口疯狂"碰瓷",故意用身体撞车制造假交通事故,仅 122 电话记载的就达 341 起,骗得司机钱财数十万元。二是杭州有个老人,假摔多年,被称为"假摔帝"。早在 2004 年就有媒体曝光关于他在杭州假摔近 2 年,当时杭州多家报纸、电视台都对他进行了报道,这样算起来,他到 2014 年假摔也有十几年了。三是发生在 2014 年的广州,有一名老人接孙子放学途中不小心摔倒,两名小学生见状搀扶起老人,并打电话叫来家人送老人去医院诊治。事后,老人坚持认为自己摔倒是两名小学生在打闹中碰撞她所致。为此,将两名小学生及其家长告上法院索要赔偿。四是 2015 年北京市海淀区也发生了一起"扶老案":一名八旬老太称被骑车路过的女孩撞倒,女孩感到冤枉,老太怒喷道:"没你的事你干吗还报警啊?"周边的路人纷纷做证女孩未撞人,最终,监控录像完整还原了事件真相:老人自行跌倒,并撞击到了女孩。

上述例子当然都是被法院按照事实洗清了被告的冤枉,也让人们对这样的老人感到害怕,更多的人纠结于老人倒地后该不该扶,扶了怕被冤枉,不扶吧良心会受到谴责。特别是从 2006 年南京的"彭宇案"、2008 年郑州的"李凯强案"到 2011 年天津的"许云鹤案"以后,关于老人倒地的负面新闻越来越多,一时间"老人倒地""扶老人被冤""扶不起的老人"成为网络热词,加剧了人们对老人的恐惧心理,也因此有了很中国特色的"扶老"行为,即救助倒地老人之前先拍照取证再打 120;但更悲惨的是有的老人倒地后因无人救助而去世,人们转而又感慨路人冷漠。该不该扶不仅是道德问题,也成为社会问题。

"老人倒地"的话题尘埃未落，突然间，网络上关于老人的话题又集中到"倚老卖老""为老不尊"这两个词上。通过媒体的报道，发生在公共领域的一些事件也确实让人大跌眼镜啊！事后不由得就会冒出这两个充满贬义的词。到底是谁在将老人污名化？带着这个问题我们先从案例开始，再做分析。

从媒体报道的案例看"倚老卖老"与"为老不尊"

案例一、"倚老卖老"敢动粗

常州16路公交车上发生一起纠纷，当事人27岁的郭女士下班后乘坐16路公交车回家，随后72岁的李大爷上车时，车上已没有座位了。李大爷便走到郭女士面前，要求其给自己让座。郭女士称当时李大爷态度很不好，看上去也不像体力不支，自己上了一天班很累，便拒绝了李大爷的要求。见郭女士拒绝让座，李大爷感叹现在的年轻人不懂得敬老。郭女士听了此话觉得很刺耳，两人进而发生口角。当车行驶至保险大厦时，正在气头上的李大爷突然用手中的拐杖向郭女士的面部戳去。郭女士避闪不及，眼镜的镜片脱落，她顿时感觉左眼疼痛难忍，用镜子看了一下，发现左眼球又红又肿，便拨打110报警。①

无独有偶，2016年发生在昆明公交车上的一起让座争端也很典型。据当事人王女士打热线时哭诉说，今天3点左右，她乘坐公交车出门。因为有3个月的身孕，站久了身子沉，她便找到了一个爱心专座坐下。不想才坐了两个站，一位身穿黑衣服戴着眼镜和帽子的老人上了车。老人上车后便径直走到王女士座位前，要求其让座。王女士没有理会，见此，老人先是破口

---

① 《公交上要求让座遭拒，老人挥拐杖伤人》，《现代快报》2016年10月25日，http://dz.xdkb.net/html/2016-10/25/content_445421.htm。

大骂，后直接指着她的头骂。"骂得很难听，我已经向他解释了自己是孕妇，他却还不停地骂脏话。"争执间，老先生激动起来，动手打了王女士的头，王女士不服气，也踢了对方一脚。这时，乘客司机纷纷劝解，最后还找了个位置给老人，他还没作罢。硬是对着王女士的位置又骂骂咧咧了半天。①

再举还有，大家都知道，乘坐公交车按照站台上车下车是一种规矩也是一种常识，如果公交车开出去了还要求司机开门上车这就不合规矩了。济南就有一名老汉因为驾驶员没有给自己开车门让自己上去，就狂踹车门。等驾驶员无奈开门后，老汉上去就给了驾驶员一耳光，驾驶员师傅真的是太委屈了，没有任何理由地挨了重重一巴掌，老人还骂骂咧咧与其他人发生争执，不得以驾驶员选择报警。②

2016年关于老人在公共场所表现出一种强势的做派真的很让人反感，明明是受到尊敬的一个特殊群体，却总是以一种"倚老卖老"的方式逾越着正常人际关系的底线。打人事件不断爆出不说，甚至还有相互斗殴致人伤残致死的案例。前不久就有一起跳广场舞的一位70多岁老者因抢舞伴捅死一位50多岁老者的案件。③尽管这是个案，但在一个网络世界里其消息迅速传遍了世界各地，严重地破坏了耆老的形象，影响很坏。

案例二、"为老不尊"何以敬老？

有则媒体报道：据乘客张女士介绍，一个爹爹坐公交车不顾前后左右都是女乘客看黄碟，不仅音量开得大，而且播放黄碟的过程持续了20多分钟，到站后他才若无其事地下了车。这位老人在公交车这个公共场所看黄碟，完全是流氓的行为，他也违法了。但似乎像他这样的老人耍流氓，在我们的社

---

① 《女子怀孕3月乘车被老人要求让座，拒绝后遭打骂》，昆明信息港，2016年2月25日，http://news.sohu.com/20160225/n438463243.shtml。

② 《老汉打驾驶员耳光，倚老卖老无故掌掴公交司机令人心寒》，2016年11月21日，http://www.nvsay.com/news/hot/107293.html。

③ 详见《上海七旬老人跳广场舞与人抢舞伴，拔刀刺死对方》，2014年7月9日，东方网。

会上并不少见。①

又如，2016年7月22日10时许，贵州遵义一辆开往国际商贸城的30路公交车上，一老人站在一名看上去十五六岁的少女旁边，少女的母亲坐在后排。突然，老人上前抱住少女，后者尖叫："放开我，你干吗？"一名乘客上前询问，女孩高喊"我不认识他"并试图挣脱老人。此时，几名乘客上前试图拉开老人，少女母亲则从后排跑上前。但是，老人像"着了魔"，死死抱住少女，任凭乘客怎么拉也拉不开，一度将脸贴在女孩胸前蹭，手在女孩腰部乱摸。后来有几名乘客合力将其制服。25日，记者从遵义市公安局红花岗分局证实，这名69岁的老人因涉嫌强制猥亵、侮辱妇女罪已被依法刑事拘留。②如果说这位老人并没有精神方面的疾病，这种挑战人们道德底线和社会法律的行为，就不仅是"为老不尊"了，而是侵犯他人触犯法律了。

再如，2016年6月6日上午，一辆从汉中开往镇巴的大巴车行驶到210国道西乡县堰口镇三合村一隧道前，因隧道塌方车辆受阻，不少乘客下车休息，车上仍有部分乘客。后排座位上一名少女正躺在座位上休息，突然被坐在后面一名上了年纪的男子弄醒。该名男子要求少女把书包往里面放一下，被少女拒绝。说话间，男子不停用手故意触碰少女的隐私部位，少女被吓哭，呼叫起来。其他乘客听到呼救声立即上前查看情况，发现那名上了年纪的男子居然裸露下体，立即将该男子制服并报警。③

诸如上述案例多见于各种媒体报端，由于不断爆出老人"倚老卖老""为老不尊"的新闻，人们对老人的负面印象明显上升。本文并不是好奇上述案例老人为何要做出这样的有伤风化的事情，而是感觉到一向受人尊敬的老人群体到底出了什么问题？如果像媒体分析的那样是社会上的坏人变老了，但

---

① 《老人公交车上看黄碟既违法又为老不尊》，张家界在线，2016年6月21日，http://www.zjjzx.cn/news/zjjplyc/854264.html。

② 《老汉公交上猥亵少女　为老不尊占尽女孩便宜蹭胸熊抱》，未来网，2016年7月27日，http://jiangsu.china.com.cn/html/jsnews/society/6631659_1.html。

③ 《陕西一退休干部大巴上猥亵少女，已被行政拘留》，华商报，2016年6月11日，http://sc.people.com.cn/n2/2016/0611/c345167-28485505.html。

坏人在社会里总归是少数，所以不要将少数人干的坏事都扣到老人群体的头上，毕竟我们正在进入一个老龄化社会，老年人在社会上的比例已经超过了15%，而且还在快速上升。如果有更多比例的老人像媒体所说的"倚老卖老""为老不尊"的话，那么华夏大地就永无宁日了。可问题是社会上形形色色的犯罪案件中，大部分还是中青年在犯罪，老年人犯罪的比例是微乎其微的。可如今媒体却让我们感觉到老年人似乎是一个有潜在社会问题和犯罪倾向的群体，原因何在？

从上述案例看老年人为何要"倚老卖老"与"为老不尊"？

从上述案例中我们看到一些老人在公共场所对年轻人和儿童采取了"强制尊老"的态度和行为，一旦感觉到对方并没有按照自己的意愿"听话"或行事时，就又采取了不当的言论和行为，使得一点小事成为一场纠纷（本文所谈的是让座纠纷）。看来，这样的事情每天都会发生，虽然是个人间的一种"异形互动"，但随着出现的频率极高而成为一种社会问题。为此，我们需要对这个问题分析一下，即为什么一些老年人会在公共场所采取"倚老卖老"的方式对陌生人采取"强制尊老"？我们先从心理学的角度分析一下。作为老年人都有一种被社会"抛弃感"，这种感觉越强烈就越会敏感于别人对自己的看法和态度，特别是表现在尊严上。从上述乘坐公交车的例子看，老人上车也许坐不了几站地，根据当时的身体状况也许并不是非坐不可，但是看到大家都没有给他（她）让座，老人这时的心理就会产生变化，他就会从两点做出判断：一是尊老敬老这是社会公德；二是自己应当维护自己的自尊心。而当大家并没有给他（她）让座时，老人就会认为大家没有遵守公德，同时也伤害了自己的自尊。于是，就有了出口教训没有让座的年轻人和小孩子，甚至动手侵犯了对方身体的行为，从而引发了纠纷。

而从社会学心理学的角度分析，我们认为老年人与年轻人存在着一种代际差异，即代沟。这是两个不同时代人的相遇，在文化上产生了冲突。为什么说是一种文化上的冲突呢？这与中国社会正处在一个转型过程有关，传统的文化也正在向现代文化转变,同一个社会里存在着两种不同的文化就会表现出一种文化的差异和冲突。老年人是传统文化和道德的承载者,注重传统社会和老辈留下来的规矩和习俗,他们这一代人就是在敬老的过程中走过来的,俗话说"多年的媳妇熬成婆",当了婆婆就会受到晚辈的照顾和尊敬,可以管教和约束年轻人。老人在家里是这样,在邻里中是这样,在社会中也是这样。所以在传统社会里个人的敬老是美德,社会中的敬老是公德。而到了现代社会,传统的道德对人的约束力变得弱了,但敬老和尊老的社会习俗并没有消失,只是在形式上发生了变化。举例来说,过去一提起老年人就是作为被照顾的群体对待,但现在的老年人随着生活水平和医疗水平的提高,无论是在身体上还是在寿命上都已经不是过去老年人所能比拟的。六七十岁的年龄虽然退休了但身体还很健康,就像过去的中年人一样。这样,作为年轻人也并没有将他们看作身体羸弱的老人,相反,还是将他们看作与正常人一样。如果老年人真的需要被照顾,比如让座、搀扶等,年轻人是会帮助的。但如果是看起来身子骨还很硬朗的老年人让你照顾他就会产生矛盾,甚至拒绝。记得几年前有一位上班族在网上说,每天早晨起来都想在公共汽车上眯一会儿,但常常被突然上来的一群晨练的老人所打搅,看见他们身穿运动服挺矫健的样子却还要给他们让座,一些让座的年轻人其实心里老大不愿意呢,但也没办法。当然中国的文化与西方的文化存在着极大的差异,就在尊老敬老方面也不一样。笔者在德国生活期间,有一次在地铁上碰到一位老年人就起身给她让座,结果这位老人非常生气地说了我几句,我问旁边的同事这是为什么?同事笑着告诉我,她认为你不尊敬她,因为她并没有提出让你帮助,而且她认为自己身体很好,你这样做不合适。与此类似的是,一次上公交车,前面一家人都上去了,留下个小孩上车很费劲,我想双手把他举上去,但车上的家长说"让他自己上"。我就是带着中国的传统美德却在西方社会常常碰到令人尴尬的事情,这就是文化冲突吧。随着中国社会的改革开放,年轻人更多地接受了现代生活的理念,所以从上述例子中我们也认为这是一种由代沟所引发的文化冲突,而不要学九斤老太发牢骚,什么道德滑坡、世风日下了。

再看"为老不尊"的例子，何为"为老不尊"？那就是老年人做的事情不像老年人做的，有失老年人的体统和尊严；再严重点就是说了或做了违背公理道德的事情，那就会受到人们的谴责和法律的制裁了。像上述案例中提到的老人"为老不尊"不过就是这两方面而已。要说公共场合出现的性骚扰并不是什么新鲜事，但是发生在老年人身上还真是不多。可媒体恰恰就捕捉到了，这也是当今新媒体时代的优势，每个人都可以成为事件记录者。当这样的事情传到网上或在媒体公布出来，当然就是夺眼球的新闻了。在这里人们会问，老年人是经历过世事的，有着丰富的人生经验和阅历，但为什么会做出这样"为老不尊"的事情来呢？这在心理学的解释上是矛盾的，因为老年人不论在体力还是在生理如性功能等方面都处于衰老阶段，一般情况下应该是很少有这样的性冲动的。所以大多数老年人在理智上也是能够克制自己不当的行为的。那么对老年人发生性骚扰的解释也只能是，老年人中的少数人由于受教育程度低，一直有着不健康的生活方式和猥琐的心理，生理机能上的病态和品格上有缺陷并缺乏理智控制。我们还在媒体报道中看到，有些老年人会去嫖妓，爱看黄碟，猥亵幼女。但这些也仅是个案，中国有两亿多的老年人，发生这样"为老不尊"的现象也只勉强达到十万分之几的比率，绝大多数老年人还是中国社会道德和公德的承载者和守护者。所以说，完全不必因为少数老年人做出了"为老不尊"的事情就将所有的老年人都说成是"坏人变老了"和"老人变坏了"，这样对老人不公正的评价其实就是一种"污名化"，被贴上标签的老人群体就会被社会所隔离，也容易形成新的社会关系的矛盾（代际冲突）。所以本文认为，老年群体主流还是健康向上的，媒体报道应当注意避免用夸大事实说话，防止那样极具煽情的话语将老年人视为社会的负担和麻烦。

对网络媒体报道老年人"倚老卖老"与"为老不尊"的进一步思考

近年来媒体多有报道一些老年人的负面新闻，社会对老年人的看法也正在发生变化，这种变化的结果也许是老年人就真的会被社会所遗弃。笔者突然想起了经济学有一个"蝴蝶效应"可以形容一下这种现象。对于这个效应最常见的阐述是："一只南美洲亚马孙河流域热带雨林中的蝴蝶，偶尔扇动了几下翅膀，可以在两周以后引起美国得克萨斯州的一场龙卷风。"其原因就是蝴蝶扇动翅膀的运动，导致其身边的空气系统发生变化，并产生微弱的气流，而微弱的气流的产生又会引起四周空气或其他系统产生相应的变化，由此引起一个连锁反应，最终导致其他系统的极大变化。蝴蝶效应用在社会事件的解释是：一个坏的微小的事件，如果不加以及时地引导、调节，让它肆意地扩大后就会给社会带来非常大的危害，犹如"龙卷风"或"风暴"冲击和改变着人们的道德观念。如今，我们生活在一个网络信息世界，每天都会有巨大的信息量被生产出来，既有正向的真的信息，又有大量的负面的、虚假的和被夸大的信息，这就使人们很难分辨出哪条信息为真哪条为假。因为谁也不可能去验证信息真伪，实际上人们已经被网络媒体所控制和引导。如果说网络媒体对老年人负面的报道也属正常，毕竟一些老年人生出了事端并引起了纠纷，但问题是这些极少数老年人在公共场所的"倚老卖老""为老不尊"，却被媒体渲染后无限地放大了，就是出现了所说的"蝴蝶效应"。比如说，只要发现有老人躺在地上，一般情况下大家都会绕着走，这就是媒体报道所产生的"蝴蝶效应"，不要说什么尊老敬老了，老人生命攸关时路人都无动于衷了。这个社会是不是已经冷漠到这个程度了？这个社会的文明是进步了还是退步了？有网友认为这还不能归为社会的文明退步说，具体来说不就是起因于那一两个媒体报道老人摔倒讹人后，而扩大到整个老人群体中，让所有老人背负了这个恶名声。这种现象就是社会学所谈的"被污名化"了，被污名化的后果就是老人群体被社会所隔离。所以在公共领域一旦老人与年轻人发生冲突，人们首先就会认为这是老人"倚老卖老"，或者"为老不尊"。人们具有这样的先入为主的看法无疑已经严重威胁到老人群体的生存安全和交往信任问题。所以从这方面看，不是这个社会道德滑坡了，也不是这个社会冷漠了，更不是人们的文明素质降低了，而是出现了一个现代性的问题，即现代社会的信任危机。这种信任危机不仅表现在人与人之间，也表现在人与机构之间，如人与医院、法院、基层政府、学校、银行系统，等等。这就是德国社会学家贝克所说的，我们正在进入的这个现代社会也是一个风险社会，我们过去依赖的社会制度出现了最大的危机就是信任危机。

谈到现代社会的信任危机，就不得不思考一下引起信任危机的原因到底是什么？可以说现代社会与传统社会是完全不同的社会形态，用法国社会学家涂尔干的话来说就是传统社会是一个机械团结的社会，团结的力量来自集体意识和共享的价值；而现代社会是一个有机团结的社会，团结的力量来自于相互之间的依赖与信任。而我国正处在这个社会的交替阶段，相互依赖与信任的基础还没建立起来，人与人之间、人与机构之间的交往还是遵守着过去的规则习俗，因此这种关系很容易被破坏掉。就像年轻人对老年人的印象只因一两件坏事就会失去尊敬和信任，而现代媒体网络不仅没有成为加强社会团结的力量，还成了分解社会信任的"捉刀人"。在一个自媒体时代就更加如此了。

那么，网络媒体为什么会出现一边倒的局面，即没有老人们的声音？有网友分析道："老人被污名化，也与他们在网络中的缺席有关。查看下任何'扶老人疑被讹'的新闻的评论，几乎都是年轻人的视角，一边倒地支持年轻人，我们很难找到老年人群体的声音。"如果这样说是这位网友的一种态度或主观看法时，那么这位网友接着拿出的数据就很有说服力了。如"根据最近发布的《中国互联网络发展状况统计报告》，39岁年龄以下的网民比例高达80%；另一个数据显示，新浪微博用户呈现年轻化趋势，19~35岁用户占总户数的70%。当信息平台和舆论平台被年轻人所主宰，他们在选择新闻、解读新闻、评判新闻时，不可避免地将带入这一群体的视角，倾向于选择符合自己的认知框架、价值立场和利益诉求的声音。在网络世界中，谁的地位主导，谁的声音便是主流和'正确'的，而缺席不仅意味着话语权的丧失，也意味着被定义、被标签化"[①]。那么分析到这里我们也清楚了，曾经有人说

---

① 《老人变坏了，还是老人被污名化？》，作者：曾于里 2015-10-13 14:35:00 来源：南周知道 http://www.infzm.com/content/112037。

过老人群体被"污名化",媒体难辞其咎。看来,媒体就是一个工具,是由人来控制着,只有掌握了主流话语的人们才能贴标签。

  网络媒体为什么会老年人缺席,经我们的小范围调查和访谈发现,还不能说老人群体缺席网络媒体,老人群体也是网络媒体的主要受众,但是为什么会遇到问题不发声呢?这要从老人群体的心理上说,他们认为自己已经从工作岗位上退出来了,在社会上属于无用和被照顾的群体,与年轻人争辩不如当个看客省心;再说有些老年人做事不好还不让别人说显得不合情理,人们对老人愿意怎么看就怎么看吧,反正事情没有摊到自己头上也就不管那么多了。这样的心理在老年人中还是很普遍的。但完全不主动参与网络生活,没有声音出现或长期处于缺席状态,那老年人就真会被社会遗弃了。所以老年人对于社会建设和树立公德,与坏人坏事做斗争维护社会秩序等方面还是应当主动参与的,因为我们已经进入了一个老龄社会,对于社会的物质文明和精神文明不仅是分享,还需要老年人做出奉献。

小智库,微建言

  关于"倚老卖老"的问题,我们从社会学结构—功能主义的观点进行分析,中国社会正在从一个传统的集体(机械)团结的社会向现代有机团结的社会转变。在这一转型过程中,必然存在着两种不同的社会文明模式,即传统的整合社会的道德和价值观念在新的一代人身上已经发生了变化。过去,尊老敬老的传统流行在一个集体团结的社会里,集体对个人的认同与约束有着相当大的影响力。而进入现代社会,特别是实行市场经济以来,中国社会的高福利低收入正在改变,个人曾经拥有的单位福利开始转为社会化,社会上许多由集体参与的公共服务(象征性收费)也转变成市场行为。这样,在公共领域诸如人们出行都要购买服务。于是一个冲突的问题就出现了:在公交车和地铁上人们都需要买票上车,而且路途越远票价越高。人们坐在自己的座位上是自己购买的服务,不关涉别人。当车厢出现老年人时,按照以往的道德习俗年轻人理应让座给老年人,但在自己购买服务的市场经济社会里,人们有权利自己做出决定让座还是不让座。特别是乘坐公交车老年人出示老年证后可免费乘车，这也为买票人与免票人之间出了个难题。现代社会制度并没有这样一种约定，这就是说当传统的道德礼仪与市场经济相遇之后，是按照道德行事呢还是按照市场规律行事呢？对中国人来说真是一个两难选择。有网友曾讲过一个经历，一次他乘坐火车到外地出差，到了一个车站后上来好多人，其中有老人和抱孩子的妇女都站在过道上，可以说全车厢没有一个人起来让座，这肯定是不符合中国人的尊老爱幼传统。但人们都是长途又都是花了很多钱买了票，要让座就意味着自己要站很长时间，那不就是牺牲自己成全别人吗？推此及彼，公交车上坐的年轻人是上班族，他们认为老年人是免费休闲族，让座就会出现心理上的冲突。如果老年人客气地请求，大家都会让座的，如果口气不好就会出现纠纷。为此，我们建议，为了维护中国传统"尊老敬老"的美德，应根据时代变化的特点为老年人设免费专车专座。作为老年人应尽量避免上下班时出行，如果需要座位可礼貌客气地向其他乘坐人请求帮助，如出现不让座的也不能以教训的口吻更不能出口伤人。所以，老年人行事一定要符合情理和道德，这样就不会"倚老卖老"了。

关于"为老不尊"的话题显得有点沉重，我们从社会学冲突理论进行分析，本文所举的案例无疑是老年人出现了"越轨"行为，该理论集中于探讨"为什么老年人会在公共场所出现性骚扰？"有证据表明，现代老年人的身体和生理方面要比传统社会的老年人健康得多，因此，老年人有性的需要但社会制度并不允许在家庭以外的场所寻找满足。因此，有老年人会去看黄碟、找暗娼，还有的老年人就会在公共场所对女性进行性骚扰。根源就在于老年人有性的需要以及正常途径不能满足他们性的需要之间的矛盾；部分老年人思想品德不高追求低级趣味，其行为与社会道德、公共领域规范存在着冲突与矛盾；还有社会时代的文明进步与老年人接受新规范教育的不足之间的矛盾。为此我们建议，在一个老龄化社会，越来越多的老年人会重新成为单身，因此对老年人的再婚应当有制度支持和社会机制的保护；老年人不能成为被社会遗弃的群体，他们应该在社会和社区发挥应有的作用，老年人有事情做就会极大地避免因空闲而去追求低级趣味的生活；社会和政府应重视老年教育，办老年大学不仅是"琴棋书画"，还要进行道德教育和法制教育。只有采取这些措施才能最大限度地避免因老年人内在的困惑以及与他人和社会的矛盾所引起的纠纷。

关于老人群体遭"污名化"的问题，我们从社会学相互作用理论寻找解释。"污名化"这一概念源于古希腊，后来在社会学家欧文·戈夫曼的著作里被定义为：它是一种深刻不信任的社会性状，使其拥有者在他人眼中丧失社会信誉或社会价值，受损的身份是其典型特征。具体来说污名就是社会对一些个体或群体贴上的贬低性、侮辱性的标签，被贴上标签的人会产生羞愧、耻辱乃至犯罪感，并会导致社会对其的不公正对待。老人群体由于在当今的网络世界里缺乏主动参与，导致主流媒体的话语出现一边倒的情况，这样就极易将老人群体"污名化"。引起社会青年人对老年人的不满和歧视，从而导致老年人更加孤立无助。这样的情况显然是社会的不和谐现象。在社会转型过程中短暂出现这种情况还说得过去，一旦成为一种持续性的社会风气的话就不是一个正常的社会了。所以污名化老人，一方面使得社会道德陷于危机，没有道德约束社会就会出现混乱；一方面排斥老人会加重社会的年龄歧视，使老人失去参与社会建设和服务的机会；再一方面，会让社会中有"越轨"和违法之人找到借口，说老年人都会越轨年轻人怎就能避免了？为此我们建言，网络媒体应弘扬社会的正能量，不要专找夺人眼球的事情夸大事实，也不要做标题党，借老人之事行哗众取宠之能。作为老年人应该珍惜自己一辈子的名誉和荣誉，这个社会真的很需要大批的"道德老人"，他们不仅是律己做楷模，还要承担起教育晚辈匡正社会风气的重任。这个社会并不是不需要老人，政府出台延迟退休仅仅是第一步，社会建设、社区服务和社会教育将是未来老年人的重点工程和工作目标（北京社区的老人在社区安全方面一直做得很好）。政府在未来的规划中也应将此项工程作为重中之重，当然，这也离不开年轻一代的理解、信任和支持。

从贾敬龙案看村民纠纷为何总是用暴力解决

2016年11月对杀人犯贾敬龙执行死刑引发了人们的高度关注，继而出现了对这一事件的持续讨论。这到底是一件什么样的案件，会在媒体和网络上展开热议？我们先还原一下事件的过程。据媒体报道称，2015年2月19日（大年初一）凌晨4时许，村民贾敬龙驾车来到北高营新村准备举办春节团拜会的会场，将车停在会场附近后步行返回到租住处。当日上午9时许，贾敬龙从租住处携带三把射钉枪和一把经鉴定属枪支的仿真手枪，来到春节团拜会会场，持射钉枪当众朝从主席台上给群众拜完年走到台下的村支书何建华的后脑部射击，射钉贯穿何建华颅脑，致何建华颅脑损伤死亡。这究竟是何等的仇恨会让贾敬龙痛下杀手？原来事情起因于拆迁纠纷。

案发地是北高营村，属河北省石家庄二环边上的一个城中村。该村2009年起开始旧村改造，贾家房屋属拆迁范围，当时认为补偿不合理，但在被停福利之后签订了拆迁协议不久又反悔。最终，还是于2013年在其反对声中被拆除了，那时距贾敬龙的婚期只差18天。这到底是合法的普通拆迁还是一种强拆？有必要说明原因。据媒体记者说明，最初的拆迁并非政府强制征地，而是以村民自愿为原则的旧村改造。在河北"三年大变样"的城镇化号召之下，自治行为转而"半官半民"，获得了政策托底，也受到政府督促。于是，该村改造项目获批之前，安置公告提前发布。安置公告称将实施旧村改造，但事实上，拆迁手续是随后补齐的。根据石家庄市有关规定，改造项目应由各区政府向市城中村改造办公室申报，未经批准，不得实施；并且，改造启动之前，规划方案需报市规划行政主管部门批准。但官方资料显示，前述安置办法公布7个月之后，2010年6月，北高营改造项目方获石家庄市批准，2011年9月，该村旧村改造项目规划总平面才被原则通过。但市政府多次强调旧村改造"市政府主导、区政府负责"，可这份《北高营村旧村改造拆迁协议书》，甲方仅为该村村委会。熟悉拆迁的多名学者、律师告诉记者，法律规定村委会无拆迁主体资格，故所谓"拆迁"只能靠民间自治、协商，"如果个别村民不同意，也没办法，事关私权，不能通过集体投票决定拆除"。如此看来，拆迁属于村委会"强拆"，村民与村委会的纠纷由此而起，村委会有错在前。但是，村民贾敬龙使用非法残忍手段杀人最终造成了两个家庭的悲剧。在核准贾敬龙死刑以后，有许多人在情理上支持贾敬龙，希望"刀下留人"，而法律则从法理上维持了原判。经高院批准，最终于2016年11月15日，贾敬龙被执行死刑。这起由拆迁引起的村民纠纷尘埃落定了，但引发了人们对近几年越来越多的村民不论大小纠纷都采用暴力解决的方式的忧虑。村民为什么不用法律？难道是法律在村一级缺位？村民根本就不懂法？还是村民认为法就是一种当官使用的公权力？也许大部分农村人还是从传统观念上看重情与理而不是法，所以有村民认为好人杀了坏人是应当的，这就出现了全村人联合为犯案人签名求情的事情等。带着这些困惑和问题，我们从媒体报道的一些案例中看看是否可以找到答案。

村民纠纷暴力案件回顾

案例一、小事也能酿惨案

湖北京山县曹武镇七面山村村民李友平因不愿交纳20元的抗旱水费，在哥哥和侄子的帮助下，用杀猪刀将该村党支部书记王章成及其姐夫卢斌、何水关杀死，经过三级法院的审理，近日，经最高人民法院核准为死刑，剥夺政治权利终身。2016年7月7日，荆门市中级人民法院将其执行死刑。该案事由简单，事实清楚，对于悍然杀人的主犯处以极刑也在情理之中，从法律层面而言没有丝毫的质疑。这个村民因为20元抗旱水费而怒杀村支书一家三人的案件为啥会引发主流媒体的聚焦报道？关键就在于案件的背后所折射出的基层治理短板发人深思。无论是对于行凶者，还是受害者来说，这都是一个沉痛的损失，都是一种巨大的伤害。三人死亡，直接导致三个家庭失去了主心骨，三人被判刑也导致三个家庭离散。①

---

① 《村民怒杀村支书暴露基层治理短板》，2016年7月8日，中国网—传媒经济，http：//media.china.com.cn/cmsp/2016-07-08/787714.html。

案例二、因不满土地补贴杀人太轻率

新京报快讯（记者王煜） 2016年12月4日，辽宁沈阳辽中区一名吴姓村民在持刀杀害村会计夫妇后，捅伤村主任，并将两家房屋烧毁，之后行凶村民自杀。作案动机疑涉土地补贴。事发地达子营村一名吴姓村民告诉新京报记者，死者吴某英和陈某是夫妻。吴某英今年已经70岁，一直担任村会计，与行凶者吴某喜平时并无矛盾。而此次事件中的伤者任某某，则是达子营村主任。吴某喜今年约50岁，职业为厨师，平时主要在农村承接红白喜事。事发当日上午，吴某喜持刀将村会计吴某英夫妇杀害后，点燃房屋，转头去找村主任任某某，将其捅伤后，又将任某某房屋点燃。上述吴姓村民称，事发系因吴某喜将自家土地转租，而村里将今年的土地补贴发放给了承租人，引发吴某喜不满。"每年一千块钱的样子，他就为了这个钱。"行凶后，吴某喜在村主任任某某家卧室内自杀，尸体在救火中被发现。沈阳市公安局辽东分局一名工作人员称，对于上述案情，警方不便评论，目前仍在调查中。①

案例三、俩村民亲戚反目，却持刀捅向热心的调解员

连月来，广西壮族自治区柳江县进德镇槎山村沉浸在悲伤的氛围中。年仅35岁的村委副主任、人民调解员余海燕，为调解一起民事纠纷牺牲在调解现场。据了解，曾水生、曾红成是亲戚，为一块土地权属问题发生了纠纷。村委屡次调解无果，遂出具《调解意见书》终止调解，建议双方走诉讼程序。案发当天，曾红成在涉事土地动工，双方发生纠纷。余海燕赶到后，情绪失控的曾水生突然掏出了刀，曾红成见状立即带着3岁的儿子跑回了附近家中，而余海燕却被曾水生连捅9刀，倒在血泊中。②

案例四、暴力拆迁现命案

郑州市公安局5月10日晚发布警情通报：当天16时55分许，我局110

---

① 《村民疑因土地补贴杀害村会计夫妇捅伤村主任》，《新京报》，2016年12月5日。
② 《村民因土地与亲戚发生纠纷，连捅调解员9刀致死》，2016年11月18日，《法制日报》，中国青年网，http://news.youth.cn/sh/201611/t20161118_8860724.htm。

指挥中心接群众报警称,郑州惠济区老鸦陈办事处薛岗村有人持刀行凶。接警后,辖区分局及附近特警巡组火速赶到现场。制止行凶过程中,犯罪嫌疑人叫嚣威胁并开车冲撞,处警民警鸣枪警告无效,果断开枪将其击毙。经警方初查,犯罪嫌疑人范某,男,36 岁,汉族,系惠济区薛岗村人,持刀行凶过程中致三死一伤。目前,案件还在进一步调查中。另据媒体披露,犯罪嫌疑人为河南省郑州市惠济区老鸦陈办事处薛岗村一拆迁村民范华培,其因不满拆迁,将办事处一名副主任和两名拆迁施工工人杀死,另有一名施工工人受伤。①

案例五、村霸横行乡里,殴打村民和记者终犯事

2016 年 8 月,定州市人民法院以寻衅滋事、故意毁坏财物、职务侵占等 7 项罪名,一审判处孟玲芬有期徒刑 20 年,并处罚金人民币 15.5 万元。这个猖狂跋扈的女村主任之所以落入法网,是因记者接到村民举报到村采访时,孟玲芬竟然带人殴打村民和记者一事引起的。此事曝光后,孟玲芬被停职调查,随后牵出其自 2012 年起的一系列犯罪行为。"如果不是因为殴打记者而被媒体曝光,这个村主任的恶行什么时候才能得以打击?"孟玲芬被抓后,诸多网友发出如此评论。事实上,由于目前对农村干部的监管存在机制不健全、管理不规范、监督力度不够等问题,各级部门对于出现的村干部违法犯罪问题不能及时处理,一定程度上滋长了这些问题村干部的腐败及违法犯罪行为。②

上述案例也仅是反映村民纠纷的一些具有典型性的暴力案例,可以说使用暴力解决问题的村民纠纷几乎每天都在发生。从上述案例中我们看到,既有小的事情演变成杀人命案,又有村民与村干部的矛盾爆发,还有由于拆迁、拆违、征地引起的涉及利益的纠纷、武力冲突和命案。

---

① 《村民不满拆迁杀死三人被击毙,网友哀叹拆迁暴力何时休》,2016 年 5 月 11 日,中国搜索,http://jiangsu.china.com.cn/html/jsnews/society/5527869_1.html。

② 《河北贪腐农村干部占七成 村官恶行曝光殴打记者》,2016 年 10 月 9 日,网易,http://www.morningpost.com.cn/2016/1009/1515157_2.shtml。

村民纠纷暴力频发，凸显乡村治理缺位

中国是一个古老的农业社会，乡村治理一直是保持社会稳定和社会发展的重中之重。历朝历代都对乡村治理给予了极大的重视，并逐渐形成了日臻完善的乡村治理模式，诸如，乡绅治理、宗族（法）治理、道德治理、行政治理和户籍治理等。这些治理模式在一个人口结构稳定的农业社会具有极强的效力，因此，一个以熟人社会为主的乡村非常具有秩序，当然维系这个秩序的还有乡村特有的文化和教育。古书记载，在周代以后，学校教育在乡村中普遍出现，所谓的村有塾、乡有校、党有庠、术有序，学生学习六艺，其中礼乐就是教做人、怎样与人相处、如何成为仁者的学问。这说明中国的乡村一直是重视人的礼仪教育和尊礼重教的地方，因此，我们可以说如今在城市里生活的人们最缺失的就是这种礼仪，而在一些传统的农村地区，一些传统的礼仪还保留至今天，但是在新的一代人身上开始淡化甚至消失了，这当然与人口流动和城市化进程有关。因此我们认为，农村秩序的破坏首先是文化和习俗上的，其次是社会结构上的。前者表现为乡村教育的式微和宗法制度的消失，后者则是在流动过程中的人口比例失调和农村凋敝。

如今，在改革开放以后，随着城市化进程加速，农村土地带来了比播种要大几十几百甚至上千上万倍的利润，于是村一级政府、乡县一级政府、地区和省政府都将土地看作是经济起飞的巨大资本，于是"土地财政"便开始从最底层社会运作起来，这就必然涉及依赖土地生存的人们。

自从有了土地财政的说法，农村地区的治理就开始让位于利益博弈。比如刚开始的城镇化运动让农民以宅基地和土地换取"上楼"，谁知不久就变成了某种程度的"强迫"上楼了，因为上楼的交换是一种不公平的交换，算过账来的农民就开始认真地对待利益得失了。现在来看，农村地区之所以还没有崩溃，不是治理的结果，而是始终处于利益博弈的胶着中，这也许是一场持久的拉锯战。尽管农民外出打工了，村落变成空壳了，但他们还不会放弃这块属于自己的土地，一有问题，他们就会赶回来"理论""协商""交易"。如果没有一个公平的杠杆，即制度保证的话，"理论""协商""交易"

就会变成强制强迫。正是缺失公平这个根本性的矛盾，引发了越来越多的村民纠纷和冲突。因此，我们说，乡村治理不是越来越难治理，而是根本就不存在着中央政府所倡导的"新农村"治理理念和行动。中央政府所谈的治理与滥用权力是完全不同的概念，前者是以保护农民的自身利益而展开的公共事业，即我们说的以人为本；后者是官本位的强管强压。从这一方面看，我们认为，之所以今天农村有些地区出现暴力事件和杀人犯罪，难道不是与相关部门的治理缺位有关吗？

对当前村民纠纷暴力事件的再思考

从社会学角度去分析当前村民纠纷暴力事件，笔者也比较认可是村民法律观念不强，社会处于转型期间的底层社会失序造成的。但是在这里笔者想从社会学三种取向上看，是否能找到农村社会产生失序状态的原因，即农村社会失序的原因究竟是什么？

根据社会学结构—功能主义的观点看，农村社会也是一个有机的整体，它是由各个相互联系着的方面构成的。帕森斯认为，这个社会系统又分成三个主要的方面，每个方面都有它自身的功能，这三个方面是人格系统、社会系统、文化系统。其控制等级为：文化系统控制着社会系统，社会系统控制着人格系统。举例来说，在传统的中国农村社会，文化系统是由儒家的核心价值组成的，这个核心价值就是"仁"，由"仁"具体化为仁爱、礼乐、信义、孝悌、忠恕、恭敬等方面。而社会系统的秩序就是由这样的儒家核心价值构成的文化系统所控制，通过礼乐建立起"君君、臣臣、父父、子子"的等级社会秩序。人格系统则由"三纲五常"所塑造和控制。可以说，这样的社会是有秩序的，但不能说是好社会（关于封建社会已经有定性，这里不再从价值上讨论）。在这样的社会里，人的思想受到文化的影响和制约，人的身体受到了社会结构和制度的约束和调节。可以说，中国农村社会长期以来一直处于最稳定的结构之中，正是这种儒家的核心价值，通过宗法等社会制度对农村村民进行治理。过去，乡绅在农村有很大的话语权和威信，就在于乡绅是文化的化身，乡绅治理农村社会靠的是以儒家核心价值进行说理，因此，很长时间以来农村社会最重视"情与理"，而对所谓的"法"则较少重视。进入现代社会以后，农村乡绅治理的模式被打破了，儒家核心价值渐渐被抛弃，政府强调要让村民们学法懂法，依法治国、依法治乡、以法治村。但农村地区一直还是重视"情与理"，对事物的判断还是依照"情与理"而不是法。这就出现了这种传统观念和现代社会治理理念的冲突，即村民认定的是这件事符合不符合"情与理"，而不是符合不符合法。这种情理与法的不相容就导致了矛盾和冲突。在这里我们想说明的是，大部分村民之间的纠纷可能是各自认定的"情与理"不同导致的，而村民与相关部门的冲突大都是由于权力、制度不符合村民的"情与理"造成的。原因找到了，那么我们是否可以"因势利导"，毕竟村民是讲理的，在文化系统上真正建立起"社会主义核心价值"，社会制度和法律更加客观公平，让村民在人格上受到尊重，正确对待情、理、法的关系，这样农村的社会秩序一定会重新恢复和建立起来。

根据社会学冲突理论，寻找农村社会失序的根源与结构功能主义有着不同的路径和解释。关于村民纠纷和暴力事件不断增多的事实可以看作一种社会失序状态，但社会失序源于社会的断裂（孙立平语）。在这里冲突理论更多的关注是社会为什么会发生断裂？这就要从中国社会大转型的过程中去分析。中国社会的转型出现了社会结构上的断裂，即原有的城乡差别、地区差别（东西部）和贫富差别更大了，如果说过去的差别还不至于出现社会的断裂，而今天的社会断裂（也有说是两极分化，还有碎片化）无疑已经是铁的事实了。还有一种断裂也是社会结构方面的，即经济体制的改革与发展远远快于政治体制的改革与发展，所以在市场经济的发展中就出现了两种不同的声音，一是强调市场经济的自然与自由的属性，一切由看不见的手进行调节，而不需要人为的干预和控制；另一种声音是市场经济不能完全按照自然特性自由发展，政府的干预和调控是必需的也是富有成效的。理论上的争论还在进行，政府的目标还没有清晰地建立起来，正在"摸着石头过河"，但实际的市场经济已经开始有了更大的自由空间，如股市、房地产业、私人企业与商业等快速发展起来。于是，市场与政府越来越感到不协调，两者间爆发出来的矛盾也越来越多。原来统一的行政体制与经济体制开始发生断裂，经济的快速发展给管理带来问题，这也倒逼管理体制进行改革。当这一切都在进行中时，新的社会秩序尚未建立起来，所以社会处在一种失序状态。而农村问题的爆发恰恰是社会失序造成的，因为经济体制的改革使得农民拥有了一定的产权和土地自主经营权，另外一方面政治体制改革滞后使得对农村人的行政管理还是以强制的老办法。所以说，农村纠纷和暴力最终是由社会结构上的断裂造成的。这种社会断裂一旦出现是不可能在短期内修复的，客观地说，现在的主要工作不是要及时地缩小城乡差别，而是在现有差别的基础上如何让农民能保住自己的利益不受损失，如何能让他们си致富。不要总是纠缠在差别扩大上，因为你根本无法去缩小这个差别。应该考虑的是"穷者改变贫穷开始致富"，"富者靠正当守法经营越来越富"。所以不寄希望这个社会很快就能公平起来，而是希望在涉及利益上特别是弱势群体农民的利益上，做到公平交易和合理补偿，这样就能有效减少村民之间的纠纷和与相关部门的矛盾。

从社会学相互作用论上看，与上述两种理论不同，这一理论并不将村民纠纷使用暴力归因于社会失序和社会断裂，而是从一种微观的个人认知上和互动的习惯上看问题。诸如，村民出现了纠纷和矛盾时，一定是双方所认定的情与理有了差别（过去常有受尊敬的老人或乡绅协调），都认为自己遭受了不公平的对待。那么，相互作用理论好奇于村民是怎样看待公平的，根据什么来评判公平与否？如果找到这个原因也许就会揭开发生纠纷的两位行动者的内在动机和评判尺度（习惯）。当然交换与交易的公平理论在心理学上已经是很成熟了，诸如亚当斯的公平理论。但是从社会学的角度看待公平，一定要从文化上去寻找。农村人在日常生活中有一种处理问题的公平标准（习惯），这个公平不一定是百分百精确的物物交易，而是一种情感与心理上的平衡。就是要符合之前所说的情与理，农民太看重这个情与理了。中国有句俗语叫"礼尚往来"就是最先出现在农村社会的人际交往上的，比如我们常在农村看到一种现象，就是到了夏收和秋收季节，或是谁家盖房子，大家都会出工帮把手。今后一旦你家也有事情需要大家帮忙时大家一定都会去，乡村邻里就是这样构成了一个情与理的生活。所以，即使现在，农民也是认着情与理，而这也是判断公平的最主要依据。还有生活中不可能没有矛盾，而一旦出现矛盾了该怎样处理呢？举例来说，明朝山东济阳有个叫董笃行的在京城做官。一日，接到家信，说因盖房砌墙与邻居发生争执，让董笃行用官方的权力来压一压。董看后，马上给家里人回了一封信："千里捎书只为墙，不禁使我笑断肠。你仁我义结近邻，让出两墙又何妨？"家人看信后，便让出了两墙之地。邻居知道后，很受感动，也主动向后让出两墙之地。这样中间就让出了一块空地，人称"仁义胡同"。诸如此类的乡村故事很多，所以说农村人还是很重视仁义、美德的。而现在却只能是通过利益来判断公平，你说农村社会是进步了还是退步了？因此，建设新农村不是让村民都上了楼、都在经济生活中富裕了，更重要的是怎样建立和谐的人际关系与和谐的农村社会。所以说，进行农村法治建设的同时，传统的文化观念——情与理是不是也应该因势利导发扬光大呢？

从社会学结构—功能主义的观点来看，村民纠纷暴力主要源于制度缺陷和社会失序。社会转型作为一种巨大的社会变迁冲击了原有的制度和功能，改变了人们的观念和习惯。以情与理建构起来的农村社会秩序开始向利益与法的现代社会秩序转变，这一过程中，村民们在观念上开始将情与理、利益与法混乱起来。即合法获得的利益可能不符合村民认定的情与理，这样也会产生纠纷，村民认为维护自己的利益符合情与理但不合法也会与政府产生矛盾。因为政府是按照法律行事的，村民是按照情与理行事的。所参照的依据和判断的标准不同导致纠纷和暴力事件不断发生，显现转型社会处在一种失序状态。因此我们建议，根据农村社会的特殊情况，恢复和建立社会秩序是一个渐进的过程，完全以法律和行政手段建立农村社会秩序就出现了现在的纠纷和暴力事件频发，而应当在情、理、法上达到协调一致，建立一个适合农村社会特点的现代社会制度，这样才能使目前正在失序的农村社会恢复到正常状态。

从社会学冲突理论的角度看，村民纠纷暴力源于农村社会存在着不同的利益集团，而农民因没有权力成为乌合之众，涉及共同利益时会团结起来，一般情况下是各自为政，各自去获得一些属于自己的资源，因此常常是分散的，而且彼此之间还会因为利益问题互相争夺，正如前面案例中所看到的村民纠纷。当开始拆迁、征地而涉及所有村民利益时，这时村民们会组织起来抗衡，曾经轰动全国的"乌坎事件"就是因为村干部私下交易土地获取巨大利益的腐败行为引起了村民的不满和抗议，最终将村干部告倒，村民自己选出村干部才结束了这场斗争。由于城市化进程加速，土地的自身价值在最近的二十几年一路暴涨，其巨大的利润价值让村长这个最小的村官也身价暴涨，村民民主选举村长就开始走样，这就导致了农村社会情况恶化，随便违法买卖土地、强拆强征、欺压百姓的事情常有发生。为此我们建议，首先，规范行政作为，禁止滥用权力，杜绝土地财政的念头，其实发土地财就是发老百姓的财、发国家的财。其次，出台土地归属于使用的法律细则，明确产权属性和保护保障农民利益的法律法规，让百姓有法可依有法可靠。再次，回归相关部门的人民性质和服务职能，规范农村非耕土地与农村宅基地的买卖与租赁，规范市场并建立起相应的监管机制。

从社会学相互作用论来看，农村社会一直以来是一个契约社会，人们之间的交往并不是靠着像西方社会所说的"经济人"的工具理性，而是一种熟人社会的相互信任机制，信任的维持靠的是"情与理"。凡符合情与理的事情可以谦让忍让，这就保持了农村社会的和谐与稳定。如今社会转型，农村社会的这种传统契约制度被打破了，契约精神屡被破坏，人们之间的信任也发生了危机。在土地等涉及各种利益面前不得不进行斗争和博弈，由于常常是一种不公平的被迫的交易，抗拒和阻碍的行为就不断发生。鉴于这种不正常情况经常发生，我们建议，首先，应当秉公办事，执政为民，以真正解决老百姓的困难和问题去下访，与群众打成一片，这对恢复群众对政府的信任至关重要。其次，村民之间还是要以诚相待，对待利益纠纷可协商也可让人去调解，建立互信的关系，继续恢复以往的契约社会。再次，维护好农村的契约社会还需要法律的健全，有法律保障，农民才可过上放心的日子。这样，农村社会因为纠纷发生的暴力，特别是恶性暴力事件就会极大地减少和杜绝。

新政下网约车向何方?

2016年7月27日交通部、工信部、公安部、商务部等七部委颁布《网络预约出租汽车经营管理暂行办法》，共享经济浪潮下发展势头迅猛的网约车行业终于有规可循。然而就在不到两个月后的10月8日，北京、上海、广州、深圳四大城市接连发布网约车管理细则征求意见稿，与国家部委公布的《暂行办法》相对宽松的态度不同，四大一线城市出台的地方法规相当严苛。北京和上海拟规定网约车驾驶员须为本市户籍、车辆本地牌照或注册车辆，且驾驶员必须持有本市公安机关核发的机动车驾驶证，深圳拟规定户籍或居住证均可，广州未做户籍方面规定，但在车龄方面，深圳要求运营车辆必须为两年以内新车，广州要求为一年以内新车。此外，对于车辆状况也有具体规定，如北京规定车辆必须为1.8T及2700毫米轴距以上轿车，车辆需登记使用性质为"预约出租客运"，仅能登记在一个网约车或巡游车平台之下，安装服务终端、卫星定位装置等，且经营许可期限不能超过8年，行驶里程超过60万公里时强制报废。

一石激起千层浪，网约车新政落地引发社会高度关注，以滴滴打车为代表的网约车平台迅速做出反应，当天便发表声明与有关部门商榷；公共媒体积极报道各方解读，对于新政草案褒贬不一；普通百姓更是在社交媒体上展开热烈讨论，关注焦点集中在"京人京车""沪籍沪牌"的严格限制之上。

网约车的出现打破了传统出租车行业的运营模式，利用移动终端和网络技术构建起的约车平台在价格和便捷程度上都具有极大优势，被认为改善了千万人的出行条件。国家办法和地方规定的出台一方面正式赋予了网约车合法化身份，另一方面对其展开监管也是促进其健康发展的重要一步，但却引来了多方争议，网约车管理究竟难在哪里？新政实施后的网约车行业又将走向何方？

人口、车流：谁该为"大城市病"埋单？

网约车管理引发争议的一个重要原因是对于驾驶员的户籍限制，许多人指出在职业岗位上设置户籍限制涉嫌地域歧视和地方保护,尽管传统出租车行业也有户籍限制,但是这只是过去的规章制度,早就应当被改革。从客观结果上看,只允许北京人在北京靠网约车赚钱、只允许上海人在上海靠网约车赚钱,的确让人心里"不那么舒服",很容易联想到地域歧视和地方保护的相关议题,就如同高考中北大清华在京录取比例的问题一样敏感。但从政策制定出发点上来考虑,问题就会呈现出另外一种面向。

北京和上海作为中国的政治文化中心和经济中心,是内地发展速度最快、城市规模最大的两座城市。在城市化进程快速推进的过程中,人口膨胀、交通拥挤、住房困难、环境恶化、资源紧张等诸多问题也接踵而至,这些症状构成的"大城市病"严重困扰着中国的一线城市,北京和上海自然首当其冲。近几年来,"逃离北上广"成为热门口号,人们原本对于一线城市的憧憬在雾霾、拥堵、高房价中一点点消磨殆尽。因此,治理"大城市病"逐渐成为许多城市的工作重心之一,北京和上海都大刀阔斧地展开了"疏解非核心功能"治理改革。

2015年7月,北京市提出了以"疏功能、减人口"为核心的发展战略,提出"控"与"疏"双管齐下、严控新增人口,并制定了2020年时将人口控制在2300万以内、中心城区力争疏解15%人口的规划目标。① 在2016年1月公布的"十三五"规划纲要中,上海市同样提出了建设城市多中心功能体系、疏解非核心功能的发展方向。

将迅速发展的网约车行业放到特大城市整体发展方向的大背景下来考察,我们便可以看出地方政府制定管理细则的政策出发点究竟是什么。以上海为例,滴滴公司在官方声明中指出,新政实施之后,上海符合要求的供给车辆将骤减4/5,网约车司机将从41万减少到1万,这说明有40万外地户籍人口和约40万辆外地牌照车在上海从事网约车业务。而在北京,网约车行业自然同样吸引了大批来自周边省份和城市的车辆涌入。在"疏功能、减

---

① 《聚焦北京解决"大城市病"破局之变:中心城区疏解15%人口》,新华网,2015年7月12日,http://news.xinhuanet.com/local/2015-07/12/c_1115895848.htm。

人口"的硬性目标之下，网约车行业显然成为城市治理取得成效的重要"突破口"之一，城市管理者不惜顶着"地域歧视"的帽子选择由此入手来缓解人口压力，也就不难理解了。

况且，除人口问题以外，交通拥堵问题也是使网约车处在风口浪尖的原因之一。对于网约车的增长是否造成了城市道路拥堵的争论始终没有停止。北京交通大学交通系统科学与工程研究院闫学东教授课题组利用滴滴出行的大数据、以滴滴订单的平均行程速度为核心指标，分别对北京市域总行程速度、高峰行程速度、局部行程速度、达到重要交通集散地的行程速度、出行距离特性、节假日的交通以及季节性交通等特征和趋势进行研究分析，总结归纳了北京市道路交通运行特征与规律。他们的研究成果表明，2015年中，尽管滴滴订单量大幅度上升，达到日均50万单规模，但市域日均行程速度保持平稳震荡，没有下降趋势。在订单量上涨的第一阶段（2015年5月~2015年7月中旬）以及第二阶段（2015年10月中旬~2016年1月），北京市域日均行程速度平稳震荡，并无明显上升或下降趋势。①也就是说，不能认为网约车服务的出现加剧了北京市的道路拥堵状况。

而从高德地图发布的《2015年第二季度中国主要城市交通分析报告》中看，中国主要城市的汽车保有量每月间持续低速增长，但2015年第二季度交通指数增长趋势与2014年相比却呈现出了相反的趋势，说明汽车保有量的放缓并没有解决城市拥堵问题，那么什么影响了城市拥堵问题呢？高德数据分析师指出，2015年5月份互联网快车出现后，交通拥堵延时指数较去年同期约上升13%，其峰值拥堵程度也频繁刷新原有2014年最高纪录，且北京、广州、杭州、深圳等专车、快车主要城市，其进入2015年5月后拥堵程度明显加重，而这个时间点正是快车在这些城市大规模上线前后。因而认为互联网专车、快车等新的出行模式对多地城市交通的拥堵程度产生了影响。

应当注意的是，以上两方对于网约车是否加重了交通拥堵的问题存在争

---

① 《北交大报告：网约车不是道路拥堵直接原因》，《京华时报》，2016年11月4日。

议，使用的均为 2015 年数据，即网约车刚刚出现时对城市交通的影响。但时至今日，外地牌照车辆大量进京时，对于"网约车加重交通拥堵"观点的反驳便显得无力许多。如滴滴公关部门对"大量外地车源进入本地接单是否加重交通拥堵"的问题进行回应时，称"外地车源是一直存在的，有车源进来接单说明市民有强烈的出行需求。正是因为有这个出行需求，才会有专车车源出现的，而且专车本来就是登记在册的车源，车的总量是没有增多"[①]。简单而言，滴滴拒绝为城市拥堵"背黑锅"。但这一反驳强调的是供给与需求之间的市场调节机制，但"车的总量没有增多"指的自然是全国范围内车辆总数没有增多，实际上并没有正面回答外地汽车进入特大城市内部运营是否加重交通负担的问题。

从共享经济的出发点来看，网约车平台通过共享私家车使用权并获得一定经济报酬的方式整合了闲散的社会资源，丰富了公共交通种类。"共享"的概念底色原本是"绿色"，是环保高效，但如果在发展过程中没有加以良好规制，也会出现一系列非预期后果。人口的膨胀、车流的拥挤是摆在中国特大城市管理者面前的一座大山，同样，也自然就成为网约车行业发展不得不面对的难关。

供给、需求：网约车市场要向谁敞开？

网约车平台通过移动端为供给端和需求端搭建起了信息渠道，在供不应求的市场中扩大了车辆供给，也在一定程度上解决了大城市"打车难""打车贵"的问题，但我们也应该看到，网约车同时解决这两个问题需要很多特殊条件，当这些条件被限制，这种原本便民利民的出行方式也就大打折扣了。

网约车新政限制户籍、牌照、车况等多方面因素后，网约车和网约车司机都将大幅度削减。滴滴在官方声明中给出的上海市数据表明，新政实施之后，符合要求的网约车数量将骤减 4/5，司机数量更是将从 41 万减少至 1 万。

---

① http：//mycaijing.com.cn/news/2015/08/27/138758.

无论这个数据是否有夸张成分，我们至少可以看出在大城市中支撑起网约车行业规模的实际上是外地人、外地车，这些人一旦被裁减，就又会出现供不应求的卖方市场。况且，新政规定网约车公司须设置实体分支机构，并缴纳承运人保险、乘客意外伤害险等保险及其他相关管理费用，如此一来网约车运营成本必然成倍上升。原本以价格低廉作为重要砝码的网约车也将失去这一优势，成为少部分愿意承担较高出行费用、追求更好用户体验的城市居民的消费方式，而这部分人群是否有足够强的消费意愿、能否支撑住整个网约车行业，我们就不得而知了。

　　2016年8月1日，滴滴出行宣布与优步达成战略协议，收购优步中国的品牌、业务、数据等全部资产。而就在宣布合并的一个月前，国家部委颁布了鼓励网约车发展的管理办法，赋予了网约车合法身份。因此评论者普遍认为滴滴收购优步中国这一里程碑式的交易标志着中国共享出行行业进入了崭新的发展阶段。而在收购完成之后，基本形成行业垄断的滴滴出行立刻采取了减少司机补贴和提升打车价格的策略来获取利润。尽管网约车司机抱怨"赚得少了"，消费者吐槽"打车贵了"，但这似乎并没有对网约车发展产生影响。消费者很大程度上已经被培养起了使用打车软件的消费习惯，并在涨价后保持了消费惯性。

　　与此同时，外地司机和外地车辆也越来越多地进入本地运营，不但出现了如前文所述的人口、车辆涌入造成"大城市病"加剧问题，还出现了一批因为监管困难产生安全隐患的恶性事件。

　　根据《南风窗》记者的梳理，我们可以看到没有受到合理监管的网约车行业存在着巨大的安全隐患——"5月9日，天津女乘客'有图有真相'地举报滴滴司机裸露下体开车；5月3日，广州的李小姐因车资不合理与滴滴司机发生争执，对方威胁要剁掉其父两根手指；4月30日，海口4名高中女生报案，其乘坐的滴滴快车司机竟在开车途中自慰；4月份，重庆的周女士遭Uber司机扇耳光并咬伤胳膊；更早前，还有女乘客被司机强奸。其中最为严重的一次，发生在5月3日，深圳一名小学女老师乘坐滴滴网约车被司机抢劫并杀害。"①

类似的恶性事件触目惊心，其根源正在于网约车行业没能制定合理有效的管理规范。如果在网约车平台上使用假名、杜撰车牌号和车辆型号、身份证号，也可能通过审核开始接单，或者伪造身份信息、车辆信息也能顺利成为运营司机，那么这种危害公共安全的事件就会接连不断。从这个角度来看，减少司机数量，严格准入门槛势在必行。

支持新政的观点还认为，网约车对接的本来就应该是市场的高端需求，网约车队伍迅速扩大使得车辆空驶时间增加，在供给过剩的情况下就应该要求资质不佳的司机退出市场。

那么接下来的问题就是，网约车对接的究竟是市场高端需求，还是同样应对低端市场敞开呢？

熟悉网约车的消费者知道，无论是滴滴还是优步，都至少存在两种服务可供选择，即"专车"和"快车"，前者主要由高端车辆品牌构成，打车费用也较为高昂，后者则是我们平时更经常使用的、比巡游出租车价格更为低廉的一类网约车。应该说"快车"的出现使得许多原本没有打车习惯或需求的消费者选择了利用手机软件打车出行，因为在"快车"刚刚出现的一段时间内，市场开拓和市场竞争的需要使消费者获得了丰厚的价格补贴，从而促进了消费需求的增长，也因此产生了对低端市场的利好，简单来说，百姓可以用更便宜的价格打到车，也产生了更多就业岗位，这几乎是继淘宝网以后最成功的"互联网+"模式范本。而这种行业，投入和开发的必然是百姓的刚性需求，或者更具体地说，是将原本非刚性的需求，通过更加良好的综合体验和一段时间的培养转变成了刚性需求。比如在淘宝网等电商远远不像今天这样普及的时候，几乎没有人会想到几年之内网络购物便会几乎成为一种全民必需服务的存在，甚至到国外生活学习的国人对于尚不发达的网络购物和物流平台会感到非常不适，感慨"在国外最想念'万能的淘宝'"，更无法想象到了2016年，淘宝"双十一"的营业额能够高达1207亿元。

---

① 《恶性事件不断，C2C 网约车四面楚歌》，《南风窗》，2016 年 5 月 18 日。

网约车也是一样，作为"衣食住行"中的"行"，交通需求的重要性自不必说。根据滴滴提供的数据可以看到仅在北京地区每天来往于地铁站和写字楼、商场和住宅之间的网约车出行量就有 27.8 万人次。新政不但对户籍和牌照进行了规定，还对车辆轴距、排量提出了要求，提高了网约车行业的车辆档次，那么在数量减少、质量提高的情况下，网约车价格必然上升，从而使得网约车与传统出租车在用车价格上产生区隔，不再构成激烈的竞争关系，也就是使网约车退回到了价格较为昂贵的"专车"阶段，从而仅面向市场的高端需求运营。然而这样的倒退，消费者和网约车企业能够承受吗？

在大城市中满足人们刚性的出行需求既是政府的责任，也是商业资本的机遇。在"大众创业，万众创新"的浪潮下，网约车行业对于经济发展的推动作用受到了国家肯定，但地方法规的限制却与中央精神的鼓励形成了鲜明的对比。地方政府有诸多方面的考量，但在激进改革的同时，是否也应当更加重视民生需求的满足和配套措施的跟进呢？

前景、出路：网约车行业将走向何方？

北、上、广、深四座城市的新政引发了许多人对网约车前景的担忧，但我们也应当看到，即使没有新政的出台，网约车行业本身也存在着诸多问题亟待解决。在讨论网约车行业的发展时，我们关注的其实不仅仅是这一个新兴行业或是几家公司经营和盈利模式的问题，更重要的是城市整体的发展方向和政府—市场如何取得良好互动的问题。

从这个角度进行总结，网约车问题背后实际上涉及了诸多深层次问题，比如城市化视角下的城市规划、环境保护问题；劳动领域的就业机会、就业公平问题；市场在供需关系调节中的效率问题；政策制定者在多方利益平衡中的决策问题；城市交通未来的发展方向问题；等等。互联网公司主导下的交通市场对于社会发展是一个新的挑战，但在明晰企业经营目标和政府行政目标的基础上，我们或许可以对其进行初步的分析和展望。

首先我们从网约车企业的发展角度来入手讨论。企业经营的目标是盈利，前文已经提到，即便没有新政的出台，网约车行业本身也存在许多问题，比如管理不善导致的恶性事件、不断涨价带来的客户流失、发展前期高额补贴带来的资金缺口等，这些问题如果不能妥善解决也会使得网约车丧失其艰难建立起的相对优势。更何况，新政已经落地，行业发展不可能重于城市交通拥挤、人口膨胀、环境恶化问题的改善。在各种限制条件下，网约车企业可能寻找到突破口的路径似乎并不多。

短期来看，安全问题和盈利协调问题是可以通过企业对管理模式的改进和对定价更为精准的计算来实现的，而"牌照"和"户籍"才是真正棘手的问题，原本作为 C2C 平台的网约车企业只需要连接起供给双方即可，但在新政出台后就不得不面对争夺牌照以保证车辆供给的问题。在目前的情况下，政府部门只会更加严格地限制汽车牌照的发放，也会对现有汽车、牌照存量盘活比例进行控制。而户籍的限制也很难解决，普遍观点认为本地人很少愿意从事网约车行业。因此争取自营牌照和吸引本地司机应该成为网约车发展的重点之一。

长期来看，人们从出租车转向网约车可能只是人类交通史上很小的一步，作为互联网公司的网约车企业和科技创新企业仍然存在重要差别。共享经济是基于人类行动产生的一种商业模式，但城市交通出行的未来绝不会只停留在"软件"更新之上，新能源汽车乃至无人驾驶汽车的多种"硬科技"一定会成为一个重要的分水岭。无论是选择和科技公司合作，还是进行公司转型，这一契机都不应该被忽视。

另一方面，从政府角度考虑，在包括经济发展、环境保护、保证民生、分配公平等多重目标之下，如何管理和服务网约车这一新兴行业的发展也是十分头疼的问题。第一步仍然应该是对城市问题和城市问题发生的根源进行更合理的论证，既不能让网约车为城市的拥堵问题"背黑锅"，也不能忽视其可能造成或者已经造成的种种后果。

而在改善民生方面，自然既要重视环境问题、拥堵问题，也要重视刚性出行需求的满足问题。新政之所以引发争议，企业、民众怨声颇多，很大程度上就是因为在人们已经养成了对网约车的消费习惯之后，突然对网约车进行非常激进的存量改革。仍然用网络购物平台作为对比，如果政府认为网络购物存在很大风险、质量参差不齐等问题，忽然要求平台上的大部分商家在几个月之内停止运营，会造成怎样的后果？网约车平台只是在规模和体量上远不及网络购物平台的影响力大而已，但这不应该成为其遭遇激进改革的理由。

更重要的是，如果对网约车行业进行规范和管理，就必须推进其他种类公共交通配套措施的推进以保证市民出行需求的满足。两者能否齐头并进，也是影响政策实行效果的重要因素，在政府和正规市场都不能提供充足的出行供给时，"黑市"就很可能出现。正如同交通方式较少、交通线路单一时会出现的"黑摩的""黑车"一样，再严格的监管和打击，都没办法从根本上杜绝黑市的出现。只有通过正式渠道保证供给，才能使需求得到健康、合理的满足。

另外，关于城市交通的未来，在前面的讨论中我们一直忽略了一个行业群体，那就是在网约车迅猛发展势头下受到冲击的出租车企业和出租车司机。

回顾网约车的发展历史，我们可以看到某种程度上讲，以滴滴出行为代表的网约车企业最初是利用传统出租车行业起步的。最初，滴滴出行提供的服务是为出租车司机安装叫车软件，目标是减少空驶率，也就是提升出租车的利用效率，对于司机来讲接单更有保证、自主选择权也更大，从那时开始，出现了在繁华商圈没有打车软件几乎打不到出租车的情况。此时的滴滴出行还是一个纯粹的"平台"，仅仅是连接起了乘客与出租车司机，但仅凭这一功能就积累了大量客户。之后，滴滴才推出了专车服务，不过此时的"专车"面向的是相对高端的需求，和出租车行业尚未构成明显的竞争态势。但在价格低廉的"快车"服务推出之后，对出租车行业的威胁才正式显露出来。也就在这时，北京市相关部门才开始对滴滴公司提出质疑，认为其接入私家车从事客运服务涉嫌违反法律规定。政府主导的出租车行业和商业运营的网约车服务正式拉开对局，结果我们都已经看到，在官方法规方面，网约车获得了合法身份；在消费者面前，网约车更是深入人心。

就像我们好奇网购迅速发展时实体商店是否能够存活、电子书快速普及时纸质书能否存续一样，传统出租车行业在网约车服务的增长面前是否会逐渐消失呢？仅北京就有超过10万名出租车司机，他们目前的状态如何，也需要更加深入全面的调查和分析。

总之，网约车的发展其实是互联网时代的又一个新兴事物，也成为互联网对人们生活进行全面介入和革新的重要部分，也和现代城市的发展建设休戚相关。网约车发展的过程中，中央和地方、政府和企业、政企和私企的博弈都在进行，最好的结果当然不是在他们中决出胜负高下，而是能够在相互协调、在平衡中真正达到"城市，使生活更美好"的发展愿景。

小智库，微建言

从社会学结构—功能主义的理论视角切入，网约车的发展隶属于社会系统中的经济系统，这一系统发挥着确保系统能够从环境中获得所需资源，并在系统内加以分配的功能作用。互联网时代的到来对于社会空间和社会结构的变化正产生着深远影响，网约车行业的兴起使我们看到了人与人、人与车相互联系的新模式。但作为承担交通功能的一种出行方式，它也引发了诸如人口聚集、车辆拥堵加剧的问题。那么如何进一步发挥其促进就业、拉动消费的正功能，减弱甚至消除其反功能，则是政府部门和商业资本都需要考虑的问题，因为对于社会秩序稳定和社会均衡发展弊大于利的机制体制，是无法长久存在下去的。

社会学冲突论则聚焦于人们的利益平衡机制，网约车利用互联网技术更新了人们的出行方式，也正在对于这一领域的利益格局进行洗牌。传统出租车公司和新兴互联网公司的竞争、地方政府行政绩效和中央整体决策目标的矛盾都仍然在发酵之中。但只要能够守住社会整体的基本价值观和共同观念，这些冲突便不会造成破坏性的冲击，而能够在冲突竞争中使更普遍的民众获益。而最为重要的把握就在于，无论是经济发展还是综合性的城市化策略，都要真正实现"以人为本"，如果经济指标和利润额度成为政府和企业追求的单一目标，对社会民众造成的损害最终也会威胁到他们自身的存在。

从互动论的角度来看，网约车新政实施后存在着消费者、网约车司机、出租车公司、网约车公司以及政府的多方面互动博弈。事实上，他们的行动目标在很大程度上都不是单一的，比如消费者既希望打到更便宜的车，也希望生活在更加健康舒适的城市环境当中；而政府虽然对于网约车严格控制，但仍然要为民众的民生需求做出弥补；即便是看起来目标单一的商业公司，也需要承担起一定的社会责任来增强自身的公司形象。协调这些复杂目标形成的行动策略，才是网约车新政实施的真正难题。而此时，激进改革势必将遭遇各方阻力，甚至可能会适得其反，逐渐尝试引导消费者培养新的消费习惯，在裁减改革的同时配套增补的公共交通服务，或者在更长远的方向上寻求突破性的技术革新，恐怕才是取得这场复杂博弈胜利的关键。

科学之争还是科学闹剧：
起因韩春雨的基因组编辑结果无法重复

2016年5月2日，这天在科学界注定是一个不同寻常的日子，中国河北科技大学青年教师韩春雨作为通讯作者在国际顶级期刊《自然·生物技术》（Nature Biotechnology）杂志上发表了一篇研究成果，轰动了科学界，并随着媒体报道进而成为社会焦点。这里我们先简单科普一下，该成果提出了一种新的基因编辑技术——NgAgo-gDNA。NgAgo是"NatronobacteriumgregoryiArgonaute"的简称，也就是来自格氏嗜盐碱杆菌的核酸内切酶。它足够特别，因为不同于Argonaute（Ago）家族诸多需要高温的酶，NgAgo能在37摄氏度常温下进行操作。这使得它能够撼动当今最为时兴的"基因魔剪"CRISPR-CAS9的一支独大的地位，据称可以共同效力于"编辑"目标基因，实现对特定DNA片段的敲除、加入等。据此，人们称NgAgo-gDNA是"第四代"基因编辑技术。正如媒体报道时形容称：该项新的基因编辑手段对目前热火朝天的CRISPR技术（第三代基因编辑技术）提出了挑战，具有向导设计制作简便、特异性高、脱靶率低等明显优势，被称为颠覆性的第四代基因编辑技术。就在论文发表不久，一些科学家开始密切关注着这项新的技术，在采用相同的方法重复进行实验之后很难得到相同的结果，于是，实验者纷纷提出了疑问。

要说由疑问最终上升到一场学术争鸣事件，还要先从澳大利亚国立大学研究者盖坦·布尔焦（GaetanBurgio）说起，是他最先发布消息称能重复韩春雨的实验结果，但是重复实验多次未果后，他在7月29日发长文详细叙述道：尽管他和同事在过去的一个月做了多次尝试，但最终发现，NgAgo无法进行基因组编辑。他说："与此同时，我从我的Twitter账户、TAGC大会、E-mail、Google讨论群的多次讨论中发现，很多人都尝试着利用韩春雨的实验步骤对人类细胞株、小鼠或斑马鱼进行基因组编辑，但是不论是使用NgAgo的DNA，mRNA还是蛋白质，他们都未能检测到基因组编辑。"对于这一结果，他呼吁《自然·生物技术》杂志介入，要求韩春雨公开原始数据。于是国际和国内科学界有多人附和并通过媒体施压，这就是我们在媒体看到的一个人对科学界众人的战斗。

质疑从无法重复韩春雨的实验开始

声称能够对 NgAgo 进行基因组编辑的盖坦·布尔焦的反戈将韩春雨推向了舆论的高峰，越来越多的科学家参与了这项重复实验的工作之中。虽然有媒体称有的科学家和实验室已经能够重复韩春雨之实验，但是很快就被更多的不能重复实验的声音压倒。

从媒体报道中得知，群体质疑的声音最先出现在一个国际转基因技术协会（ISTT）在其 Twitter 上推送数位科学家的实名评论，几位科学家都纷纷表示无法重复其实验结果。之后，来自中国科学院、北京大学、浙江大学、上海交通大学、华东师范大学、哈尔滨工业大学、温州医科大学等科研院所的 13 位课题组负责人实名公开表示，完全按照韩春雨的实验程序但仍无法重复他在今年 5 月 2 日发表在《自然·生物技术》上有关 NgAgo 的实验。9 月初，北大教授饶毅与中科院院士绍峰联名致信河科大，称韩春雨事件为"中国学术生态节点性事件，需要科学共同体认真对待"。[①] 要说什么是学术生态节点事件，这可是专业术语，咱老百姓不懂，但一提起不久前日本科学界的一个著名案例就知道了，各大媒体都有报道。案例发生在 2014 年 4 月，当时日本理化学研究所的小保方晴子宣称发现类似干细胞的多能细胞，即所谓"万能细胞"，并在《自然》杂志上发表而轰动了整个科学界。但半年后，他发布的实验可重复性便受到了质疑，最终被证实他未能制作出这种细胞，因此成了日本学术界曝光度最高的年度丑闻。小保方晴子的指导老师井芳树承受不住如此压力选择了自杀。既然提到学术生态节点问题，那就涉及学术作假的问题了。作为普通老百姓一听学术作假必然会想起一个人，那就是科学界打假斗士方舟子，其实方舟子一直关注着事情的进展。韩春雨实验之争

---

① 详见《北大教授对韩春雨事件公开信：这是中国学术节点性事件》，2016 年 10 月 13 日，参考消息网（北京），http://news.163.com/16/1013/11/C38N8R7500014JB5_all.html。

不久，方舟子就接连提出了质疑韩文似有作假迹象的报道。可以说，方舟子的文章出现就不是科学界少数人的论争了，这个圈子一下子就扩大了，几乎所有的中国老百姓都知道了这件事情，虽不能端其详但也知道这可能是中国科学界的一大丑闻了。在自媒体时代，人们开始以不同心情消费这个事件，消息传播之快之广完全超乎人们的想象。

如今，围绕韩春雨实验结果的科学之争已经成为社会焦点，并且发酵的事态向着道德和学术规范的指责方面进行，甚至还有人提出要诉诸法律来捍卫科学的尊严。在这样的舆论压力下，韩春雨不再沉默了，但是却表现出坚决与自信的态度。韩春雨解释说，指责没有道理，"这个得用实验来说明。我现在基本能确定不是我实验室材料的事，发文章用的实验材料是没有问题的"。通常生物学实验不能重复的原因可能很多，找出别人不能重复实验的所有原因几乎是不可能完成的。而韩春雨自己也承认，"如果这个原因好找的话，那12个科学家早就找出来了"[1]。他接着对媒体记者说，我自己的研究我当然清楚了，还需自己去证明自己吗？当然，我也不能按照别人的有罪推定去澄清自己的清白。关于公开自己的原始数据和公布重复实验成功者的名字，他解释道，最近的一次实验遭遇了实验室停电使他所有的数据都丢失了，这样就延误了他及时公布研究数据和方法的时间。但很快，他将能重复进行实验的过程和具体数据公布出来，包括已经做出重复实验的研究者名单。

从媒体报道中得知，韩春雨之前一直保持沉默的原因是一些所谓的科学家太咄咄逼人了，而且一旦重复不了不去分析原因就完全否定他的实验结果，他认为这不是科学的态度而不屑回应。韩春雨在回答媒体记者时说，唯一正规的学术质疑方式，是质疑者把实验过程和数据写成论文投稿给《自然·生物技术》，期刊接收后再转给原作者，原作者才会做出回应，将自己的实验过程和数据公开应对质疑。

果然，韩春雨收到了与媒体同样质疑的期刊来信后即做出了回应。根

---

[1] 《〈自然〉杂志：韩春雨论文或会被撤稿，论文基本结论或无效》，《法制晚报》，2016年10月28日。

据 8 月 8 日《自然》杂志的报道，应一家全球科学家质粒共享的非营利组织 Addgene 的要求，6 月，韩春雨曾将实验所需的质粒上传到 Addgene，以便科学家进行 NgAgo 重复实验。在 8 月 8 日，韩春雨又向 Addgene 提交了详细的 protocol（实验方案），并希望这可以帮助其他科学家尽快重复出结果。8 月 9 日，更新版的实验方案已可在 Addgene 网站下载。韩春雨接受媒体采访时表示，该版本与原先的实验操作"原则上没有本质区别"，是他最近和其他一些研究者交流后，总结了可能被研究者忽视的"特别需要注意的事项"。据比对，新的实验步骤有几处更改，其中包括"血清品牌由 Hyclone 变更为 Gibco"，"293T 细胞贴壁不牢，换液时要小心操作"，"溶解和稀释质粒及 gDNA 的缓冲液变更为水（pH 8.0）"，"建议在质粒/gDNA 共转染的 8 小时、12 小时或 24 小时后，补转一次 gDNA（旧版方法中只提及了 '24 小时'）"等内容。即使这样，还是有科学家感到不满意，提出越来越多的细节上的问题。为此，在韩春雨看来，一是论文刚发表不到一个月就提出了质疑，这是不符合实验规律的，至少需要两三个月才能完成重复实验；二是自 6 月开始纷沓而至的质疑声应该归结于利益的冲突。[①] 当然，还有"权力"与面子问题。这就让老百姓犯了糊涂，明明是科学上的事情怎么还牵涉权力、利益和面子问题了？这也引起了公众的兴趣，可以说公众对什么实验不懂，但是对权力、利益和面子却都熟知，一时间越来越多的人参与了对这件事情的讨论。科学界的焦点事件就这样成了社会热点。

作为外行或旁观者的老百姓怎么看？

科学曾经是远离百姓生活的，但今天，科学已经越来越与百姓生活紧密联系起来，这就让百姓开始关心科学的任何事情。比如，最近就看到网上传的一篇文章说，随着基因编辑技术的发展，人们可以对基因编码进行重新

---

① 《韩春雨：已有六七家实验室重复出关键环节》，2016 年 8 月 12 日，观察者网，http://news.china.com/domestic/945/20160812/23274870_all.html#page_2。

组合，这意味着什么呢？那就是人可以做到长生不老返老还童。还有，基因研究的突破还可以对现在的不治之症改变或治愈。如此等等。这样的文章人们点击量非常高，充分说明这样的研究人们必然会高度关注。当看到与基因有关系的文章，人们自然就会联系到当前被媒体炒得火热的韩春雨的科学实验技术，人们期待这样的先进技术会不断创新，将科学研究的结果转化成有利于人们生活的方方面面，这样就会极大地提高人们生命的质量和生活的品质。人们这样想是出于自己的考虑，如果科学真的能让每个人都活到一百二百多岁，老人越来越多，那么人类的自然构成就会发生变化，继而对现在的社会制度、结构以及生活的习俗都会带来极大的改变。因此，科学探索是无限的，但科学的应用是有限度的。20世纪不就发生了科学界对于生命的"克隆"之争吗？如今对转基因以及它的适用范围不是也有明确的限定吗？可以比较地说，20世纪作为普通百姓参与科学讨论还真不多，而从最近对转基因的讨论中百姓参与度是非常之大的。再加上如今网络便利，每人手中一部手机就可自己建立微信息群，自己既是接收者又是传播者，也可以自己当主播。

　　说到韩春雨的科学事件，那就打开人们的话匣子了，从微信的广泛传播中不难看到人们有各种正面负面的评论，也不乏揶揄嘲讽。细览之发现有网友对这个事件评论也可谓入木三分，诸如，俗话说当局者迷，其实当局者并不迷，非常清楚。作为外行也并不是看热闹，毕竟媒体报道越来越多也越来越详细，通过这些事实和道理人们还是能够判断并做出自己的评判的。当然，作为非专业人士或普通老百姓说的话也许不严谨，但同样也有自己的质疑和想把事情搞清楚。例如，就有一位网友评论道，韩春雨是一个副教授，供职在一所三流的大学里，简陋的实验室仅有一两个硕士研究生组建的团队，实验条件那么差再加上只有那么可怜巴巴的经费，竟然能做出挑战世界顶级技术的工作。而我们国家有那么多一流的大学和国字号的科研机构，有那么多的院士，有那么多长江学者，有那么多从国外什么千人百人计划引进回来的博士教授，有那么多那么豪华的实验室，有那么多动辄多少多少亿的科研经费，搞了这么久怎么就没有一点声响呢？这时有网友插话道，韩春雨是不识时务，你一个"三无"科学家搞出这么一个惊天动地的发现来，如果是真的，这让整个科学界的院士们顶级学者们国家重大攻关课题首席科学家们的颜面往哪搁啊？如今已经不兴"穷棒子办社"和"小米加步枪"了，你却坚持这样做还取得了不可能的科研成果。所以说你研究的结果即使是真的也能重复实验结果，也一定要被质疑成假的或说成是"瞎猫碰上死耗子"了。要不然大家就没法混了（这话说得随便了点）。

通过网上的群聊可以看出，广大的网友是站在韩春雨这一边的，为什么呢？有网友分析道，韩春雨没有花或很少花纳税人的钱就能摘取科学之巅的技术，至少是勇敢地挑战了流行的顶级技术。而那些花了不计其数纳税人钱的科学家却集体在重复韩春雨的实验，最后只是为了证明其实验结果不能重复。还有人从人格上、道德上甚至法律上定性他为"伪科学家"。这样做太过分了，难道科学探索不容许"尝试错误"吗？所以说，韩春雨的实验结果不能重复，即使是错的，也不至于这样"封杀"或"落井下石"吧，至少他的研究也为科学界提供了一条避免错误的方法和教训吧，何况，至今还并没有敢肯定的结论呢？即使有，科学的历程不就是一个否定加否定的过程吗？

网友们谈得很热烈，听起来也很有意思，大家一边参与着讨论一边关注着科学家们争论的进展。最近的媒体报道集中在诸多的科学家一致要求韩春雨公开他的实验手稿、数据和必需的资料。网友们也感到奇怪，科学家都那么忙，一旦重复不了谁还会再耽误工夫去质疑去争论呢？还不赶紧另辟蹊径争分夺秒做实验。可见参与讨论的科学家要不是没有其他办法继续探索新的方法和技术，就是等着跟风做实验的人。从这点上看，韩春雨还真是与他们不一样。但是媒体的报道和压力铺天盖地，用李普曼的话来说，媒体对民众有一种导向，会改变对一群人或某一位人的认知和行为，这叫作"拟态环境论"。本来不明就里的民众看不懂争论什么，当然需要方舟子这样的反伪科普专家引导了。而在此时，人们似乎在给韩春雨时间，等待他进一步的解释和给出令人信服的证据。

对韩春雨事件定性作假也许不妥

有专家称韩春雨实验不能重复是中国学术生态节点事件,这样的定性结论无疑太可怕了,可怕之处就是有日本小保方晴子前车之鉴,难道也非要搞出个人命来不可?其实对韩春雨实验结果不能重复也不能说成是作假,为什么这么说呢?我们先从实验结果说,这项实验显然是一项挑战和发现的科学过程,一旦成功意味着人们将放弃第三代基因编辑技术CRISPR,转而用韩春雨的靶向明确稳定性高的第四代基因编辑技术,这样会大大提高实验结果和效率。韩春雨难道不知道一旦公布实验结果就会引起同行的广泛关注吗?显然他是知道的,这样作假不就是作死吗?笔者在写这篇文章时也与美国约翰·霍普金斯大学做相关实验的几位研究人员和博士后做了了解,大家一致的意见是研究结果出现的极有可能是假阳性,因此被误认为是正确的实验结果了。这也是他敢于投稿《自然·生物技术》这样的顶级学术杂志的底气,也就是说不怕同行对他的实验进行重复检验,提出质询质疑和批评。从这方面看,实验结果极有可能是错了,但绝不是作假。因此与什么学术生态节点事件无关。我们在这个时间段看到国外学者都是很客观地谈不能重复实验,并没有在道德上、法律上进行谴责。而国内科学界一片哗然,不仅斥该事件为一大丑闻,还惊动了方舟子打假,这就板上钉钉子是一场科学闹剧了。当然,从现象上分析没有错,像韩春雨这样的年轻人,在一所名不见经传的三流大学里,一旦有一项新的发明,一定会带来丰厚的回报,什么职称、经费、名望尽揽怀中不说,大学也会随着有这样影响的科学家而升级,从而受到省里、教育部、国家、国际科学界的重视。其实在媒体消息刚披露时就已经有了很大的动静。据媒体报道说,韩春雨已经当上了河北科协副主席、选上了美丽河北最美教师、100万元国家自然科学基金奖励。受惠于NgAgo技术,河北科大获得了河北发改委2.24亿元的财政拨款,用于建设河北科技大学基因编辑技术研究中心。

从现象上看韩春雨从中确实是获得了巨大的好处和实惠,但现象毕竟是现象,其实质是什么也许并不是这样。正像韩春雨所说的"我就是一个科学家",言外之意很清楚,我只对科学实验感兴趣,对其他并无兴趣。从韩春雨在协和医科大毕业以后的表现来看,还真是这样。谁不想住舒适宽敞的大房子,有谁像他一样为了方便做实验换到学校里一间小房间住,这也真难为了他的妻子和孩子。他的经历让我想起了许多中国已故的科学家们,不用一一列举了,就说大名鼎鼎的钱学森不也是住在不到一百平方米的房里吗?中国科学的历史就是这样,当人们在科学的路上艰难地攀登时,可能连基本的条件也不具备,生活水平和质量也谈不上。一旦功成名就就什么都有了。很多年前在北大听王选教授做报告时说,当时真的需要钱,没有钱,工作非常艰苦啊!房间没有,设备买不起。如今工作条件极大地改善了,我们有钱了,做的事情人们认可了,国家这时奖励我这 500 万元,可以说在我身上已经没有什么用了。回头再看韩春雨这样年轻的科学家,在那样简陋的实验室里敢于向科学高峰攀登,这样的勇气不值得人们尊敬吗?可以相信,他如果有了更多的经费一定会用到他的科学实验中去。其实,在"成名"之后有了比以前要多的经费不就是在计划改善他的实验室吗?所以他的主观上是没有要作假糊弄科学界的,他只是想证明他的实验结果应该是一项新的发现和发明。

从他的回应中我们得知,他不认为他的实验不能重复,只是人们没有把握好实验过程的环节和关键技术点;还有,人们催他公布出他的实验手稿和原始数据,公布据说能重复他的实验的科学家和实验室,我想,作为科学界的同行纷纷质疑并不是为了攻击他,而是想将事情搞清楚,也有人真是希望会有奇迹发生。

媒体整天都在刊载这些质疑批评,显然并没有重挫他的决心,反而激起了他的斗志。如今韩春雨还在抓紧做着他的重复试验,在一些环节上有了一些改变,最后能不能做得出来不得而知,但这种勇于尝试错误(别人这么说)的精神不就是科学精神吗?

对韩春雨科学焦点事件的理性思考

从社会学视角分析韩春雨事件既不同于网络媒体从现象上和个别人的意

见上予以判断评价，也不同于人们从情感上和事情发展的逻辑上进行定性。正像韩春雨所说的，你要否定它的实验也必须通过实验来进行。就是说，科学家应当报以科学的态度，以科学研究的事实数据去证明或证伪。一般来说，对于科学的真伪或发现和发明的质疑要从两个方面进行，一是科学界公认的标准；二是从事科学研究还原事实。目前，科学界同行与韩春雨的争论主要是围绕着科学研究不能重复的问题，继而对他的研究结果产生怀疑。客观地说，实验不能重复有许多影响因素，除了相同的技术手段和必需的程序外，中间有许多环节的把控程度，外在环境和温度的变化等都可能是影响不能重复实验的因素，也许还需要时间进行多次重复实验之后才能确定下来这一发现的对与错。为什么在这里用对与错呢？这就涉及科学界关于甄别科学家所做的工作对与错、真与伪的标准问题。我们看看美国权威科技领域是如何界定对与错、真与伪的标准的，简单来说包括三个方面：其一，伪造：伪造数据、资料和结果，并予以记录或报道；其二，篡改：在科研材料、设备或过程中作假，或者篡改、遗漏资料或结果，使科研记录不能准确地反映研究；其三，抄袭和剽窃：窃取他人的思想、方法、成果或文字而未给他人贡献以足够的说明。① 如果符合这三条就不是对与错的问题了，就涉及学术不端即作假的问题了。如果不在这三条之中，那非常有可能是做对了还是做错了的问题，属于学术不当。前者是主观故意且性质恶劣，后者是无主观故意属客观犯错。对比之下，我们认为韩春雨的科学实验不在这三条之中，那么是不是无主观故意的客观犯错呢？至今似乎还在论证中，有待时日揭开不能重复之谜。但至少对韩春雨最坏的结果是承认错误，而不是学术造假。虽然最近有媒体报道说该刊物将对其进行撤稿，但撤稿也有做错了和作假之分②，前者

---

① 引自李大庆《朱邦芬：要区分学术不端和学术不当》，《科技日报》，2016 年 11 月 10 日。
② 论文造假撤稿例子可见台湾网引自《联合报》11 月 15 日报道，台湾大学郭明良带领的研究团队，上月宣布成功解开组蛋白甲基转移酶（G9a）如何调控大肠癌干细胞分化能力的分子机制，并提出新的治疗方向。相关研究成果刊登于国际权威科学期刊《自然细胞生物学》，却遭控涉嫌数据造假。其中第一作者查诗婷因图档复制明显违反学术伦理，研究团队主动从期刊撤回该文章，查诗婷及郭明良上周先后宣布辞职以示负责。又有一篇台大现任校长杨泮池（Pan-Chyr Yang）2006 年与郭明良共同合作发表的论文也撤稿。

在于修正错误，后者在于维护真实。

上述的分析将我们引入了一种"有序化"的制度框架之中，社会学还有一种分析是破坏"有序化"的分析，通常我们称这种分析范式是以冲突为线索的。冲突理论认为社会不总是有序化的，标准和规则是一种权力的象征，也是维护着权力的象征符号。因此，支配着人们行为的正是一种象征符号，科学研究也不例外。在这里我们将引入社会分层、利益群体、圈子、社会资本、象征符号、权力和利益的概念来分析韩春雨事件的深层原因及未来走向。

媒体报道，韩春雨是在一所三流大学里，这么说大学与科研机构是分层的，这种分层是根据社会地位、权力和利益、声望和影响排名进行的。显然这样的分层是一个不平等的状态，与社会分层同属一种性质，即维护这种不平等的恰恰是地位、权力与利益。那么，大学与科研机构应该不应该进行分层呢？可以肯定地说应该进行分层，但分层的依据是科学的需要，这样说问题就来了。科学的需要一般很难是一种自然产生的，都是带有着国家意志或社会利益集团和地位团体的意志。这涉及科学政治学的问题，我们在这里不对这样的问题进行思辨。在这样一个分层明确的科学共同体中，韩春雨在三流大学处在底层，因此从事科学研究的条件和资源就非常有限了。但并不是所有的三流大学都存在着办学条件和资源有限问题，还需要考虑从事科学的领导能不能进入科学的人际圈子里，一旦进入并有能力维护好，就会增加自己的社会资本。君不见许多地方大学和科研院所不惜花重金聘请学术权威和上级领导来做报告当顾问，这样必然就会有一个好的回报。如果没有这个本事，那么在单位里突然有一位研究人员做出了突出的成果，像韩春雨一样就会受到重视，如果会借势就能极大地改善学校和科研单位的条件。因此，在这里我们认为，韩春雨尽管没有这样的意识，但是他的单位已经开始发挥他的影响和作用了，难道不是吗？当然也不排除韩春雨之前并没有这样的想法，但是成名后的回报和巨大的利益诱惑正在捕获他。不记得是哪位哲人说的话了，大意是：科学家本应当活在真空的世界里，但世上没有真空……这就是说根本没有纯粹的学人、没有纯粹的学问。

中国的知识分子自古都有鸿鹄之志，什么报效祖国、为百姓立命、为万世开太平。但一旦功成名就，就想着光宗耀祖、封妻荫子、青史留名了。如今情况稍有不同，但学问与权力、利益、地位却紧紧地拴在了一起。当然，这与人们尊重的是官员学者、诺奖学者、有突出贡献的学者有关，你看韩春雨刚一露头就有媒体报道开始有官衔了、被视为冲击诺奖的希望之星了、什么最最最的青年学者了。韩春雨也是有血有肉的人，真不相信他还真有柳下惠的"坐怀不乱"之功力了。一个很好的年轻科学家生活在这样一个充满诱惑和刺激的世界里被这样搞很难不被搞坏了。其实，在韩春雨刚一发表文章始，媒体就不知从哪里挖出了他有那么多的不同寻常的人生经历，所有的生活点滴都成了走向成功的亮点，不就是媒体这样让人亮瞎眼的捧杀打破了他的宁静，他的实验室不都成了会客接受采访的地方了吗？如果这场科学之争韩春雨真的做错了，这还不是应了俗话说的"捧得越高，摔得越重"嘛！这样看，科学界的质疑声真的比媒体的喝彩声要好得多，这可以让韩春雨安静下来思考自己的事情，让他的心收回来回到实验室做他自己应该做的事情。社会学有句名言，自我是建立在别人的评价之中的。其原理说明别人的评价也可能是假的，但如何识别假的呢？那就要依据事实判断了，采集事实的方法有很多，有常人常理的方法、相互作用的方法、反事实方法，等等。举例来说，当媒体一边倒的时候，这时的信息会遮盖了真实的信息，科学界的质疑恰恰是从事实相对的一面——反事实开始，这有助于搞清问题的真相，也能让韩春雨回到客观中去。

　　行文至此接近收笔时又看了最新的报道，该报道称："由国内外二十家实验室负责人联名撰写的一篇名为'Questions about NgAgo'的文章在Protein Cell杂志上发表，提出无法重复韩春雨的NgAgo实验，将针对韩春雨的NgAgo技术的争论推入了一个新的阶段。这二十家实验室都来自于中外知名的大学和研究所，在基因编辑领域具有相关经验和技术。这些作者中包括了多名前一段时间实名发声无法重复韩春雨实验结果的科学家，在这篇学术文章中，他们将自己重复韩春雨论文失败的实验数据进行了发表。因为实验结果的整理整合和学术论文的发表需要较长的时间，学术刊物上面发表的学术质疑文章往往会晚于学术同行之间交流以及在其他平台上的质疑。但

| 科学之争还是科学闹剧：起因韩春雨的基因组编辑结果无法重复　　191

通过学术期刊发表无法重复的实验数据，无疑是最为学术的质疑方式。这些数据表明这些实验室在按照韩春雨描述的实验和检测方法进行重复实验的过程中，无法检测到 NgAgo 介导的基因编辑的产生。"① 面对 Protein Cell 在线发表的针对 NgAgo 可重复争议的文章，韩春雨在 11 月 16 日下午回应《知识分子》称，（质疑）文章的具体内容他还没有看，但他的实验室已经再次重复实验并成功，只是"细胞需要处理才能做"。然而，韩春雨拒绝透露处理细胞的详情，称"这个处理还没有完善，如果要发文章，做出回应（correspondence），还需要把这个东西进一步明确"。最后韩春雨说，他还找了两家实验室，按照他确定的方法能做出来。但是他不愿意透露这两个实验室的名字。②

面对越来越多的科学界同行的质疑和所有的人都渴望得到真相的呼声，人们在网上看到的依然是一个人与科学界众人的战斗。公众当然是希望韩春雨有错就勇敢地承认，这样大家会更加尊重他，因为科学总是在错误中前行的。如果实验是对的，就要实事求是地给科学界一个交代，将研究过程和成果全部呈现出来并解释清楚。这需要时间，也许过程会很长，但公众希望他按照他说的话走下去，"我就是一个科学家"。真正的科学家当不负这个伟大的名称。

从社会学结构—功能主义来看，从事科学的人走到一起就会形成一个"科学共同体"，其属性是社会的，因此，你的研究一定要得到科学共同体的承认。而获得承认的途径一是要在大家都能阅读并共同承认的正规科学期刊上发表文章；二是同行要对你的研究成果、新的发现发明、科学的结论等方

---

① 《中外 20 家实验室发表文章，声称无法重复韩春雨实验》，2016 年 11 月 16 日，新浪科技微博。

② 《20 位科学家发文再质疑 NgAgo 结果　韩春雨回应：近期已再重复》，2016 年 11 月 17 日，新浪科技微博。

面进行证明；三是权威集团对于科学研究会规定诸多的限制，诸如伦理的、宗教的、政治的、经济的和文化的。从这方面看，科学共同体起到了维系社会稳定促进社会发展的一种社会制度的功能。所以韩春雨的研究对错判定应是科学共同体的事情。

如何看待科学共同体，社会学冲突理论有不同的看法，首先为了科学研究的效率、公平、理性、科学、客观，科学共同体一经建立就形成一个由权力构成的"科层制"，在这个科层制的学术权力顶端是国家院士制度。从国家院士制度所统辖的学术制度里，越接近科层制顶端越具备攻关科学前沿项目和发表顶级学术的文章。而韩春雨则处在学术科层制的底端，因此缺乏资源、权力和学术话语权。先不论其研究结果对错，他的研究结果的权威性和正当性必然会受到质疑。如果从科学研究的性质来说，所谓的科学共同体是一种交流的平台，科学不分高低贵贱，科学也不分国界，而不应成为管理和约束的权力机构，所以科学是不应该建立科层制的。因为，这涉及科学资源的合理分配和有效利用，以及自主、自发、自由的科学研究，还有就是促进科学的良性竞争。

谈到科学研究的自由性，我们从社会学相互作用论看，主要关涉科学研究的伦理和限制问题，这既是科学人员的主观认知问题，又是科学的客观性和社会性问题。主观与客观、自由与社会这两对关系是矛盾的。韩春雨事件充分体现了这两对关系的矛盾，诸如，韩春雨主观上是要突破现有的基因技术，对所出现的结果认定是真实的，但在客观上却被诸多同行质疑和否定。所以主观与客观的协调需要科学的对话和互动。从另外一个方面看，他本来是想自由地从事科学研究，但却被各种光环、利益所包围，被媒体所打扰。因此，要想提高中国的科学研究水平，多出科学研究成果，首先要净化科学研究的环境，让科学家不被权力、利益、地位所影响或干扰。当前已经有大学和科研单位在做"去行政化"的事情，目的就是要突出科学研究的自主和自由，让大学与科研单位成为支持、支撑科研人员的一个平台，一个平等互动的场所。

从层层迷雾之中看魏则西之死

2016年4月12日，西安电子科技大学21岁学生魏则西因滑膜肉瘤病逝。他去世前在知乎网站撰写治疗经过时称，在百度上搜索出武警北京第二医院的生物免疫疗法，随后在该医院治疗后致病情耽误，此后了解到，该技术在美国已被淘汰。在花光东凑西借的20多万元后，魏则西仍不幸去世。2016年5月2日，国家网信办会同国家工商总局、国家卫生计生委成立联合调查组进驻百度公司，对此事件及互联网企业依法经营事项进行调查并依法处理。

大学生魏则西的过世，让莆田系民营医院、百度推广、部队医院承包体制以及医疗监管制度等话题又成为全民关注焦点。就事论事来讲，魏则西之死，究竟谁的责任最大？2003年，青年孙志刚之死倒逼城市收容遣送制度改革。2016年，青年魏则西之死，则被寄予刺激医疗改革的期望。

"魏则西事件"后，大众仍沉浸于道德的谴责、情绪上的宣泄，除了道义谴责外，事件中相关主体有法律责任的让其承担相应法律责任，因法律不完善而导致暂时无法承担法律责任的，要求完善法律制度，至少在今后类似事件中都要承担法律责任。此事件中至少有这样几个责任主体：百度、莆田系、部队医院、主治医生以及主管部门，对于该承担责任的，一个都不能少。

则西之死，直接追究法律问责的是北京武警二院以及背后的莆田系民间医疗机构；应当深层次反思、追踪医疗监管体系的滞后与腐朽；百度、央视等广告平台也同样应该自查、自重。此外，我们每个人都应该提高鉴别、审视信息的能力，尤其是在关乎生命的医疗、药物等领域。

北京武警二院及背后莆田系民营医疗机构

毫无疑问，这家明知没有治疗效果，仍然仗着自己公立、三甲、武警等名头进行虚假宣传，把国外快放弃的"斯坦福生物免疫疗法"包装成国外引进的先进技术忽悠病人，并收取高额费用、赚取利润——这是有意的作恶，是"杀人"的直接责任人。这件事比普通医患纠纷更严重，因为武警二院和莆田系涉嫌虚假宣传与欺骗性治疗。卫计委与国家网信办、国家工商总局和北京市有关部门组成的联合调查组发布的调查报告也提出了这点：武警二院存在科室违规合作、发布虚假信息和医疗广告误导患者和公众、聘用的李志亮等人行为恶劣等问题。调查组责成武警二院及其主管部门采取措施立即整改。

武警二院，也应该包含实际给魏则西治疗的背后的莆田系民营医院。近些年来，莆田系民营医院开办、承包了全国超过7成的医院，是电视台、报纸、网站等绝大多数广告平台的最大金主，也是很多普通家庭的病人都难以逃避的选择。好在随着越来越多类似"则西之死"事件的曝光，网易、搜狐等多家媒体已将莆田系医院的名单公布。

魏则西事件促使医疗行业的众多弊端暴露出来。有业内分析师指出，可以预见，一轮执法风暴即将刮起：调查医疗竞价排名，清理医院科室违规承包，对民营尤其莆田系医院集中排查，更甚者，还可能收紧民营医疗机构执照审批。

但旋风执法在医疗行业似曾相识，如医管部门与号贩子持续了近20年的博弈，无数次的交手，却屡屡败下阵来，彻夜排队的患者及其家属还是常常挂不上号，原本就不便宜的专家号变身天价。再比如，医院内部长期存在的"以药补医"灰色利益链，也是屡禁不止。

医改推行数十年，而国内医院的"市场化"之惑也由来已久。30多年前，国家开始提出医院试点"企业化管理，做到自主经营、自负盈亏"，政府对医院实行"定额补助，经济核算"，自此，医院开始在市场的道路上蹒跚前行。一组被广泛引用的数字显示，1978年以前，公立医院超过50%的收入来自财政补贴，20世纪80年代后，医院获得了更大的自主运营权，但来自政府的补贴也越来越少。1980年，政府补贴占医院收入的比重为30%，1987年降到19%，到90年代末补贴比例进一步降至6%。

随后，不适应市场化运作的公立医院开始陷入财务危机，尤其以极度依赖国家输血的一、二级医院及消防、武警医院为主。所以部分医院尝试把农村土地承包责任制复制到医院经营中，"试水"科室承包。再后来，更多医院和医生又钻了政策的空子，把药品销售的加成变成牟利的渠道。一时间，多开药、多做检查成为行业公开的秘密，患者则对看病难看病贵叫苦不迭。

在民营医院方面，国家曾把允许社会资本进入医疗行业视为推动医院市场化改革的重要一步。为了快速扭转劣势，一些民资医院开始通过虚假宣传等违规手段吸引患者。在民资进入方面，由于医师等资源依旧向公立医院倾斜，公平良性的市场化竞争格局尚未形成。

医疗服务领域最核心的问题在于供求不平衡，而过多的行政管制使得民间资本不能自由进入医疗服务领域，供给市场被公立医院垄断，因此民间资本只能通过其他方式进入，而公立医院的权力寻租，导致公私合作的扭曲。

2009年4月，新医改启动时确定的七项基本原则之一是：坚持非营利性医疗机构为主体、营利性医疗机构为补充，公立医疗机构为主导、非公立医疗机构共同发展的办医原则。

2012年5月，卫生部发布了《社会资本举办医疗机构经营性质的通知》和《确定社会资本举办医院级别的通知》，指出社会资本可以按照经营目的，自主申办营利性或非营利性医疗机构。该文件为民间资本参与公立医院改革铺设了道路，希望借助民间资本的"外力"，打破公立医院垄断，形成多元化的办医格局。

是什么导致了公立医院的科室外包给民营资本？医疗服务市场被高度行政管制着，民营资本不能轻易拿到牌照、成立医院，于是只能通过其他渠道进入。

长期严格的行政管制，以及歧视性的产业政策，保证了公立医院在医疗服务市场占据绝对垄断地位，公立医院对有合作倾向的民营资本也处于卖方垄断。

民营医院诊疗人次仅占总数的10%左右，市场份额太少，处于竞争劣势的社会资本急迫寻找生存之道。从2012年开始，国家政策就表示要向社会资本开放医疗市场，打破传统公立医院垄断，形成多元化的办医格局，进而优化供给市场。从数量上来说，民营医院的涨幅很大。截至2015年8月，全国医院数量达2.7万个，其中民营医院13475个，多于公立医院数目。但是事实上,从床位数、病床使用率、门诊人数和住院人数来讲,民营医院与公立医院的差距很大。[1]

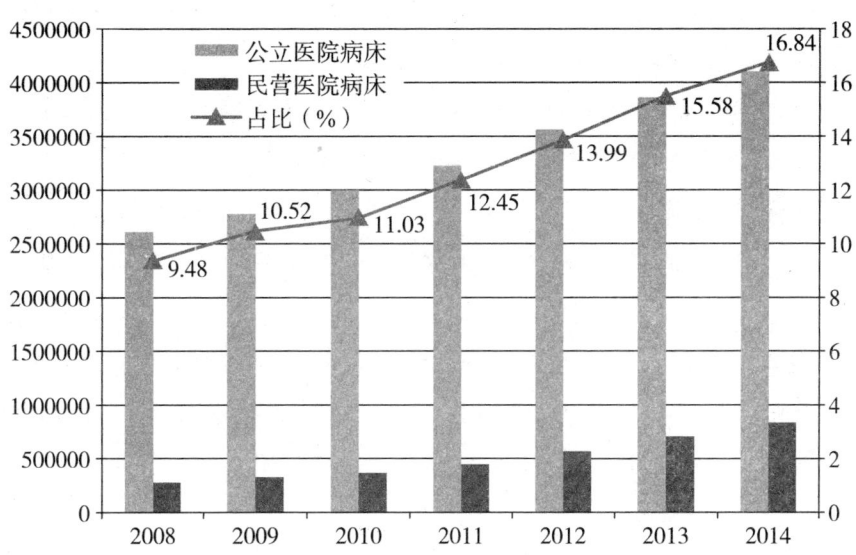

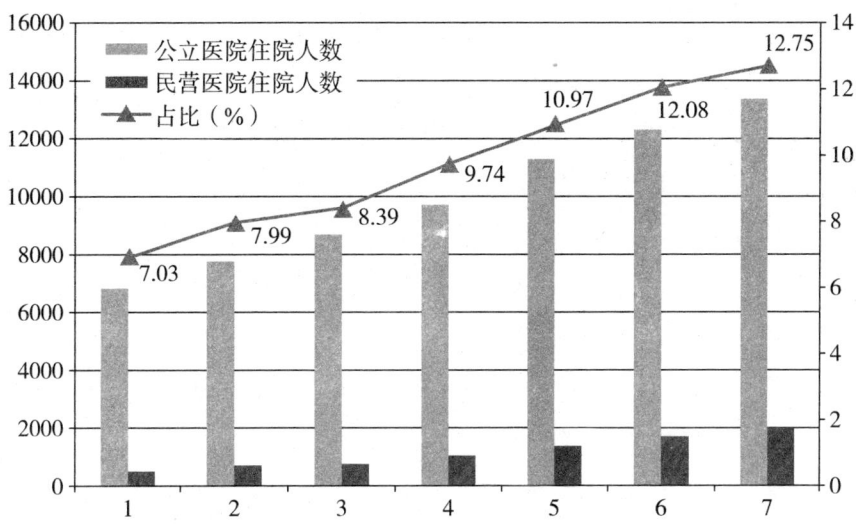

资料来源:《中国卫生统计年鉴》(历年)及《我国卫生和计划生育事业发展统计公报》(历年)。

---

[1] 《魏则西之死背后:又一个孙志刚?新医改 7 年如何改?》,凤凰财经,2016 年 5 月 10 日。

医疗服务领域最核心的问题是供求不平衡，而由于受到各种管制，使得供给不能被激发。一项研究表明，在医疗领域严重供不应求，1978～2012年，可比需求增长了3500%时，全国的医院数目仅增加了137%，执业（助理）医师增长167%。

从媒体曝光与网友爆料来看，莆田系的野蛮发展确实存在着许多的问题。虚假宣传、礼金、分成……而这类民营医院的违规操作，实际在业内都是半公开的。而截至今日，还没有部门出面表示对莆田系进行调查。这也是目前社会关注的漏洞。莆田系被揭穿暴露出一个尴尬的现实：民营医院没有为医疗服务的供给市场带来有效的改善，反而带来了不少医疗丑闻。但是，医疗丑闻并不只发生在民营医院，或者说外包给民营机构的科室。如果把医疗之痛归于民营医院，业内人士担心，医疗改革或将走向逆市场化的方向。

怎样才能建立健康的医疗服务市场？海外市场化的医疗服务市场是怎样的？

如果你看了前段大火的韩剧《太阳的后裔》，就该知道女主角所在的海星医院就是一所高端私立（民营）医院。韩国医疗服务体系以私立医疗机构为主体，医生在韩国属于绝对的高收入群体。

韩国几乎所有的医疗卫生服务均由私立医疗机构提供，私营医院和诊所在医疗机构总数中所占比例超过了95%，拥有90%以上的医生和病床。公立医院的功能主要为低收入群体提供医疗服务，医疗费用可以得到减免。大部分韩国人不会选择公立医院就医，因为那里就医环境、医疗设施、诊疗水平都要相对差一些，比不上私立医疗机构。如果是得了癌症之类的大病，就更不会去公立医院，因为顶尖的专科医生大都从业于私立医疗机构。2000年韩国政府开始推行"医药分离"政策，由于这个政策直接减少了医生的收入，遭遇了医生的几次大规模罢工，后来政府与医药界达成妥协，通过大幅提高诊断费用和保留医生对注射药物的配药权，才基本切断了医生与药品的经济联系。

在澳大利亚等国家，开设医院并不难（行政门槛低），甚至颇受国家鼓励，但是在实际运营中，整个行业受到国家法律的严格监管。第三方机构如医学管理委员会或各州公平贸易厅,有专业顾问会对医患纠纷进行评估。当评估结果出来后,则由医院和病人各自的保险公司来处理后续的赔偿事宜。

滞后、腐朽的医疗监管体制

为什么看起来十分权威可靠的部队医院,会把整个"肿瘤生物中心"外包给了一个很不靠谱的私营医疗单位?

答案很简单,在这套以"市场化改革"为出发点、横行中国数十年的医疗体制中,各方很容易顺水推舟形成共赢关系。在这个链条中,游医们得到了宝贵的医疗平台和护身衣,相关医院"盘活"了医疗资源获得不菲的让渡权收益,监管部门睁只眼闭只眼获得游医和出租方的双重笑纳。而且,在这场猫和老鼠的游戏中,永远立于不败之地的则是相关监管部门,政策的松紧与收放之间恰能提供一茬茬割韭菜的机会。

则西事件追根溯源,就在于中国的医疗行业已经是一个成熟的利益集中体,如果不对监管失职这个根源进行问责、持续保持舆论压力、促成体制变革,我们永远都不可能"正常地、有尊严地活下去"。

任何领域的市场化改革都离不开严格的监管,在"魏则西事件"中,政府角色在一定程度上存在缺位。"患者之所以会使用百度竞价排名来搜索医院信息,也跟政府部门的信息披露不透明有直接关系。"中欧国际工商学院卫生管理与政策研究中心主任蔡江南在接受北京商报记者采访时表示:"其实卫生部门有一项很重要的工作,就是主动收集、公开行业信息特别是医疗质量情况。但我们现在能够了解到的信息,主要包括医院床位数在内的一些基础数据,至于一家医院的医疗事故率以及违规事件却很少披露。因为无法从卫生部门得到有效信息,患者只能通过搜索网站查找,这给不良医院留下可乘之机。"在医院走上市场化改革之路后,必须依靠不断完善的制度和强有力的监管措施来护航。

按照以往经验,问题的暴露往往会推动行业的变革。业内普遍认为,"魏则西事件"发生后,将推动医改进程,改变政府角色缺位,而医院市场化改革首先要解决的问题是尽快将公立医院定位清晰。因为对于大型公立医院，自负盈亏的方式只能让医院"认钱不认人"，接下来应增强这些公立医院的公益性，加大政府财政补贴力度。对于民营医院，则应该允许其追求利益，但必须在合规的框架下，同时进行严格监管。

虚假宣传的广告平台

国家网信办5月2日会同国家工商总局、国家卫生计生委和北京市有关部门成立联合调查组进驻百度公司，集中围绕百度搜索在"魏则西事件"中存在的问题、搜索竞价排名机制存在的缺陷进行调查取证。调查组认为，百度搜索相关关键词竞价排名结果客观上对魏则西选择就医产生了影响，百度竞价排名机制存在付费竞价权重过高、商业推广标识不清等问题，影响了搜索结果的公正性和客观性，容易误导网民，必须立即整改。

2016年7月4日，工商总局发布《互联网广告管理暂行办法》，将"推销商品或者服务的付费搜索广告"定义为互联网广告的一种，规定：互联网广告应当具有可识别性，显著标明"广告"，使消费者能够辨明其为广告；付费搜索广告应当与自然搜索结果明显区分。这个办法将于9月1日施行。

这个条款一锤定音，将付费搜索结果界定为广告，并要显著标明为"广告"。以后，那些搜索引擎将付费搜索结果混在自然搜索结果里面不标注或含含糊糊标注为"推广"的小动作，就违法了。标志着我国互联网广告尤其是搜索引擎广告长期缺乏监管的状态即将结束，"竞价排名"等营利行为将按广告行为接受监管。特别是其中"互联网广告主应当对广告内容的真实性负责"的表述，让人们吃了一颗定心丸——今后在网上遭遇广告欺诈，将不再面临找不到主的尴尬。

这可以称为"魏则西条款"。闹得沸沸扬扬的魏则西事件，终于促成了重大的改变。美国有"米拉达法则"，中国有"魏则西条款"，都是一个事件推动了法律进步。

这个条款来得不容易。关于付费搜索结果是否为广告，本不该有争议，但在司法实践上却一直有争议。2016年4月,北京高院发布《关于涉及网络知识产权案件的审理指南》,还规定"搜索引擎服务提供者提供的竞价排名服务,属信息检索服务"。

竞价排名之恶不在于广告主竞价或付费,而在于将付费搜索结果与自然搜索结果混排在一起,给用户制造付费搜索结果是自然搜索结果的假象,骗取用户的信任,误导用户做出错误的决策。

竞价排名更可恶的地方在于:第一,如果是为了求医问药或在不同品牌之间选择相宜的商品,而相信付费搜索结果是可靠信息,用户是要为自己的错误决策付出金钱代价的,可能还会选择错误治疗手段,贻误治疗时机,危及健康与生命安全。第二,付费搜索结果一般排在最前面几条与最前面几页,这是用户最可能点开阅读的,排在后面的自然搜索结果,用户反而未必会点开。正是这两条,才令竞价排名那么来钱,让某些没有节操的搜索引擎大发不义之财。

现在,工商总局的部门规章终于确认了"魏则西条款",可谓激浊扬清、正本清源。纸媒通过行业自律在付费广告与新闻内容之间建立了防火墙,确保了纸媒的公信力。这个规矩,互联网媒体也应该立起来。付费搜索结果与自然搜索结果混排且排在最前面,微信公众号泛滥成灾的软文现象,正是这个规矩阙如结出的恶之花。

工商总局的部门规章规定,如果搜索引擎违反"魏则西条款",将依照广告法第五十九条第三款的规定予以处罚,即"由工商行政管理部门责令改正,对广告发布者处十万元以下的罚款"。

怎么执行这个罚则?如果某个搜索引擎被发现有成千上万条甚至更多的付费搜索结果违反"魏则西条款",最高十万元的罚款相对于收入只是九牛一毛,不会有太大的威慑力。

这样的处罚金额对互联网广告是怎样的概念?五年前公安部门查处的系列假药案中,就有犯罪分子交代,一个卖假药的网站一天就可能在百度竞价中花费几千块钱,竞价排名总费用超过30万元,这个数额已经是《暂行办法》处罚上限的十倍了。"魏则西事件"后,百度竞价排名的暴利面目被进一步揭开,媒体报道显示,北京一家普通的莆田系医院,日推广费用高达数万元,单是医疗行业每天为百度贡献推广费用就达数千万元,在这样的状况下,目前的处罚标准显然难以对其产生有效震慑。

而与国际比较,更能看出我国对互联网广告违法行为的"宽容"。2011年搜索引擎巨头谷歌(微博)因为替加拿大网络药店发布了以美国消费者为目标群体的广告,违反美国法律,被处以5亿美元的罚款,这笔罚款相当于该公司收取的相关广告费及加拿大网络药店从美国消费者获得的收入总和,也相当于谷歌当年全部净利润的1/20,成为美国历史上针对违法网络广告开具的最大罚单之一,正是这笔巨额罚款促使谷歌彻底整改医药广告。2014年国家工商总局等八部门开展的专项行动中,共查处互联网广告违法案件5232起,罚款总额5157万元,案件平均处罚额不到1万元,最高的一起也仅有191万元。①

普华永道日前发布的报告称,中国已成为仅次于美国的世界第二大互联网广告市场。而国家工商总局的监测显示,我国目前互联网广告违法率是传统媒体的三倍以上,个别大型门户网站广告违法率甚至超过20%。对于这样的一个广告违法的"重灾区",目前的处罚力度只能算是"毛毛雨",难以让违法企业产生真正"痛感"。

沉疴用猛药。"魏则西事件"说明,如果监管乏力,互联网广告乱象将对社会产生严重危害。处罚不是目的,但却是规范行业发展必不可少的手段。如果罚款额度太低,甚至大幅低于违法收益,会在一定程度上鼓励企业依靠违法实现更大的收益,最终形成"边缴罚款边违法"的恶性循环。法律的作用不仅体现在对当前违法事件的补救和处置,更重要的是发出警示,防止类似事件再次发生。

对处罚上限做出限制,也是为了防止行政部门的自由裁量权过大,防范可能的乱罚款、权力寻租等现象,同时考虑别把企业一棍子打死,因为一次

---

① 吴秋余:《人民日报谈魏则西事件:网络广告违法重灾区处罚力度只能算是毛毛雨》,《人民日报》,2016年7月22日。

处罚太重就让企业失去"改过自新"的机会。但如此投鼠忌器，就失去了法律应有的惩戒和威慑力。

因此，在制定类似互联网广告等行业管理办法时，不妨参考国际通行的做法，按照企业违法所得额多少、社会危害大小，合理确定惩罚额度，并给予企业必要的申诉权利，从而在保证法律威慑力的同时，防范可能的行政权力滥用，最大限度发挥行政监管在整治行业乱象中的积极作用。

魏则西留下的生命考题

魏则西的遭遇，的确令人同情。这是一个典型的"中国式求医"故事：父母变卖家产，四处奔波，为儿子治病，最终人财两空。类似的悲剧屡屡重演，发人深思。假如一个人得了绝症，究竟该做出怎样的选择？是不惜一切代价治疗，还是顺应自然规律？这是每个人都无法回避的生命考题。

医学本无"神话"，但偏偏有人编造"神话"，有人相信"神话"，甚至不知不觉扮演"神话"中的主角。例如，很多身患绝症的病人，由于缺乏科学认知，总是希望抓住一根救命稻草，创造生命"奇迹"。而这种"有病乱投医"的心理，恰恰让医疗骗子钻了空子。他们把生命当成生意，不惜重金占领搜索引擎入口，以精心炮制的虚假宣传为诱饵，大肆吹嘘"神奇技术"与"惊人疗效"，句句戳中患者痛点，使患者甘愿押上身家性命"赌一把"。这些医疗骗子往往证照齐全，资质合法，更具有隐蔽性和欺骗性。医院是真的，医生是真的，圈套当然也是真的。一旦有人上钩，他们便会假戏真做，把骗术演到极致，直到榨干油水为止。有的把小病说成大病，一周能治好非要拖上一个月；有的把不治之症说成可以根治，"病很重，能治好，得花钱"成为标准的欺诈用语。在环环相扣的医疗"陷阱"中，很少有人能侥幸逃脱。如此骗术充斥江湖，不仅损害了患者的利益，也吞噬了医疗行业的公信力，导致医患关系更加紧张。如果政府部门不拿出"刮骨疗毒"的勇气，放任"毒瘤"野蛮生长，必将贻害无穷。

提升全民科学素养是一个长期过程，而要避免人财两空的"魏则西式悲剧",更需良好的医疗制度保障。魏则西走了,但医疗骗子并不会主动淡出江湖。如何不让下一个"魏则西"重蹈覆辙,是政府部门面临的重大课题。在欧美发达国家,每个人都有家庭医生。很多人从出生到离世,一辈子只找家庭医生。家庭医生成为医疗体系的中坚力量。这种健康守门人制度,有效解决了医疗信息不对称问题,患者不用盲目求医,自然也不会上当受骗。建立符合国情的家庭医生制度,让每一位居民都拥有高素质的家庭医生,是终结悲剧的治本之策。当然,中国人太多,医生不够用,解决好这个问题需要一个过程。

魏则西,一个年轻生命的逝去,唤醒了整个社会的省思,这是不幸中的万幸。亡羊补牢,犹未为晚。愿魏则西事件警钟长鸣,成为推动医疗体制改革的一个新契机。

 小智库,微建言

结构—功能主义认为社会是具有一定结构或组织化手段的系统,社会的各组成部分以有序的方式相互关联,并对社会整体发挥着必要的功能。整体是以平衡的状态存在着,任何部分的变化都会趋于新的平衡。魏则西事件暴露的是医疗服务市场化改革中出现的社会问题,在垄断与法制缺位的情况下权力攫取租金的问题。2009年新医改启动以来,虽然明确了"公立医疗机构为主导、非公立医疗机构共同发展"的办医原则,但是医疗资源总量短缺、药品价格虚高、公立医院内部以及公立医院与民营医院的结构化矛盾等问题依然没有解决。长期严格的行政管制,以及歧视性的产业政策,保证了公立医院在医疗服务市场占据绝对垄断地位,公立医院对有合作倾向的民营资本也处于卖方垄断。公立医院通过多开药、多做检查、科室承包、获取药品销售提成等途径获取额外收益;三级医院每天拥挤不堪,一号难求,而很多社区医院却门可罗雀,无人问津;民营医院,诸如莆田系则通过虚假宣传、礼金、分成等违规操作来获得市场;政府监管部门缺位甚至从中权力寻租,获得好处。在这种畸形的结构和制度中,产生了大量的负功能。最后的结果是,

国家和患者的医疗投入不断增加，医疗费用居高不下，但是得到的医疗服务并没有改善，广大患者对看病难看病贵叫苦不迭。通过对系统内各项子系统的制度进行改革，去除负功能，发挥正功能，建立合理的医疗制度。同时，建立保障制度发挥功能的法律法规，严格规范和监管医疗服务市场，促使整个医疗系统有效和良性运转。

社会学家科塞说，冲突是价值观、信仰以及对于稀缺的地位、权利和资源的分配上的争斗。社会冲突产生于社会报酬的分配不均以及人们对这种分配不均表现出的失望，只要不直接涉及基本价值观或共同观念，那么，它的性质就不是破坏性的，而只会对社会有好处。这就是科塞强调的冲突的正面功能，他提出了冲突的五项正功能：冲突对社会与群体具有内部整合的功能；冲突对于社会与群体具有稳定的功能；冲突对新社会与群体的形成具有促进功能；冲突对新规范和制度的建立具有激发功能；冲突是一个社会中重要的平衡机制。魏则西之死这一事件，暴露出医疗服务行业众多的矛盾和问题以及网络广告监管的漏洞，最终促使政府出台了"魏则西条款"，明确了搜索排名的广告性质，加强了对广告的监管和处罚。对公立医院科室外包等违规做法进行了整顿，规范了公立医院与民营医院的合作，有利于培育健康的医疗服务市场。这一事件充分证明了社会冲突的正功能：激发了新制度的建立，维护了社会系统新的平衡。

社会互动论强调医疗服务体系中医生和患者之间、公立医院内部之间、公立医院和民营医院、市场与政府、医疗服务与网络宣传之间形成良性畅通的互动。下一步医改将探索建设医联体。医联体是指区域医疗联合体，是将同一个区域内的医疗资源整合在一起，通常由一个区域内的三级医院与二级医院、社区医院、村医院组成的一个医疗联合体。目的是为了解决百姓看病难的问题，发烧感冒的就不用再挤进三级医院，在小医院也能解决。社区医院的主要方向是健康养老和慢性病的诊治，当好百姓健康守门人。从医疗价格、分级诊疗和患者就医程序等方面和国际接轨，让各级医院做各级医院的事情，大医院做研究和治疗疑难病例，大部分病人和慢性病管理交给社区医疗，民营医院提供高端的或者特殊的医疗服务。让医联体真正地联合起来，让每个医院做好自己的事情。随着老龄社会的到来,老年人健康保健、照护康复等方面的需求越来越大,未来还要探索建立"医养一体"等新型医疗模式。民营医院在医疗服务市场中如何开展正常、有序的竞争,提供优质而独特的服务,也需要政府提供规范的监管和政策上的支持。医联体内部各个单位既有分工又有合作,各展所长,优势互补。政府要做好顶层设计和监督管理。最终建成良性健康运转的医疗服务市场,为老百姓提供满意的医疗服务。

王宝强离婚案受到高度关注的背后

2016年，一个电影演员的离婚官司竟然让13亿中国人谈了很久，谁也没想到这位只从影六七年，之前未受过任何正规训练的电影演员，也就演过几部片子，竟然成为当红的"影视巨星"，并拥有数亿粉丝。更让人没想到的是他还没上过几年学，竟然也挣得了上亿元的资产从而跻身于富豪阶层。还没想到的是这一场离婚官司财产纠纷，让这位巨星将家底都给抖了出来，怎么会有那么多的房产、美国豪宅、名车、金表，如此奢华的生活很难让人与一位常常扮演最"傻"的人，曾在《天下无贼》中叫傻根的人联系起来。相信每位观众当时在观看这部影片时都是带着同情、担心当然也会带着嘲笑、揶揄的心理。看他那朴实笨拙的样子非常合适地塑造了《士兵突击》里憨态可掬的许三多角色。又不知哪位导演发现了他身上具有朴素的、天生傻傻的喜剧基因，于是又在《泰囧》中扮演了能把"傻"演到超级水平的一个阳光二货青年。剧中他装扮夸张又男扮女装还真是让观众过足了捧腹之瘾，因此票房率攀升，演员导演影院都挣得盆满钵满的。话说到此，虽还未提名，但每个中国人都知道说的这位正闹离婚的电影演员就是王宝强，成千上万的粉丝们亲昵地称他为"宝宝"。宝宝长着一副亲民形象，那眼神里总是流露出"无辜"与"无知"。这就更让人们喜欢见怜了。当然，人们也知道他事业成功后拥有了校花级的美妻和一双可爱的儿女，开始过上了他村里老乡们、跟他一起出来的伙伴们都羡慕的生活。当然，也是普通老百姓永远不可能有的生活。

谁知有一天深夜，宝宝突然在微博上发了个帖子，举称自己的妻子马蓉背叛了自己，在精神上和身体上都出轨了，于是郑重提出了离婚。起初人们以为又是有人搞恶作剧，这年头百姓对明星离婚、私生子、同性恋、吸毒甚至"被死亡"这些名堂见得多了，但是没想到又有谁会将"戴绿帽子"这样的家丑自曝在大庭广众之中呢？古往今来中国男人最怕的就是这个，结果媒体证实是真的。他的那位妻子，现在是前妻的马蓉，据说欺骗了宝宝又转移了宝宝的财产还给宝宝戴上了绿帽子，出轨人又是宝宝的经纪人宋喆。于是这可不得了了，仅隔数日，马蓉已经躺在了网络人民的唾液之中，可以用四面楚歌形容这位女人的处境。更有好事者在网上发起了"护宝骂马"运动，关注宝宝离婚事态的升级真的比关注南海领土之争还要吸睛，更有压过当时直播的奥运会的风头。网络讨伐全面兴起，"奸夫淫妇"字眼在网络上格外暴点。一个明星的小小家事，一桩平常的离婚纠纷为何会在华夏网络上有如此大的动静呢？看来，你不将此事放到社会热点中去还真说不过去。好吧，那我们就将此事梳理一番，看看此事背后到底牵出了什么惊天的秘密。

王宝强微博突发离婚声明，数日点击率竟达100多亿

那是2016年的8月14日午夜时分，王宝强在他自己的微博上突然登出要与妻子离婚的声明，消息一出顿时在网络上炸开了，点击阅读量很快就达到了100多亿人次，而且阅读人数还在疯狂上升，让正在进行的奥运会迅速降温。我们先看看这是一份什么样的离婚声明。当时你要点击王宝强微博就能看到这份声明，现据新浪媒体记载的王宝强微博声明内容如下：

我与马蓉2009年结婚以来，一直谨守结婚誓言，相亲相爱、坦诚相待、忠于婚姻，在生活中呵护妻子、疼爱儿女、孝敬双方父母，努力做一个好爸爸、好丈夫、好儿子。兢兢业业勤奋工作，为了给家人一个更好的生活环境而拼搏。

负责任的（地）声明，我无论在生活中、工作中、社会交往中，都是一个对婚姻与家庭、对朋友与团队、对工作与社会，尽责忠诚的人。我无愧于关心我、厚爱我的家人、朋友和社会。我自婚姻关系建立以来的一切言行举止绝对忠诚、正派与宽容。但我绝无法容忍恶意背叛婚姻、破坏家庭的行为。

现因马蓉与我的经纪人宋喆的婚外不正当的两性关系，严重伤害了婚姻、破坏了家庭。郑重决定解除我与马蓉的婚姻关系，同时解除宋喆经纪人的职务。在此过程中我将依法处理好一切事宜，尽力将因此给双方父母和两个尚未成年的孩子造成的伤害降到最低，希望他们继续拥有平静的生活。

就这么一份平常得再不能平常的离婚声明，点击数之高不说了，高度关

注和参与讨论的人数仅一周竟然超过了300多万，媒体、网络和数也数不清的微信群每天都有大量的议论文评论文，跟帖子的就数也数不清了。还有的微信群几乎一天24个小时都在谈论王宝强离婚所带来的种种猜想，逗比的网民说，用泛哥德巴赫猜想形容就是为什么：1+1=3+？两个人的事又卷进了第三个人乃至第四个人（宋喆及他的妻子）。在这些庞杂繁复的信息中间有真关心的有假关心的有借题发挥的有借事消遣的有引经据典的有法理支持的，再加上王宝强亲率团队强势地打上了法院并等待着开庭，每天新闻都在刷新。说今天马蓉发信了向王宝强道歉，明天马蓉又说了是王宝强有小三在先，后天宋喆的妻子又爆料了，没完没了了，一波未平一波又起好不热闹，吸尽了人们的眼球，看如此热闹的网络舆情也难怪奥运会大事盛会也会让位于王宝强离婚事件。也许这就是国情，这就是咱们的老百姓。既然网络上如此热闹，我们也不妨看看媒体娱记们在说啥。

东方网认为，王宝强公开"家丑"，固然令马蓉深陷舆论谴责之中，但一次家庭出轨事件，闹成全民皆知的娱乐事件，最大受害者，或恐是王宝强的孩子们。太过草率地将家丑公之于众，冲冠一怒，看似潇洒，实则害人害己。

新加坡《联合早报》称，有媒体人深入观察网民的言论，发现在事件爆出后，大众舆论的焦点并不是在探求真相或八卦脑洞，也不是讨论谁对谁错，大部分的人就是在"骂"，骂马蓉，骂宋喆，骂"奸夫淫妇"，许多点赞数很高的帖子干脆就是"骂马蓉骂了一天，累了，求个赞"，然后就得到了数千上万的赞。然而在事实未明朗的情况下，人们汹涌指责"奸夫淫妇"是不公平的，这种群体性的谴责反映出群体性对婚姻和道德的焦虑。

东方网评论称，关注王宝强和马蓉离婚案的人，多数选择了站在感情和道德高地上。既然此案已经进入法律程序，那就应该一切听从法律的，感情的归感情，道德的归道德，法律的应该归法律。以事实为依据，以法律为准绳，事情总有真相大白的一天。如果把自己卷入王宝强马蓉离婚案不能自拔，甚至因为此案出现不当言行而使自己受到法律制裁，那就得不偿失、悔之晚矣！

当然也有媒体质疑王宝强自曝"家丑"很大的成分是为了炒作，刷知名度、为自己的编导影片造声势。如侨报网称，王宝强现象打破了"家丑不可外扬"的传统观念。现代社会，尤其是现代中国社会，家丑不是不能外扬，家丑外扬掌握好技术层面能起到宣传自己和提高知名度的作用。英国广播公司网站10月18日报道称，王宝强离婚案开审引关注，家丑外扬总是被炒作。而这也不是中国特有的现象，美国好莱坞明星皮特和朱莉的离婚案也引起国际媒体的广泛关注和炒作。

这样的分析也遭到了许多人的不认同，到底是王宝强在借婚姻问题炒作自己，还是媒体利用王宝强离婚事件炒作自己，让网民看都有可能。一些媒体也充当了说教者的角色，告诫人们不应这样做，对当事人和民众都不利。所以媒体应该自律反思。

如新加坡《联合早报》称，中国的媒体，尤其是网络媒体必须深刻反省，舆论导向是否出了问题，新闻报道是否有失平衡，职业道德是否正在堕落。那些娱乐新闻的什么统筹、企划、记者、编辑，如果你们的头脑中只装着王宝强，如果你们的眼睛只盯着王宝强们结婚、生子、离异、死亡，而且一味高调、一味炫耀、一味渲染，长此以往，受众疲劳、厌烦、憎恶，你们就可能走向反面了。

《香港商报》认为，八卦舆论大潮将是常态，媒体始终应保持理性客观，在对付八卦炒作时，应像官媒曾经教给大众对付谣言的模式一样，不反对，不赞成，不议论，不参与。千万不能举着批判的大旗，客观上为自己所不齿的所要批判的炒作，又浇了一桶油，又添了万把火。

可以看出，王宝强离婚事件让各大媒体、网络新闻、微信群着实忙了起来也火了起来，各家争先恐后报道、转载、跟踪动态，媒体虽然有不同观点，但网民们却呈现出了一边倒的倾向。网络上马蓉的任何申辩都会被大家拍砖，这时如果还有谁为马蓉说句话也会遭到群起而攻之，据说有位律师要为马蓉做辩护，消息一出网络一片骂声，迫于民众压力，据说这位律师不得不被解雇了。作为礼仪之邦的中国素有兼听则明、偏听则暗的道理，但此时网民们激情当道。唯有学者和公知是"世人皆醉我独醒"，他们开始探寻导致这个热点事件背后的情理、法理和社会原因。

王宝强离婚事件为何会引发学者和公众热议？

随着王宝强离婚事件的不断升级，情理正在转向法理，这一时期对这个事件的评论显然已经超出了普通网友、粉丝和媒体记者的认知范围了，一些公共知识分子也都参与了进来。正像有一位学者称，每天一打开电脑看新闻，几乎满眼都是王宝强离婚事件，你不想注意都不可能，所以就看看吧，到底有什么新奇会吸引那么多的媒体和网民卷入其中，既有长篇大论又有一言片语都在抒发着自己对王宝强的情感和对马蓉出轨的憎恶，完全一边倒啊！学者就是学者，看问题不会一叶障目。当普通民众看到王宝强所有的财产，包括九套房产、一套美国豪宅、豪车数量、名表还有几千万资产资金，累计共上亿元的财产都被马蓉转移走了，甚至一双儿女都不想留给他。这不就激起了人们越发地可怜他们的宝宝了，越发地憎恨这个狠毒的妇人，越发地想要严惩那个"奸夫"宋喆了。这些关心宝宝的民众可不是吃饱了撑的，他们当中有许多人还是租着房子住的、有外来的农民工扛重活的、居家生活还很艰苦的，也有很多下岗的、拿退休金还住不起养老院的，等等。为了王宝强他们都站了出来，为什么呀？路见不平拔刀相助吗？其实让他们自己说也说不清楚，就觉得这事搁在谁也都要管管，不能眼看着王宝强那么多的财产让这对"奸夫淫妇"夺了去。而学者是理性的，要透过现象看本质，要将这个所谓的个人困扰、私人事情、家庭矛盾、民事纠纷放到整个社会中去看看，然后才能获得解释。于是，这样的文章开始见诸各大报端网络了，普通民众突然有脑洞大开之感，直呼没想到！下面我们看看学者是怎样评价王宝强离婚事件的。

当法律学者通过法律条文解读王宝强离婚案怎样分割财产和股权的时候，作为社会学者们则从王宝强离婚所涉及的资产财产入手，先不论此次离婚会有多少财产能为王宝强保得住，还是王宝强会净身出户，单从王宝强作为一名演员起家又从事导演到投资影视业短短的几年间，王宝强已不是昔日的"傻根"了，可以说他早已经加入超级巨星的行列，片酬也是水涨船高。

据媒体报道说，2004年，王宝强先是在《天下无贼》中崭露头角，又因《士兵突击》爆红荧屏，急速蹿红成为明星。2009年王宝强、马蓉结婚。2008福布斯榜单的身价是860万元，与出道时相比，片酬已经涨了300倍。如今的王宝强在电影上更是风生水起，2016年的福布斯榜单显示他的年收入是2600万元人民币，位列第七十一位，而这仅仅是他公开显示的财产。在综艺节目上，王宝强的笑料担当让他在《奔跑吧兄弟》的出场费高达八百万，有消息指他因不满第二季片酬选择了湖南卫视的《真正男子汉》。王宝强在综艺节目上的收入早已过亿。2010年，"演而优则商"的王宝强成立北京宝亿嵘影视传媒公司。董事长不是自己而是媳妇马蓉。翻看马蓉现在的微博认证就是宝亿嵘影业总裁。宝亿嵘成立后就开始投资多部影视，其中王宝强自己参演的《唐人街探案》突破8亿大关，王宝强分成定是颇丰。2016年4月，王宝强、孙红雷等十余明星投资乐视体育B轮，最终乐视融资80亿元。因此人们有理由推论，王宝强的婚后资产已经过亿了，这次的离婚或蒸发几亿资产？①

一个非科班出身的演员，没上过几年学，也没有什么特殊的家庭背景，只在短短的几年里因演了几部电影并成功地塑造了一些角色，就已经在收入和财产资产上跨入超级大富豪的行列。这在资本主义制度的美国社会里，如好莱坞著名电影演员和导演是超级大富豪人们并无多少说辞，因为那毕竟是当红的明星又是极少数人；而在一个社会主义制度的中国，经济状况还处在发展中的阶段，还有9000多万贫困人口没有完全脱贫，西部一些地区由于自然灾害还有大批的返贫人口，城市里仍有大量的失业人口和维持最低收入的弱势群体。他们与电影演员王宝强的收入差距是天壤之别呀！即使那些学历高、拥有知识和技术，对社会贡献大、年薪能够拿到10万~50万的中产阶层，要在北上广深等一线城市买套房子也是负债累累，很难过得上中产的

---

① 《王宝强离婚资产或蒸发几亿，出轨不影响财产分配》，21世纪网，http://news.sohu.com/20160814/n464108836.shtml。

生活。他们与王宝强阶层的收入差距也是巨大无比啊！这样的贫富差距就不好用基尼系数比了。

　　公允地说，王宝强能挣到那么多的钱、拥有那么多的资产财产，只要是不违法那是本事是无可厚非的。用老百姓的话说那是人家有之命，你是看着人家钱多眼红吧，羡慕嫉妒恨吧？要说是这样的，人们也只能是怨恨收入分配制度有问题，不论是从事体力劳动还是脑力劳动，不论是普通劳动者还是高级劳动者，靠工资收入的人都是在随着社会经济的发展而在不断提高生活水平。即使是资本主义的欧洲、美国等，所谓的富豪阶层也是经历了几代人的资本积累才有可能。要说成为暴发户在美国几乎不可能，有好莱坞明星那也是靠实力成为富豪的，并不是演过几场电影的演员都会成为暴发户。而在中国，富豪阶层的崛起仅用了不到30年的时间，进入富豪行列的人有的才几年就已经实现了。

　　对富豪明星阶层的出现有的网友表示理解，但也有复杂的心理。我们可从一些言论中窥见，如从那些被判了死缓的大贪官看，哪个在位不贪污几千万甚至上亿的。与他们相比，电影演员比他们好多了，虽然仅是短短几年内，但他们实打实地靠身体、颜值、说唱、演技和马不停蹄地走穴、接拍广告、当代言人而挣得了千万上亿的资产，也是付出了极大的辛苦的。也有网友说，但不管怎么说，他们的巨额财产虽然不是贪腐得来的，但也挣钱太快了点吧，收入也太过了点吧。拿王宝强年收入2600万元来说吧，大约顶10个国企老总的年收入，顶100位科学家、大学教授、军队正团级的年收入，顶1000个国企员工的年收入，顶10000个西部农民的年收入。此话不假吧。

　　中国的老百姓真是太善良了，虽然有很多人还是租着房子住，靠打工挣点钱养家糊口，还会关心着他们的"宝宝"是不是就要净身出户了，时刻关心着王宝强的下场会不会比他们还要惨呢。于是在网上可以看到众人一直声援他们的宝宝要坚强。还有媒体披露正在闹离婚的王宝强身着一身名牌运动服与一些电影明星去打高尔夫球，气色和精神显得不错，媒体解读是王宝强在刻意通过体育锻炼放松自己。而高尔夫这样的体育锻炼可不是一般人能光顾的，那可是一种高消费的运动。显然，老百姓与王宝强并不在一个生活空间里，却认真地把他当作自己的兄弟姐妹了。

媒体学者的分析将人们的视线引向了中国社会的贫富差距上、社会分层的原因上。渐渐就有普通民众参与到理性的讨论中，当时不记得是哪位网友在微信上以自叙体发了个帖子说，他的父亲是20世纪60年代的大学毕业生，当时工资是50多块人民币，能养活一大家人，与周围的工人家庭相比他们家庭的生活水平是中上等。当时的一般演员也就挣三四十元人民币，他们也没有什么特殊的待遇。后来知道伟大领袖毛主席工资最高也只挣人民币500元，他父亲与领袖的工资相差也就是10倍。而现在他在一家纺织机械厂国企上班挣到手的钱不到3000元，要与王宝强2600万的年收入相比也是差了1000多倍。他好歹也是正规纺织机械大学研究生毕业，论学历比王宝强高，论职业也都是为人民服务，不过他当工程师王宝强当演员，怎么就会有如此天文数字的收入差距。怪不得孩子学习不好也没办法教育，孩子常说，学习好了又怎么样？你倒是学习好还不是买不起这买不起那，连个汽车都没有。有时想想也是，王宝强没文化没学历可宾利豪车都好几辆。

对王宝强离婚事件的深度解析

说实话，学者们也许对王宝强离婚案本身根本没有丁点的兴趣，谁对谁错是两个人的私事，因为最终一定要由法律做出裁决，公众何必操这个闲心呢？但是，学者们的兴趣点是就这个事件折射出来的社会问题好好说道说道。

社会学结构—功能主义理论大师帕森斯曾经说过，没有经过很好的学校教育的人能够挣大钱而成为富翁，这是神话。此话不假，从美国社会的富翁阶层来看，他们有世袭的财产和权力没错，但一代人与另一代人同样所拥有的是哈佛大学这样名牌大学的经历和学历。美国总统大选特朗普获胜，这位新任的富豪总统曾毕业于沃顿商学院，他的儿女们个个出色又都上过名牌学校。其中尤为突出的是为父亲竞选拉选票的女儿伊万卡，她的演讲充满了激情和活力，她的气质和演讲口才、自信和把控，以及博雅的知识、聪明的见解都深深打动了在场的每一位听众，相信整个世界都被她迷住了。她曾经是哈佛的学霸，现在的一位商界领袖人物，无疑也是美国未来的总统候选人。她的弟弟演讲也同样精彩，长相、话语和气质都透出了受过良好的教育。这位一上场就"哇噢！哇噢！"的帅小伙子同样让现场观众服膺于他的口才和气势，他也是哈佛的毕业生。这个家庭富可敌国，但为什么儿女们都非常用功读书？用美国尼尔森·W.奥尔德里奇写的一部畅销书《老钱：美国富人精神的起源》里的话就是，这是他们贵族的传统，上几代人都是哈佛毕业生。这也证明帕森斯说得没有错，教育是人们走向成功的必备和必需的条件。但这位自信的理论家绝不会想到中国自从改革开放以来新崛起的富豪们并没有多少文化。原来绝大多数受过良好教育的人们都在体制内工作，而没有受过很好教育背景的人大都在体制外混生活。改革开放让体制外的人们活起来并先富起来了，这先富起来的人们却没有帮助体制内的人们共同致富。这是总设计师邓小平看错了人？还是制度设计的问题抑或是体制内与体制外不能相容的问题？一个事实是人们要想富就要离开体制，俗称下海经商，就是混得不好也比体制内的人过得好。所以在今天来看，体制内的人们绝不可能成为富豪。而体制外的人们包括电影演员们可以不受任何制度约束，即使有制度约束也很难对他们发挥功能。① 很早就听说演艺界人士走穴逃税，后来又听说逃税是体制外生存和发展的一个普遍现象，所以体制内的制度对体制外的行为不能发挥作用时，于是体制外群雄崛起，在管理和税收方面社会处在一种"失范"状态。王宝强只需几年时间就挣下了过亿的资产，那么他需缴纳

---

① 有演员在体制内，甚至在部队演出团体，体制内和部队的制度确实很难约束住他们。由于他们工作的性质不同，具有极大的灵活性和自由度，所以对他们很难做到监管。如果监管严了他们就会离开体制内或部队，因为他们所面对的是可以得到回报的更大的市场。这也就给了他们更大的空间，事实也是随着市场发展，越来越多的演员出了体制内而建立起自己的公司，其实像王宝强一样的名演员都有自己的公司和经纪人团队。通过公司运作，这样便于让他们在市场上占得份额，得到越来越大的利益回报。演员富豪阶层就是这样在中国大地上产生了。

的税费也应是天文数字。但人们在媒体上看到公布的是财产资产，并没有相应的税收记录。所以说，尽管我们有监管系统，但是对体制外各种名堂的收入渠道和私下交易无法做到有效监管，这就是制度缺陷。如果我们真的要向市场经济转型，是不是就要先考虑打破体制内与体制外的分割，建立统一的市场经济监管制度、税收制度和法律制度？否则的话偷漏税就无法避免。例如，像王宝强离婚案牵涉财产分配了才公布出来有上亿的资产房产不动产，那么还有张宝强李宝强薛宝强的著名演员没闹离婚呢，他们成千上亿的收入和资产别人永远不会知道，也就不存在收入来源与税收等方面的制度监管与问责了。

总的来说，结构—功能主义并不反对社会分层，而是赞许社会分层的，但是其社会机制是根据对社会贡献大小进行分配的，比如社会上受过高等教育、有知识和能力的人为社会做出了重要贡献，他们是应该占据社会中好位置的，他们才真正应该处在收入的顶端，所以制度应该鼓励这样的人，而没有什么教育经历，从事的也是毫无知识技能的行业，或只是靠制度缺陷而投机倒把就能发家致富这样的社会是一个功能失调的社会，最终必然崩溃。

人们收入差距拉大，从而使得社会分层过早出现并正在固化，对于这一问题社会学冲突理论早就有深刻的分析。马克思最早开始抨击资本主义社会制度的分配不公，导致无产者越来越穷，有产者越来越富。韦伯的分析直接将人们引向了社会中的利益群体和地位群体对社会资源的占有、争夺和控制中。举例来说，在资本主义早期社会"圈钱"是一种游戏。但一般情况下，能进入到这个游戏中的人一是有人举荐，二是敢于冒险和投机。成功者跻身于富豪阶层，最终形成利益群体和地位群体。资本主义早期的这种圈钱游戏很像我们当今社会能挣大钱的情境，比如，王宝强早年一直在电影学院门口排队等候当群众演员时，这时他是没有挣大钱的资本和条件的，突然有一天一位资深"游戏家"看中了他，举荐他参演一部电影的角色，结果他抓住了这个机会，从此，跻身于这个能挣大钱的演员俱乐部之中。在这个俱乐部里每天都有非常多的挣钱游戏，常常是一场游戏下来就可以脱贫，一直玩下去连自己都不敢相信自己怎么就成了有钱人。于是将自己从群众演员变身成为演员、著名演员、导演、著名导演，也开始找群众演员为他的电影、票房挣钱了。这样玩的"游戏"需要什么教育文凭和文化知识呢？你看看他出演的几部电影，算上当今所有的著名导演著名演员的电影有多少含金量，这些电影既无教育意义又非健康娱乐，靠搞怪、奇葩、替身，再加上什么电光、蒙太奇、科技效果就成了。如今，为了票房率还要对剧情大打神秘、似透非透来宣传造势。所以说，中国的影视业已经被利益所捕获。当这些明星们有钱了也就有了共同的消费，如豪宅、名车，等等，也有了共同的身份符号和阶层认同。比如王宝强打高尔夫一定是与他们这个阶层的人一起，而不可能是与他过去的村里人去消费高尔夫。正是这样，社会已经分层了，王宝强的同乡要从底层社会进入他的这个阶层越来越难，除非像马蓉那样嫁给王宝强。社会阶层一旦固化就会出现社会再生产，于是在消费市场、文化市场、学校教育中都显现出了这一现象。你没看现在学校教育也正在分层以满足不同阶层的需要，学习成就、教育获得与学生的家庭背景（经济资本、社会资本、文化资本，还有机会资本）之间的关系越来越紧密。教育与社会不平等也就随着社会分层而愈发严重起来。

从社会学解释学派的相互作用理论的角度人们会提出这样的问题，为什么像王宝强他们这些影视明星在短短几年或十几年就能处在中国收入链的顶端？为什么他们的收入会高于体制内的所有人？为什么在中国能挣大钱成为富豪的人并不需要什么教育程度？

对于第一个问题，相互作用理论认为，中国社会历来有一种"名人效应"，如今叫明星效应，公众对崇拜的偶像会毫无保留地将自己的情感全部投入其中，也就是发生了心理学上的"移情"现象。影视明星出于剧本的需要而塑造了人物形象，一般都会高于生活原型，这就给人们留下了深刻的印象，并将自己的情感和生活投射到演员身上，使得这个演员成为自己生活中的一员或自己，而崇拜他依靠他。影视演员们正是利用了公众的这种心理而成为明星的，当然，也有的演员演的角色太入戏了就会当成真的一样，比如，有媒体就报道说，一位演皇帝的演员还真把自己当皇帝了，走到哪都是一副皇阿玛的样子。不管怎么说，影视明星正是利用了广大的影迷们的追捧而不断抬高了自己，这就为他们"圈钱"带来了条件和机会。这些演员身份的抬高除了有越来越高的片酬外，还有就是广告商们也要利用人们对明星的崇拜而让他们代言，并付给他们不菲的广告费。所以改革开放最先富起来的是歌星、影视明星、体育明星，他们随着收入不断快速攀高。到了现在，这些明星已经不是单打独斗了，都有了自己规模可观的团队或公司，像王宝强一样自己或内当家的当起了老总，自然也就成了中国社会的顶端高收入者。

第二个问题可以这样看，体制内只有老虎级的贪官可与影视明星的财富有一拼，只是贪官玩的是火，权力属火，稍不小心就被火烧了；明星玩的是水，民众是水，水可载舟。体制内的一般人什么都不能玩，只有认真工作，才能挣工资养家糊口，还要盼着国家和单位给涨工资改善生活。所以体制内的人有点钱也是从嘴里抠出来的。哪个体制内的人买房子能交得了全款？所以贷款政策的变化就会直接影响了体制内的人。而有钱的明星们毫不关心贷款利率啦首付多少啦限制二套房啦什么的，那些动辄几千万上亿的豪宅一张卡就刷齐了。这样看来，体制内的人收入水平和消费行为是受着制度的约束和限制的，体制外的人在法律尚未健全的时候又不受制度约束和限制，在这个市场经济中可以信马由缰。就像著名导演张艺谋，先不说他多有钱多有名，他是可以偷偷地生好几个孩子，最后迫于媒体压力也只是罚个几百万元钱了事，有媒体说这点钱对张艺谋就是九牛一毛。而体制内的人若这样做可是要记大过受处分交罚款甚至丢了饭碗，罚款好几万凑凑也许够，但多数人这饭碗是保不住了直接影响到生存大事。所以体制内的人必须守规矩，既然守规矩就不可能暴富。体制外的人也不是不守规矩，而是无规矩可守，市场和制度都不健全嘛。

作为体制内的人一般都有自知之明，一般在金钱方面是不会与体制外的人比的，这样比会很受伤。他们在现实生活中的这种自我困惑一般是被压抑下来了。而电影演员不仅能挣钱，还能很享受地扮演和经历不同的人物和时代，因此生活的质量和水平远远高于那些体制内的人。所以说，体制内即使是那些伟大的科学家在王宝强面前也是穷酸的，因为他们根本消费不起他的那些豪宅豪车高尔夫。

第三个问题是每个人都很纠结的问题,现代社会中教育对个人、对社会、对国家是至关重要的,在中国社会重视教育有着悠久的历史和传统。过去人们当官要读书,成为有钱人要读书。你看晋商徽商之所以享誉中国社会,都与他们读书知礼有关。而今读书却实实在在可以帮助人们向上社会流动。李中清与梁晨合著过一本书,名字叫《无声的革命——北京大学与苏州大学学生来源调查》,这部书的作者在实际的调查中发现,2002年之前的中国高等教育每年在农村招生会达到60%以上,有80%以上的大学生来自普通工薪家庭和农户家庭。如今这些大学生毕业了大都进了政府管理部门、科研部门、大学和一些大型国企,他们在体制内无论是身份地位还是工资收入如今都在体制内的中上层。2002年之后,随着第一批扩招后的大学生毕业,就业难就开始出现了,有人归为是扩招的结果,其实这是社会综合因素造成的。如今大学生毕业就业也越来越难,即使能就业但薪酬也上不去。在现阶段的中国,社会处在变迁中,教育不再能够单独地为个人的向上层社会流动发挥作用了。还有许多成功人士如像王宝强、李玉刚一样的影视明星,不需要多少教育经历和大学文凭就能登上银幕和舞台。看来要想取得成功,对王宝强这些影视明星来说,机会资本大于教育资本;对富豪阶层来说,经济资本大于教育资本;对官二代来说,社会(政治)资本大于教育资本;对于普通民众来说只有教育资本。由于缺乏各种资本,普通民众对于教育的竞争不仅在现在而且还会在将来很长时间都是激烈的,他们孩子尽管上了大学仍然会一直面临着就业难的问题。而富豪阶层已经跳出了凡界,孩子接受教育可以自由地选择,或国外或国内名牌,他们孩子受教育的目的也不是为了进入社会就业。富豪们的孩子之所以会想着进北大、哈佛、牛津,那是因为身份的需要、家族的需要、阶层的需要,也许未来,是为了发展的需要。这是富豪阶层重视教育与普通民众重视教育的不同。就拿王宝强来说吧,他没有多少教育经历,但是他在这场离婚大战中努力夺回了孩子的抚养权,而后像他所承诺的一样,一定会让孩子接受更好的教育,就是上名校嘛!之后呢?他想的一定是为孩子今后的成名具备这个阶层所需要的资格和条件。这场离婚大战尘埃即将落定了,但从此却搅得人们无法平静了。因为一件明星离婚事件背后所牵发出来的东西太多了，这些事情迫使人们在思考帕森斯所说的话，无任何教育背景的人能挣大钱是神话，这是一个不正常的社会。社会终归要理顺，制度终归要健全，规范终归要建立。从现在的社会发展情势看，"暴发户"的时代终归要过去了。

社会学结构—功能主义认为，社会分工必然导致社会分化，社会财富分配的不平等就会出现社会分层。一个社会不可能做到平等，如果强行做出平等就会出现另外一种不平等。这就是说社会的资源是有限的，社会顶端的职业和收入更是稀缺资源，只有受过最好的高等教育的人，有了最高的学历和学位的人，掌握着最好的知识、技能和信息的人才有可能去竞争社会顶端的职业位置。而且竞争的规则必须是公平公开的，这样的社会是一种有序化的社会，也是功能正常的社会。如果强行做出平等就会出现大锅饭，对社会贡献大贡献小都一样，做事不做事都一样，这个社会的动力就会慢慢丧失，导致社会功能减弱。从另外一个方面看，社会财富分配不平等不是因为公平竞争和贡献大小，而是靠投机、被炒作和偷漏税，以及钻政策和制度的空子，这种财富分配制度就不是正常的。举科学家与影视明星为例，一个功能正常的社会应是科学家处在收入顶端，一个功能不正常的社会一定是影视明星在收入上远远高于科学家而占据社会收入顶端。所以说中国社会的当务之急是采取有力措施并智慧地将减弱社会功能的财富分配制度扭转过来，建立合法合理的劳动收入分配制度。

社会学冲突理论认为，王宝强离婚事件折射出来的贫富差距和社会不平等，源于社会存在着不平等的诸多因素。除了由传统社会留下来的三大差别外，现代社会职业间的差别也越发突出。还有，体制内与体制外的差别更是明显。记得改革开放之初，体制外的人先有钱了，这就在社会上出现了"做导弹的不如卖茶蛋的"，"科学家不如倒爷阔"，"教授不如摆地摊挣得多"。媒体报道说小姐和车模也能日进斗金月入过十万元，这就更别说演艺界和明星了。这种情况的出现反映了体制内与体制外的不同与冲突。可以说，改革开放的政策不仅有利于体制外的生存，还会给他们带来更大的发展空间。而体制内像大型国企、单位正在萎缩、消失。记得有一个大型的中国纺织机械国企一直是国家的支柱产业，改革开放不久就开始由上向下强迫工厂要减产"压锭"，结果在国企大厂的周围生出了许多私人小企业，受惠于这一政策都快速地成长起来了，暴富起来一批人。至今这个国企处在不死不活状态，改制的结果就是变成私人的，而职工的工资收入只能维持在最低水平。因此我们建言，中国社会发展的中坚力量都在体制内，而社会出现的偷漏税、发横财、富豪阶层的崛起等乱象却大多发生在体制外。体制内的管理制度已经非常成熟了，而体制外的制度、法律法规并没有健全。未来的改革是两种体制并存呢还是打通成一种体制（市场体制）？抑或是继续扩大体制外空间还是压缩体制外空间？这是需要重点研究和认真筹划的。

根据社会学相互作用理论看王宝强离婚的背后所暴露出来的社会问题，倾向于一种微观的分析和解释。明星自我的膨胀来自粉丝的追捧，因此明星会将自己视为高于普通民众的又被普通民众崇拜的"偶像"人物，因此其行为举止都被公众所关注，成为公共人物。在改革开放之前，能成为公共人物的只有领袖般的人物，像毛泽东、周恩来、邓小平等中央级领导。改革开放之后，人们开始崇拜在经济上成功的企业家，能够娱乐大众的影视歌明星。对中央领导的崇拜能够加强人民的凝聚力，对经济成功人士的崇拜使人们更加向往金钱至上（事实证明也是这样），对影视歌明星崇拜可以迅速提高这一职业群体和个人的社会地位。这就使得影视歌明星成为富豪奠定了坚实的民众基础，有广大人民的崇拜和支持，使这一职业群体和个人迅速成为中国社会所有职业当中最辉煌、耀眼，来钱最快最多的行当。于是在今天，孩子们从小的志向是当明星，连中央电视台及各大媒体都增加扩大了娱乐节目，并让一些明星每天充当评委，如《星光大道》等都充当了造星的角色。对一些成功竞争第一名的平民歌手、演员、能人给予厚厚的奖励，并为后续的发展铺平了道路。就不说赵本山、李玉刚了，你看"大衣哥""阿宝"等人成功了就成了有钱人，也正应了他们在获奖感言时说的：我出名后要挣很多的钱，让我的家人都过上好日子。现在他们的承诺都实现了。

　　这个社会在这样一种风气下，崇拜明星、个人主义盛行、金钱至上导致了社会世风日下，继而社会矛盾爆发，这样的社会就接近崩溃的边缘了。因为社会的存在不仅仅是为了个人的生存，还让大家有公共意识、集体主义精神、爱国情感、全人类的关怀、对生态的爱护。虽然有明星在这些方面都有代言或做形象大使，其效果不能说没有，反而却增加了明星的政治资本，增大了他们的光环和知名度。为什么要用明星代言和做形象大使呢？为什么不用科学家，不用劳动模范，不用普通人呢？选用明星做政府或各种公益事业的形象大使本身就是一种"明星崇拜"，这种引导其实是错了！扭转风气不仅是靠宣传、教导和约束民众，而且要对已被利益绑架的媒体和中国的文艺界进行彻底的整风整顿。可以说，如今道德滑坡、信任危机、集体主义瓦解、信仰丧失、全民娱乐、金钱至上、消费攀比等等，这些社会问题爆发媒体与文艺界是难辞其咎的！因为现代社会媒体与影视歌娱乐已经通过智能手机、电脑、电视、音响的方式深深地嵌入到百姓的生活之中，并越来越主导着人们的生活方式和价值观念。这样看来，本文前面所说的王宝强离婚事件背后的惊天秘密难道不惊天吗？

从近一年文化热点看民众的精神生活

近一年来人们既经历了激动人心的女排奥运夺冠，也经历了跌宕起伏的美国大选，目睹了著名摇滚歌手鲍勃·迪伦获得诺贝尔文学奖，当然也看到了世界发展的另一面——难民潮的爆发，这一年世界上发生了太多的情理之中与意料之外。而聚焦国内，各种新的文化现象也应运而生，通过人们当下在看什么、关注什么、喜爱什么可以大致了解人民的精神生活状态。过去的一年大荧幕上爆发了不少叫好又叫座的影片，比如《美人鱼》《七月与安生》《你的名字》等，而与此同时电视荧屏也多次引爆话题，《太阳的后裔》男主角成为"全民老公"，《欢乐颂》"五美"的恩怨情仇牵动人心，网络剧作为后起之秀也表现不俗，《余罪》《太子妃升职记》《法医秦明》在年轻人中收获了广泛关注。借由互联网的传播效应，每一年都有许多网络新词出现，比如"猴年猴赛雷""友谊的小船说翻就翻""蓝瘦香菇""生活不止眼前的苟且"，人们的情感有了新表达方式。同时2016年作为直播元年，诞生了几百个直播软件，文化生产的方式也从庙堂之上逐渐转移到了民间，草根网红和KOL（关键意见领袖，Key Opinion Leader）在文化创造中发挥着前所未有的重要作用。接下来笔者将会具体从网络文化、影视文化和自媒体几个角度来分析近一年的文化热点。

网络语和表情包的走红靠什么？

今日网络文化已经成为大众文化中的重要组成部分，特别是在年轻人群体中，不了解最新最潮的网络文化可能很难与他们沟通。语言是文化的载体，在互联网并不像如今这样普及时，网络语言几乎被视为是现代汉语中的异端，这些网络语言有的不遵守词语构造法则，有的存在中英文或者文字数字混杂的问题，因此被认为是不规范的。但是当前每一年都有大量的网络新词诞生，网络语言的不规范性逐渐被人们忽略，其创造性和时代性的特点突出了起来，而这些爆红的网络流行语往往能及时反映出当前7亿网民的关注点和精神状态。

为什么一些网络词语会突然爆红呢？这个问题可以从发明者、传播途径和表达内容几方面来分析，当然可能还有一些运气的成分。但是在笔者看来，如果归纳一条网络语言走红的特质，最重要的原因可能是网络流行语用新的表达形式说出了网民的最急切想表达的心声，戳中了网民的痛点，而这些痛点往往在日常生活中无法得到正常的宣泄和排解。近一年红火的网络语言很多，笔者总结出了五个最具代表性的流行语。

1. 感觉身体被掏空。面对日益严重的加班文化，尽管人人都叫苦不迭，但是却不敢在自己的朋友圈正面宣泄，而"葛优躺"和"感觉身体被掏空"这些词就充分表达出人们在疲惫的生活中内心的状态和诉求。"感觉身体被掏空"还被创作成了歌曲，调侃了当下年轻人生活的真实状态。女性会对深夜加班导致"月抛带了两年半，十八天没有卸妆"深有感触，而在狼性文化的驱使下，也的确有很多人面临着因为开会没办法"去机场接年迈滴爸爸"。诙谐幽默的网络语言更像是都市人的一种自我解嘲，而现实生活中心怀梦想的年轻人依然要拖着早已被掏空的身体马不停蹄地朝前奔跑。

2. 蓝瘦香菇。这个网络词来自一段广西小伙录制的网络视频，他因为失恋录下了一段视频，以表达自己被女友分手后的伤心。本来只是一个伤心人面对镜头的倾诉，但是因为小伙说话带有地方口音，因此视频经过网民听译后，呈现出搞笑色彩："蓝瘦，香菇，本来今颠高高兴兴，泥为什莫要说这种话？蓝瘦，香菇在这里。第一翅为一个女孩纸这么香菇，蓝瘦。泥为什莫要说射种话，丢我一个人在这里。"如果仅是因为口音其实并不会掀起如此巨大的波澜，小伙在视频中的真性情让网民觉得很可爱，也说出了很多感情不顺的网友不敢直接表达出的心声，这一年流行的网络语与此相类似的词语还有"宝宝心里苦，但宝宝不说"，等等。

3. 洪荒之力。源自于热播剧《花千骨》，在电视剧中洪荒之力是最厉害的法力，拥有洪荒之力之人可以称霸天下。这个词真正流行于2016年里约奥运会之际，奥运选手傅园慧在参加完游泳项目的比赛后表示："我昨天把洪荒之力用完了，今天没有力气了。"这个词成为8月份互联网的最热词。

傅园慧比赛结束后直言对自己很满意并已经使出了"洪荒之力",这样的真性情与主流塑造的严肃形象不符,但是却充满一种积极乐观的正能量。

4. 定一个小目标。2016年万达集团董事长首富王健林接受鲁豫采访的视频截图被疯狂转发,截图中的对话大意如下,现在很多学生一见面就跟他说,我要当首富,有方向是对的,但是最好先定一个能达到的小目标,比方说我先挣它一个亿……于是一夜之间"定一个小目标"成为爆红的网络语言,虽然王健林本意是劝年轻人脚踏实地一步一步做起,但是一个亿的小目标的确让普通人望而却步。有趣的是,马云之前接受采访时也语出惊人,他被问及最后悔的事情时的回答竟然是创建阿里巴巴,果然企业家的世界凡人难以理解。

5. 友谊的小船说翻就翻。这句话来自于漫画作家喃东尼最开始创作的"友谊的小船"。"友谊的小船,说翻就翻",其实就是说朋友之间因为一些小事,而导致友情破裂。漫画里翻船的原因很多,比如坐在船两边的朋友因为一方变瘦而翻船,或者因为一方吃独食而翻船,再或者是因为一方突然恋爱而翻船,这些在漫画中的表现十分形象生动。另一方面,因为漫画本身再创作性非常强,所以也被各个行业拿来自嘲自己的不易,比如因为一方要加班而友谊翻船,因为一方不休假而友谊翻船,等等。

在现实生活中我们可能会听到一个青年这样去表达他今天的遭遇:"加班了没法跟朋友吃饭,感觉身体被掏空,友谊的小船也说翻就翻,真的蓝瘦香菇。不过今年已经定了一个小目标,要使出洪荒之力去实现。"通过观察和分析近一年流行的这些网络语言可以发现他们有一个有趣的特质,苦中作乐。在资本寒冬、提高个税起征点、裁员浪潮等不利个人发展的经济形势出现之时,生活在都市的人们其实需要更多的乐观精神去渡过难关,也需要通过自我解嘲去释放消极情绪。网络语言的诞生因为依托于一定的故事和语境,往往更能贴切地表达人们所想,让抽象的情绪更具体。

说到网络语言,不得不提起它的好朋友表情包,今年表情包也出够了风头。表情包依托于社交网络发展起来,最开始在微信、line、facebook等社交网络上有官方提供的符号表情,后来出现了emoji表情,而表情包则是网友们发挥自己的创意自制的表情。之所以称为是表情包,主要是因为这些表情往往围绕着某一卡通形象、某一人物进行设计或者是某一种流行元素进行设计,因此关于这一特定符号相关的表情都就生成了表情包。表情包有一部分直接通过娱乐明星和卡通形象的面部表情与动作来表达白眼、开心等含义,另一部分则是利用这些元素再配上文字去生成含义。

荧屏中的大团圆与小团圆

网络媒体热火朝天,传统的影视也不甘落后。笔者也从一个小插曲来说今年的人民大众都爱看什么?年底的大荧幕有一场短暂的小风波,根据当代著名作家刘震云的小说《我不是潘金莲》改编的同名电影上映,导演冯小刚却以金莲之名控诉自己的电影遭遇到了不公待遇,其中还隐晦地抖搂出万达因其高管跳槽而与华纳公司结怨,降低其排片。这样一篇长微博发出来,万达王思聪也直接发布微博讽刺冯小刚借机炒作,同时还暗指冯小刚为了自己电影的票房挤压其他的电影,一些国外影片纷纷延后档期。冯小刚的碰瓷似乎并没有为他争取到什么利益,反而抖搂出一堆关于大荧幕背后的潜规则。虽然冯导最终微博失意,影节得意,先是获得第十届亚太电影大奖最佳导演奖,48小时后又斩获第53届金马奖"最佳导演"殊荣,但是最终《我不是潘金莲》票房平平。

但是冯导可能没想到尽管自己使尽浑身解数为电影争取排片,但是大荧幕票房、口碑和讨论度却都输给了一匹黑马——日本动漫《你的名字》。这部来自日本导演新海诚的作品先是在日本大获成功,成为日本年度票房冠军,接着席卷了中国的各大影院压住了其他大片的风头,票房突破5亿人民币。《你的名字》在大荧幕的火爆是众多人始料未及的,在追求奇观化视觉体验的当下,很多人不愿意走进电影院看一部动画片,似乎如果没有大场面大制作大明星则不值票价,而这次新海诚则凭借每一帧都极美的画风和动人的青春故事俘获了大众的心。

有趣的是国内著名的弹幕网站哔哩哔哩动画(简称B站)大手笔包下全

国 49 座城市 70 个万达影城，请全国的 B 站用户免费看《你的名字》。如果你是等级在 3 级以上的会员或者是付费用户，此外还必须在 B 站找到一个"配对"的用户，两个人共同登录活动入口进行抢票，配对成功即可免费领票，此次活动共计匹配成功 20 多万对，有 40 多万人通过配对系统找到了自己的 B 站小伙伴。这样一种浪漫的配对跟电影情节相互呼应，也让一群潜水在网站的沉迷于二次元宅男宅女浮出水面。二次元是 ACGN 亚文化圈［为英文 Animation（动画）、Comic（漫画）、Game（游戏）、Novel（小说）的合并缩写］中被用作对"架空世界"或者说梦想世界的一种称呼。相对应的，现实世界则被称为"三次元"。过去动漫一直被视为是局限于青少年领域的娱乐文化，而事实上，越来越多的成年人开始享受沉浸在二次元的世界。丰富的想象力，大胆的情节设置，充满个性的人物，这些都是现实题材的文化作品缺乏的，二次元世界的吸引力也来源于此。而《你的名字》这样一部动画，就是因为汇聚了身体互换、时空穿越、拯救世界等元素让无数人热泪盈眶，虽然从某种程度上来说，这样一个塞满了热血、催泪素材的作品太不现实、太浪漫主义，但却比成人世界泛滥的心灵鸡汤更具有感召力。

回顾 2016 年的大荧幕包含童话元素的影片占据半壁江山，童话的胜利不是个案。除了上述提到的《你的名字》，全年贯穿着《美人鱼》《疯狂动物城》《功夫熊猫》《大鱼海棠》等作品，从出品方来看尽管好莱坞出品仍势头强劲，但国内作品也在迎头追赶。年末的《你的名字》更像是跟年初周星驰的贺岁大片《美人鱼》进行首尾呼应，尽管这部影片算不上周星驰特别出色的作品，整体未摆脱传统港式风格的说教色彩，但却因为依托于人鱼的童话故事打动人心，特别是最后的大团圆结局让观众不留遗憾。

人们对美好童话故事的偏好我相信不只观影群体中有儿童的原因，更主流的成年人群体也会选择童话元素的电影可能是为了追求一种"久在樊笼里，复得返自然"的心境。人们都追求真善美，而现实生活却往往是复杂无解、不尽如人意的，新闻铺天盖地地传达着负能量，生活被焦虑和不完全感包围，含有童话元素的电影打造出如幼时梦境般的体验，现实生活中总是会出现的惊险、失望和焦虑不安在故事情节中慢慢消失，大团圆才是结局。

与大荧幕走不同路线的是 2016 年格外火爆的网络剧,与大荧幕为了吸引主流群体而营造的温情脉脉不同,网络剧更多元、更有趣。网络剧是从 2009 年开始出现,但是一直不温不火,井喷式的爆发还是在 2015 年年底到 2016 年,特别是网络 IP 剧的出现更是吸引了不少投资者纷纷入局。IP 是 Intellectual Property 的简称,也就是"知识产权",这个词从 2015 年开始被广泛使用,到 2016 年谈影视娱乐已经离不开谈 IP 了。IP 可以是一部网络小说,也可以是一个游戏作品,网络上流行的网络剧的主要故事基本上都是来源于已经成型的网络小说,比如《太子妃升职记》《余罪》《法医秦明》这几部大红大紫的网剧,甚至还出现了网络剧反哺电视台的现象,比如一些热门的网络剧《九州太空城》《老九门》成功上星。

在此之前网络剧一直被诟病剧情简单,人物单薄,充满了各种奇葩的元素,再加上网络剧往往成本较低,请不起演技好的大牌明星,往往只能起用新人,在灯光、服装、场景等方面的塑造更不能跟传统的电视剧相比。尽管具有一系列的劣势,网络剧还是在资本的驱动下野蛮生长,比如 2015 年年底开始在网络放映的《太子妃升职记》让众多网民一边直呼剧组好穷,剧情好奇葩,一边停不下来地播放更新的剧集,不少网民为了提前观看剧集购买视频网站的会员。而网络剧的题材的确也变得更加丰富,除了传统网络小说中流行的玛丽苏、穿越、玄幻等剧情,同时又大胆加入了许多流行文化和亚文化的元素,比如关于同性恋情的《上瘾》,再加上相对较宽松的审批机制,最终制作出来的成品往往比传统的电视剧更博眼球。一部分隐藏在主流文化边边角角的亚文化往往容易被忽视,而网络剧凭借着更私密的观影方式往往可以迎合细分群体的需求,是谓小团圆。

自媒体时代的真真假假与是是非非

随着自媒体的兴起,普通网民也可以在自己的各种媒体平台上生产着内容,而现在单纯的文字和图片逐渐无法满足人们的需求,不懂摄影和写作的人也想要展示自己日常生活的诉求,直播这种形式便应运而生。2016 年又被称为是网络直播元年,这一年网络红人跟直播软件井喷式爆发,小咖秀、快手、美拍、映客等手机直播 App 迅速为人们熟知,papi 酱、蓝瘦香菇、搬砖小伟成为平民网红。如今拥有一个具有摄像功能的智能手机并非难事,移动设备的普及大大降低了直播的门槛。虽然直播本身并不是什么新事物,不过早期的主播一般都是坐在自己精心布置的场景前面向摄像头或者在电脑的一端参与游戏的解说,而现在任何人只需要拿着手机,配上一根自拍杆便可以随时随地直播。

以目前直播软件中流行的"尬舞"视频为例,这个词来源于英文 battle,是街舞专业用语,俗称斗舞。在网络视频上搜索尬舞既可以看到许多明星在专业的舞台上尬舞,也可以看到街头的舞者在街道上尬舞,而在直播软件上,尬舞则成为农村生活一种喜闻乐见的娱乐方式。这些生活在广阔农村中的青年男女们,将田埂地头和房前屋后作为舞台,他们未经任何的专业训练,但是却在劲爆的舞曲节奏中极其投入地扭动腰肢和甩头,尬舞甚至已经成为一些农村地区的节庆表演形式。如果从专业角度来看,这些农民的娱乐绝对是不入流的,甚至有人会将之斥为有伤大雅,但是在娱乐资源也相对贫乏的农村,尬舞不仅无伤大雅,相比较在农村广泛蔓延的赌博,其实是一种更为积极的娱乐,只不过是同城市居民的审美取向差异较大,而拿我们的标准去进行判断无疑是不公的。

当然在通过直播观察底层人民的日常生活时,也同样应该意识到,每个人的生活虽受所处社会阶层和文化的强烈影响,但同时也具有个体独一无二的表现。笔者完全不看好底层人民的直播事业,但是另一方面直播却真真切切地改变着这些底层人民的生活。靠在工地表现健身技巧的"90后""搬砖小伟",过去曾是一个网瘾少年,而回到现实生活,贫穷让他娶不起老婆,无奈与自己的女友分手。国外的健身视频给了他启发,这种健身形式门槛低,没有器材和场地的限制,起先他只是自己看入了迷,后来则变成练入迷。工地成为他训练的场所,枯燥乏味的体力劳动逐渐变成了对于自己毅力和体能的考验,搬砖小伟也在这个过程中找到了自己内心的力量。健身风靡于中产阶级,马拉松是他们的新宗教,而来自底层的搬砖小伟将建筑工地变成他健身的场所，钢管支架成为他健身的器材，这不失为一种向上的挑战，而近期关于他的纪录片《搬砖小伟》也将会在CCTV-10《讲述》栏目播放。小伟最喜欢《平凡的世界》中的一段话："我们出身于贫苦的农民家庭——永远不要鄙薄我们的出身，它给我们带来的好处将使我们的一生受用不尽；但我们一定又要从我们出身的局限中解脱出来，从意识上彻底背叛农民的狭隘性，追求更高意义的生活。"虽然靠直播能够改变自己命运的人极少，但是作为目前门槛最低的自媒体形式，作为观众的我们的确可以看到一个更完整的社会。

直播给人造成了一种过于真实的感觉，但在自媒体的江湖中更多的仍然是难以断定的真假和是非。同样也是一篇微信上的热文，一篇关于救救自己得白血病孩子的文章在微博、微信上被疯狂转发，篇名《罗一笑，你给我站住》。不得不承认，文章的作者文笔十分出色，因此获得了无数吃瓜群众的关注，于是被点赞、转发，网民们挥舞着手中的手机，仿佛通过这样的行为可以将自己的赤诚之心传递到达。更有公司借机营销，承诺为每一个转发捐赠一元钱，连平时珍惜自己朋友圈空间的网友们都纷纷转发以表现自己的善意。然而事件却在极短的时间内翻转，罗一笑的父亲罗尔被网民扒出是有三套房的"土豪"，网民疾呼上当受骗，一群买不起房的人给土豪捐了款，除此以外从新闻采访来看，罗尔似乎还是彻彻底底的直男癌，三套房留给儿子一套，留给自己一套，唯独没有钱给自己的宝贝女儿看病，其他家庭隐私也相继被扒出，那个含着热泪急切救女的慈父，转眼之间变成了人生充满各种污点的诈捐犯。

微信、微博上的信息太冗杂了，似乎所有不公正都可以得到声张，也似乎所有的故事都可以成为营销的筹码，当然也有可能是真正的呐喊被淹没。经过这两次事件，人们由起初的一股脑浸入其中，变成了将信将疑，以后呢，是会变成充耳不闻还是嗤之以鼻？其实一直以来自媒体都不仅是纯粹个人意见表达的平台，当前更主要的功能仍然是商业营销，因此会有大量虚假信息在商业利益的驱使下涌入。在是非真假如此难以断定的当下，人们可能真的要从"快手"和"罗尔"的事件中去学习如何甄别信息从而避免被诱导。

根据结构—功能主义的理论，文化系统由规范、价值观、信仰及其他一些与行动相联系的观念构成，是一个具有符号性质的意义模式系统，这个系统也在指导着人们，以期与更为广泛的社会结构的"需求"相协调的方式行动。每一年新的文化现象的诞生，都绝非孤立的现象，往往是社会规范、价值观及行动的组合。在分析网络语言的过程中就可以发现这个特点，网络文化紧密地同民众生活的社会系统相结合，网络流行语的走红不仅是因为某个人物自身的特质，而是符合当前的社会结构的需求，因而具有极强的时代特征。文化系统就是这样通过反映社会需求的内容的传授去迎合、适应大的社会系统，通过生产出适应不同阶层的喜爱的文化，实现文化系统的功能，丰富人们的生活。

不过需要注意的是人们欣然接受各种文化带给生活的乐趣，同时也需要警惕其反功能。比如自媒体平台是为了适应人们表达自我的需求而产生，但是如今却发生了一些变质。直播平台上，一些人会为了博取眼球而违反社会规则甚至法律，因而这一年接连有直播捣马蜂窝、在自家烧汽车，还有踩踏警车、恶意拨打110等行为出现，另一方面因为对于自媒体生产者缺乏认知，往往是非真假难以辨别，给了骗子以可乘之机，以上这些都是反功能的表现，除此以外，还有已经被广泛讨论的娱乐至死、消费文化盛行等。反功能的出现也有一定的积极作用，即催促社会系统进行调整和修复，因而可以看到当前自媒体平台的法律法规也在不断完善，一些骗取转发的微信文章可以通过大众举报被及时清理，而直播平台上出现违反法律的行为，也会被网络警察迅速追踪到IP将犯罪嫌疑人捕获。网络文化在将来的很长一段时间依然会占据人们文化生活的重要部分，关于网络的制度和法规也在愈发完善，反功能相比较网络作为一种新生文化诞生伊始已经减少了很多，而像基于网络诞生的直播、自媒体、网络剧等新形式，也需要更加细分的制度去保障。

在文化热点的分析中，不可避免的是讨论文化的雅俗之分，这实际上正是社会冲突的一种反映。冲突是价值观、信仰以及对于稀缺资源的分配上的斗争，产生于社会分配不均以及人们对这种分配不均表现出的失望，但冲突并不总是破坏性的，只要不直接涉及基本价值观或共同观念，那么反而会对社会有好处。从古至今关于文化雅俗的争论就从未停歇，有人喜爱阳春白雪，就有人喜欢下里巴人，但是有趣的是随着时间的变迁原有的文化冲突可能随着文化发展和融合逐渐消失，甚至原本的下里巴人成为如今的阳春白雪。比如像《诗经》中的诗歌大部分都由劳动人民创造，记录了当时社会的百态，像《硕鼠》这样直白地表达"硕鼠硕鼠，无食我黍。三岁贯女，莫我肯顾"，在当时不仅是低俗，甚至是忤逆的。然而随着时代的变迁，语境也发生了变化，诗歌中的朴素并没有变，但是因为语言的陌生化，诗经完成了向雅的转变和升华，成为如今国学课堂上的经典之作。而回顾近一年的文化热点可以发现，过去被视为不入流的网络剧开始逐渐崛起，尽管处于资源劣势却有自己独特的一套生存法则，逐渐被更广泛的群体喜爱。

著名社会学家科塞提出了建立社会安全阀制度的观点，通过这种安全阀制度既可以帮助遭遇不公者发泄愤怒的情绪，也可以使统治者得到社会信息，避免灾难爆发破坏社会整个结构。尽管底层的很多风俗文化的确充满着恶俗趣味，但是这样一种文化表达正是发挥着社会安全阀的作用，无论对于民众个体还是社会都具有一定的意义。

社会互动理论认为群体活动和社会过程是以互为条件和结果的社会行动为基础的，当相关双方相互采取社会行动时就形成了社会互动，我们不断地意识到我们的行动对别人的效果，反过来，别人的期望影响着我们自己的大多数行为。从根本上讲，没有群体互动，就不会有自我互动。这也就是我们在关注直播现象时，既关注这些直播人员所处在的群体和社会阶层，同时又不能忽略其个体特质，既要关注到这些直播人员本身所具有的一些特异功能，也不能忽略吃瓜群众在与之互动过程中进行的鼓动。当然，对于直播中的大众来说，同自己所处群体的互动既是前提，也是互动的必不可少的环境和情境，这也是在农村集体尬舞文化盛行的原因。

附：微评议

腹有诗书气自华：中国诗词大会火了

央视一档综艺节目和科教频道因推出了《中国诗词大会》而火了，继而被媒体热炒成的全民学诗已经蔚然成风，更有甚者提出了中国将再次复兴诗的国度。当我们在冷静下来细细品味古诗所表达的意境与现代社会的关系时，那种时过境迁、物是人非的感觉真让人有种穿越唐宋之感。如今再谈"腹有诗书气自华"时，此时的诗书、才华非彼时也。因此我们要说，对于中华传统文化没有复兴只有创新。

最近以来，中央电视台推出的以"赏中华诗词，寻文化基因，品生活之美"为宗旨的《中国诗词大会》节目，自开播之日起就受到观众持续的关注。截至2017年2月7日，诗词大会在央视综合频道播出的全部10期，累计收看观众9.18亿人次；在央视科教频道播出的全部10期累计收看观众2.45亿人次，合计两个频道累计收看观众11.63亿人次。如此看来，确实像媒体所说的那样，在国人中间似乎又掀起了一股古典诗词阅读品评热潮，甚至在朋友圈中和各个微信群中一贯被热衷养生、八卦的话题，也开始让位于群友品评节目、答题对诗、玩"飞花令"①这样富有文化底蕴的消遣娱乐活动。这样看还真是这么回事，就像有媒体记者所说的"中国人骨子里的'诗性'被唤醒了"，这样说也不为过，曾几何时，我国还是一个诗的国度，有史记载，早在公元前6世纪《诗经》就已诞生，此后楚辞、汉乐府、唐诗、宋词、元

---

① 追根溯源，"飞花"一词出自唐代诗人韩翃《寒食》诗中"春城无处不飞花"一句。最基本的飞花令诗句中必须含有"花"字，而且对"花"字出现的位置同样有着严格的要求。这些诗可背诵前人诗句，也可现场吟作。行令人一个接一个，当作不出诗、背不出诗或作错、背错时，由酒令官命其喝酒。当然，没有诗词基础的人根本玩不转它，所以这种酒令也成了文人墨客们的最爱。引自《"飞花令"与中国古代酒令文化》，《光明日报》，2017年2月14日。

曲等,名篇佳作汗牛充栋,当然,唐诗与宋词是最为国人所熟悉的。但时过境迁,普罗大众的诗意淡了,吟诗作赋越来越成为社会"小众"的雅好。所以有学者想唤醒中国人的诗性,借央视之东风再次复兴诗的国度,无疑这是一次可贵的机会。正像有的学者所认为的那样,中国诗词在综艺节目的热播可以看作"喧嚣的现代社会与传统文化又有了一次美丽的邂逅,中华文化基因可以逐渐苏醒,这危机中的微熹,则弥足珍贵"[①]。真的是这样的吗?有那么多人观看中国诗词大会节目就会推动国人的学诗读诗热吗?中华传统文化真的能复兴吗?带着这些问题,我们需要认真地进行思考和讨论。

作为中华文化基因的诗在现代社会中能够逐渐苏醒吗?这就要看现代社会是一个什么样的社会,它与传统社会有什么不同。中国社会由传统向现代的大转型发生在19世纪末20世纪初,西方列强以坚船利炮打开国门以后,传统社会的帝制、以儒家为核心的价值体系、科举选拔制度、重农主义等这些国本都相继发生了变革和演变。现代社会在理念上追求科学、民主、自由,在实践中则以理性建构起一个分化和专业的"科层制",人人都被固定在某一个社会位置上即工作职位上从事着专业工作。因此,现代社会是一个经由工业社会,如今已经发展到以信息和科技为代表的后工业社会阶段。人可以工作但不再从事一个方面,而且分工越来越细越来越专业,导致社会对专业人士的更加依赖;人可以休息但不再有闲暇,而且休息越来越被分割成与工作相对的时间,休息也被异化成对人身自由的一种限制和剥夺;人可以学习但对知识的选择越来越实用越来越成为一种文化资本的储备,学习不再是基于个人的兴趣和爱好而是为了竞争。这些方面都是决然与传统社会相异的。年长的一代人也许对刚刚消逝不久的中国传统社会还有记忆,那是一个节奏缓慢的能够自给自足的农业社会,大多数人从事着相同的工作,一批文人如士绅乡绅不仅是皇权的维护者还是百姓的管理者,而且也是中华传统文化的负载者和守护者,士绅体系治理社会靠的是一套"三纲五常",诸如"存天理、

---

① 《评〈中国诗词大会〉:别让这股"综艺清流"变成"猎奇热潮"》,《扬子晚报》,2017年2月14日。

灭人欲"这样的儒家核心价值体系。而对文人则采取了"万般皆下品，唯有读书高"的鼓励大于限制的政策，所以自古将文人视为"闲暇之士"还是有道理的。这就是说，学习既可以当官，也可以成为闲散饱学之士如诗人墨客隐士。一般来说，文人多出自殷实家庭和富庶之地，自古江南多才子，江南不就是中国鱼米之乡吗？中国历朝历代流传下来的诗词文墨，不就大都出自这些有闲暇和自由的士绅乡绅这样的文人墨客之手吗，你再翻翻唐诗宋词里有多少是出自那些"日出而作，日落而归"的农夫之手啊？所以说，"中国是一个诗的国度"那也只是小众精英生活的一个缩影吧，真正能让百姓读诗懂诗的还是到了现代社会的文字改革和普及教育以后的事情了。所以说作为中华文化基因的诗能否苏醒和复兴可能是意指诗的普及程度吧，那么央视综艺节目的推出和推动能让国人掀起学诗读诗热吗？

笔者个人主观倾向于大家都学诗懂诗用诗，俗话说"不学诗，无以言"，更何况诗言志，更有之"以诗会友"。但客观地说，笔者认为国人都学诗实在不可能也不现实，为什么这样说呢？首先来说虽由央视推出的综艺节目但还是一档娱乐节目，既然是娱乐就不能太认真地对待。当然了，肯定会有一些人会对诗产生好奇心和兴趣，但不能代表观看的上亿人群都开始学诗了。毕竟现代社会是一个快节奏并充满竞争和不确定的社会，人们要想生存和发展就要跟上工作岗位技术变化的节奏和新工作对专业知识的要求，所以，今天的人们只要工作就会不断地学习充电专业知识，试问有多少闲暇可以去背唐诗宋词，可以说连这样的闲情逸致也很难有。所以说，喜欢看诗词大会综艺节目，甚至和同事朋友聊一聊也并不等于下决心要学诗了，不信你看看，随着这档节目的结束，人们的兴致也就慢慢降了下来。或者再说些实际的话，如果学诗不能为人们带来生活的改善和工作效率的提高，可能就不会有人真心地去学诗了。这是因为一个充满诗性的人是无法在一个理性社会中生存的，况且作为科层制的现代社会已经从文人治国走向了专家治国，乡绅士绅连同他们的"纲常名教"和"满腹经纶"都伴随着乡愁渐渐远去。

传统社会是一个韦伯所称的"卡里斯玛"的社会，人们崇拜英雄迷恋偶像，人们可以为了英雄或成为英雄去生存去奋斗，这也许就是他的一切他的一生。现代社会也崇拜英雄和偶像，但这种崇拜和迷恋已经多元化了。就像央视不断推出的明星一样，有人喜欢有人不喜欢，现代人有权利和自由这样选择。举例来说，最近中国诗词大会火了一个人，16岁的上海复旦中学女生武亦姝在央视的诗词大会上脱颖而出，用娱记的话说成了风靡网络的古典风少女偶像——当代的网红。虽然人人都喜欢这位倒背如流出口成诗秀外慧中的女孩子，但有多少人会将她作为偶像崇拜一生呢？又有多少人会为了她而献身中国的古诗词复兴事业呢？其实，没有多少，就像武亦姝也不可能单靠诗的才华就能进入大学，她还要学好数理化和别的学科基础知识。如果说诗词大会和武亦姝偶像的力量对中学生有着较大的吸引力和影响力不假，但让学生花更多的时间去背古诗这也许是兴趣无法决定得了的事情，因为学校课程设置是综合考虑的，古诗在语文基础知识的考试中所占比例很低，大约10%吧。所以普通学生们都很清楚，尽管自己"腹有诗书气自华"，但也得通过那"三重门"。职是之故，现代科层制社会注重效率和合理分配时间已经深入到学校和每位学生的行动之中。所以，我们应该平淡地看待"诗"的存在和变化，作为一种娱乐能为人们所接受，但将诗作为一种"国本"的复兴和传统文化的基因则未免太夸大其词了。

谈到复兴和文化基因，这就说说一直以来成为国人一种"心病"之痛的中华传统文化，早在五四运动时就被当作糟粕而弃之如敝屣。关于这一事件已经在中国近代史上有了定论，虽还有争议，但主流历史基本上是肯定五四青年新文化运动所推翻的"礼教"和儒家核心价值体系的。所以本文在这里就不去翻这些旧账了，只是想就事论事。要说到中华传统文化借助背诵古诗词的火再烧起来恐绝非易事，中华诗词虽然蕴含了丰富的传统文化，但它却缺乏时代的因子。这就是说任何文化如果没有时代感就会渐渐失去它的功用，就像中国许许多多的地方戏曲消失一样。一种文化的复兴必须具有推动时代前进的作用，如欧洲文艺复兴运动彻底推动了文化大转型，它将世俗的人、神关系又还原给世俗，通过启蒙运动，从而有了"人"的觉醒与回归，以及思想的大解放，确立了人文精神、开启了人类创造和科学实验之先河，名为"复兴"，实为"再创"，它冲破了中世纪的层层枷锁，为后来的资本主义的建立和发展做了最重要的奠基。相比之下，中华传统文化仅仅是作为"复兴"而不是"再创"，就是说那些纲常名教回来了，四书五经又重新刊印了，唐诗宋词进课堂了，人人都成了诗人了，中国又成了诗的国度了。这在一个封闭的国家里也许是一种不错的状态，但在一个越来越开放的世界面前，经济的发展、疆域的保卫、社会的治理、科学的创新似乎是儒家文明所无法给予的。再说那些唐诗宋词所表达的人的思想、境界、心情、自然风光和社会风尚已经不再是今人所能感受和理解的了。李白的一首"朝发白帝城"的诗有句"千里江陵一日还"，这种时空感对于年轻人就是让他穿越到唐朝，他也是带着现代因子去的，千里之地坐飞机不就是一两个时辰的事吗？这就回到了前面所说的话，一旦文化不能促进个人的进步和推动社会的发展，这种文化就很难存在下去。因此，我们下结论说，中华传统文化不可能复兴，但可以有选择地保留，就像非物质文化遗产一样；中国人骨子里的诗性被唤醒也是不可能的，具有诗性如能吟诗作赋或开展对诗的研究只能是小众的事情，大多数人也许是止于欣赏而已。央视的综艺节目一直很火，因为人们需要娱乐和消遣，特别是生活在紧张快节奏的现代人，如果有一种恍如清风一样的"诗词会"所能带来美的感受和享受，不啻是一种值得选择的放松方式。如果让人们强迫去学诗，并在学生课业负担还很重的情况下再加压，那就真的不可取了。其实在央视综艺频道举办的各种竞赛节目中，除了选手们识文猜字背诵之功外，为了获得通过和拿高分，不也存在猜猜猜、碰碰碰吗？这种情况已有媒体人士指出，诸如，在节目中，选手们面对的九宫格、干扰项、抢答等"功利化"定输赢的方式，也让教育人士嗅出了"应试"味道。也有选手靠"蒙"答对题目，在老师看来，"这就是当下应试教育最厉害的地方，以答题技巧制胜"，俨然是一场标准化考试。[①] 如果说读诗的境界是让人达到真实、诚实，但将诗作为一种竞赛、作为一种考试、作为一种衡量现代人文

---

① 《评〈中国诗词大会〉：别让这股"综艺清流"变成"猎奇热潮"》，《扬子晚报》，2017年2月14日。

化素养的标准,那就大错特错了。因为,即使是最美、最纯洁、最真实的诗,一旦将它作为一种博弈的手段和评判人高低的标准时,那就不美、不纯洁、不真实了。

近一年比房价涨得还快的竟然是"它"

有媒体说,房地产市场不仅仅是热,而且已经在着火。这场火终于除了烧掉了许多收入微薄住房人的希望之外,也烧掉了许多改善型家庭美好婚姻的誓言。近一年最奇葩的事情莫过于,中国的大城市成千上万对夫妻像抢房子一样排着长龙等待办理离婚,不是因为他们想分手,而是为了买第二套房产用于投资。

听说过现代社会会产生各种潮流,什么"婴儿潮""单身潮""移民潮",但没有听说过现代社会还有离婚潮,而且离婚潮真的就出现在中国的上海、深圳这些大城市中。要说这些大城市的房价涨得快这是不争的事实,可是又有谁听说过有比房价涨得还快的竟然是"离婚潮"。有例为证,先说说一个典型的新上海人家庭情况。夫妻两人均为上海户籍,由于下手较早,他们在2010年那轮房价暴涨时就在郊区购置了一套两居室作为婚房,当时总价只要80万元,首付、利率都很低。这两年,随着孩子的出生和老人进入家庭照料,这套房子已经很局促。两人又在中环附近相中了一套三居室,价格已近千万元。按照上海325新政,二套非普通住房首付7成,意思是他们需要拿出将近700万元的现金。而如果是首套房,只需拿出300万元。加上双方父母资助,夫妇俩能凑够400万元,郊区的房子如今也价值400万元。是卖掉郊区房子加上父母和自己的积蓄,凑一套大房子的首付,还是假离婚将二套做成首套房,这对夫妇选择了后者。通过离婚,将郊区的房子划到妻子名下,丈夫以单身份买下中环三居室,俩人再复婚,首付付了4成多,郊区房子仍在增值。这对夫妻,用这种不太"阳光"的做法,将自己的家庭资产实现了最大化。①

---

① 《离婚潮真相:为何很多人宁愿假离婚也要买房?》,中国地产金融菁英汇,2016年9月5日,http://news.czfcw.com/201609/120362.html。

上述例子之所以典型，就在于房产新政下要办离婚的夫妇其目的都与他们一样，为了购买第二套房做投资用。当然了，这样的好处是显而易见的，也是很快就会被别人传诵模仿的。当这样做的人多起来的时候，所谓的离婚潮真的就来了，而且势头越来越大。我们看一下统计数字，据《财新周刊》称，仅2016年8月30日，上海静安区就有108对夫妇递交了离婚申请，这比平时一天的量多出了十倍。与此同时，那几天的房屋销售量翻了一番。深圳离婚夫妇数量的增长甚至快过房价，当地去年离婚夫妇数量比上年增长46%，与此同时，几乎有一半的新房是卖给了离异人士。[①] 还有很多例子就不再举了，这也足以说明问题了。人们现在关心的不是有多少家庭用这样的办法买了第二套房子，也不会去问他们为什么这样做。而主要关心的问题是，房地产市场的价格与政策到底是什么关系？离婚潮是价格起了作用还是政策起了作用？离婚潮为家庭带来了"实惠"的同时又为社会带来了什么样的影响？如此等等，笔者不妨撸起袖子说道说道。

先说房地产市场的价格与政策到底是什么关系？从两者各自的渊源来看，价格是由市场决定的，政策则是政府行为。所以说房地产市场一直存在着两种不同的力量：一种是由市场供需产生的"看不见的手"控制着价格高低；另一种是政府"看得见的手"在调控、干预着市场价格。先不说学界一直争执不休的什么"自由主义"和"新自由主义"与"凯恩斯主义"和"新凯恩斯主义"孰对孰错的问题，也不说什么"大市场小政府"还是什么"强政府弱市场"的国家模式。就中国社会的现实来说，恐怕既不是西方社会自由的市场经济模式，也不是中国社会过去的计划经济模式，而是"具有中国社会主义特色的市场经济模式"。

现在我们再回到"价格与政策到底是什么关系？"这个问题上。作为自由的市场经济模式对这个问题无法解释，特别是作为自由市场经济的美国，政府对价格的任何干预都会招致市场的反弹，虽然罗斯福总统的干预初期见

---

① 《中国离婚潮：用婚姻换房子，离婚率涨得比房价快》，私募排排网，2016年9月19日，http://business.sohu.com/20160919/n468670608.shtml。

到了效果，但随后的市场反弹却让经济大萧条持续了更久。因此，作为凯恩斯主义常常被当作反面教材以警示美国政府不要对自由独立的市场指手画脚。在中国计划经济时代，价格是由政府制定的，行政体制中有专门的价格司专司此职。而在改革开放以后的中国，实行了"具有中国社会主义特色的市场经济模式"，因此价格开始回到市场之中，受市场供需规律调节，而政府却在宏观上进行调控。这就形成了中国特色的"股票市场""金融市场""劳动力市场""房地产市场"等，政府则充当了"涨停（跌）板"或采取多种措施"指导与平缓物价"的角色。这次关于房地产市场在一线城市的疯狂涨价，政府就出台了专打"七寸"这一最狠的招——抑制炒房，强压制下一、二线城市的房价终于控制住了也回落了，但是随后的市场反弹让谁也没有想到，竟然是由离婚潮将政府的政策推到了沙滩上，炒房者以最小的损失终又换取了最大的利益。看来，价格已经不单纯是由市场或政策单方面所能决定的了，不确定因素太多了。特别是一直抗衡政策的绝不是市场了，主流经济学家一直停留在市场对还是政府干预对这样的命题争吵中，已经严重脱离了社会的现实，是社会中的利益群体在与政策较劲、博弈。

　　关于"离婚潮是价格起了作用还是政策起了作用？"这个问题到这时已经很明白了，当然是政策起了作用。换句话说，就是政府出台抑制房地产炒房行为的政策被社会中炒房的利益群体给解构了。再搞笑地说，政府出台的房地产新政同样也解构了炒房利益群体的家庭，让双方曾经的美丽誓言变成一张白纸。这有什么后果呢？在貌似达到炒房成功的离婚夫妇中间，利益在最大化的同时，夫妻之间的关系难道就没有出现微妙的变化吗？显然不是，已经有媒体报道了，夫妻为了达到购买第二套房的目的办理假离婚，结果却假戏真做了。因办理离婚前的财产已经分割完毕，旧的房子属于一方，新买的房子属于另一方，于是，大多数人看不能复合也就罢了，也有人因此而打上了法庭。看到这里相信大家一定不怀疑出台抑制炒房的政策绝不是将炒房夫妻送上法庭，但实际却出现了这样的效果。下面我们接着分析第三个问题：离婚潮为家庭带来了"实惠"的同时又为社会带来了什么样的影响？

　　这个"实惠"加引号是有两层意思：一是离婚夫妇真的得了实惠，既买了第二套房子，又复婚了，对家庭来说这是真实惠；另一层意思是夫妻办理了离婚，也买了第二套房子，但没有办理复婚，对这个家庭来说这可能就是假实惠，而对家庭中达到目的的一方也许是真实惠。我们分析的焦点不在这个家庭或成员是真的还是假的得到了实惠这个问题上，而是他们的做法对社会来说有什么负面的影响？要说这个负面影响可就大了深了远了，为什么这么说呢？听笔者解释。

第一，以"假离婚"钻政策空子，让政策最终成为一种空架子。政府出台的最新楼市政策明确的意图就是"楼房是让人来住的，不是炒的"，为此而对购买第二套住房并有炒房嫌疑的人卡紧了银行贷款并大幅提高首付款比例。但绝没有想到拥有第一套房和第二套房的身份竟然会由夫妻上演离婚而改变，发生在一、二线大城市的"离婚潮"无疑将新政变成了一种摆设。

第二，以购买第二套住房改善条件和投资为目的的"离婚潮"，继续为房地产市场的涨价注入了活力，虽然新政的效力仍然在持续，但在一、二线城市的房价很难谈到降价，大都是稳中有升，只是幅度变小而已。如果没有这次的"离婚潮"对于房地产市场的干扰，新政的效力将是历史上最大的，很有可能在短期就能产生降低房地产虚高的价格泡沫，让房价回到合理状态。因此，政府的干预是见效的，但房地产商与炒房家庭的合谋既不是合理行为，也不是市场行为。

第三，为自己家庭改善住房或炒房子投资的行为不仅干扰了房地产市场，而且将社会的不公平继续激化。那些本来寄希望新政实施能降下虚高的房价，让购买自住房的普通民众实现"居者有其屋"的梦想，但"离婚潮"无疑将他们的梦想大大推迟了。如此而加大了无自住房阶层与改善型、投资型阶层之间的矛盾，形成了不稳定的社会因素。

第四，这一次发生在一、二线城市的"离婚潮"是一次具有极强示范效应和引导（教唆）效应的群体事件，是让人们为了达到个人和家庭的私利，利用制度的漏洞和政策的空子。政府在出台政策之前可能全部都考虑到了，可就是没有想到人们会将神圣、美好、幸福的婚姻降低成一纸婚约，成为随时可以利用可以撕毁再可以粘贴上的廉价物。之所以说廉价那是因为不如房子贵。这种功利主义和物质主义无疑已经玷污了社会风气，影响了新一代的人生观和价值观。

综上所述，发生在市场经济中的各种反常现象可以说明，中国实行的"具有社会主义特色的市场经济"道路没有错，政府对市场经济的宏观调控是可行的。因为像"离婚潮"维持了高房价等这样的非正常情况并不是市场对政府调控的反弹，而是利益群体不择手段操纵市场的结果。中国社会的情况与西方社会的情况完全不同，如此大的人口要解决"居者有其屋"恐怕是任何一个国家任何一种制度都难以实现的。而在中国社会，这个问题如果不是各种利益群体的干扰阻抗，相信这个进程会很快的。最后想说，看一个家庭、看一个社会、看一个国家的幸福度，最主要的因素就是人们对婚姻神圣性的看法、拥有和维护，而不是用你有多少房子多少钱来衡量的！如果用了摧毁神圣性的手段就算得到了物质利益，那么还能获得真正的幸福吗？

政策红包打包送，惠及百姓有几何？

2017年的政策"红包"打包送，这在历史上还很少有，所以从时机和诚意来看，这些红包很温暖也很"解渴"。但这些红包究竟能让百姓得到多少实惠呢？哪些人可以获得更多的实惠呢？这些实惠能持续多久呢？这些才是百姓所真正关心的问题。本文将这些红包破解一下，仅做一家之言。

中国经济保持强劲的高速发展持续了近30年，随着国力的增强和社会财富的积累，社会形式正在从贡献模式转向分享模式，2017年发放的政策红包就是社会分享模式的具体体现。我们从媒体上了解到，即将到手和未来可能发放的政策红包涵盖了民生很多方面，该怎样看获得实惠的民生呢？这在政策红包发放时考虑的是概化了的民生，"被平均"已经引起了社会的诸多不满，原因就是如今的民生已经不能代表所有的民众了。

对此需要解释一下，中国社会的民生根据职业、收入和社会地位的分层标准看，已经由扁平化开始向上升起，形成了多层次的民生社会，在社会学里叫"社会分层"。如果政策红包发给了居于高层的民生社会，中低层民生社会得到的实惠就要少，如果红包发给中低层的民生社会，社会弱势群体就得不到实际的优惠和照顾。所以说，社会公平在一个同质的社会里好办，而在一个异质（分层）社会里就很难关照到所有阶层的公平问题。中国社会现在已经出现了一个分层的民生社会，所以，政策红包发好了可以获得均衡效果，发不好就会加大社会分层间的差距。依笔者所见，发放政策红包一定是想让大多数人受益，起到均衡作用，而绝不是想拉大贫富差距。但实施的效果却不是以人的意志为转移的，以往对房地产市场的调控结果使房价越调越高，百姓根本买不起了。诸如此类的教训让人们开始重视政策研究，本文正是想对这一揽子的政策红包做出一些分析，谈谈自己的看法和想法。

要坚持"房子是用来住的、不是用来炒的"的定位，既抑制房地产泡沫，又防止出现大起大落。要在宏观上管住货币，微观信贷政策要支持合理自住购房，严格限制信贷流向投资投机性购房。

中国的房地产市场既是投机者的天堂，又是普通百姓的地狱。如今在中国的一、二线城市，不论是谁只要投资房地产市场保证只赚不赔，而普通百姓买房自住却越来越感到压力山大。政府不断出台政策抑制房地产虚高和炒房人的不当获利，但是各种政策同时也限制了普通民众买房自住的需求。多年来，在一、二线城市的普通买房人面对快速升高的房价可以用一句话恰当地形容："哀鸿遍野"。如今政策红包对于买房人无疑是利好消息，在政策上将支持买房子自住，这为本来已经无望的买房人带来新的希望，而从信贷上严格限制了炒房人的投机性行为。那么，住在一、二线城市真正买房自住的大都是中产阶层，而中产以下阶层受这项政策的优惠只能是少数人。还有，大多数三、四线城市的房价本来就不高，有许多城市不升反降还是很少有人买，所有政策优惠对这些城市的买房人并没有带来什么影响。

要在减税、降费、降低要素成本上加大工作力度。要坚持基本经济制度，坚持社会主义市场经济改革方向，坚持扩大开放，稳定民营企业家信心。

改革开放以来民营企业的兴起无疑为中国市场经济的发展起到了重要的作用，据统计，全国曾有3200多万户个体私营企业，解决了当时8000万人的就业问题，工业产值60%、工业增加值40%、实现利税77%、出口额60%、城镇就业机会75%，民营企业的年产值增长率一直保持在30%左右，远远高于同期国民经济增长速度。但是经历了30年之后，大多数的民营企业由于政策支持不够发展空间受限，不是死了就是永远长不大了，能脱胎换骨成为大型企业的像华为、苏宁、大连万达、浙江吉利、新疆广汇等十大民营企业的算是凤毛麟角。随着市场经济的发展，国有企业发展中出现了越来越多的体制上和历史积累的问题从而积重难返，而民营企业的重新崛起对国民经济的发展无疑是重要支柱之一。2017年这项政策红包，对民营企业意义巨大，可以说，很快就会激活诸多的民营企业和微小企业，从而会极大地拓宽就业市场，增加经济的活力和竞争的动力。当然，从社会分层的角度说，该项红包更有利于民营企业家阶层，而普通受雇阶层获利较少，并且依赖于新的劳资关系。

深入推进农业供给侧结构性改革。深化农村产权制度改革，明晰农村集体产权归属，赋予农民更加充分的财产权利。统筹推进农村土地征收、集体经营性建设用地入市、宅基地制度改革试点。广辟农民增收致富门路。

改革开放以来，农村产权政策改革一直没有得到真正的落实，由于产权归属不清晰严重制约了农民的致富，也导致了地方土地财政的盛行。巨大的经济利益使得相当数量的农村基层组织"黑社会化"，由此而引起的矛盾纠纷不断。这一政策红包的发放最大的获利者无疑是广大的农民，而对土地财政的限制和农村基层组织的权力外伸起到了极大的限制作用。对农民来说，确实是实实在在的红包。

农民工市民化会带来新一轮消费拉动和基础设施投资增加。但前提是，要通过户籍制度改革解决农民工的身份问题，农民工就有条件将他们的长期消费行为从农村转向城市。

长期以来二元的户籍制度严重地限制了农民工的社会流动和城市化的发展，特别是二代农民工出现以后，在他们身上出现了身份认同的困惑和矛盾，由于新生代农民工既回不了农村，又不能有效地融入城市获得认同，由此而引起的个人问题和社会问题越来越严重。这次的政策红包无疑释放出了要真的解决农民工的身份问题，许多配套的措施正在被期待出台。从这一政策红包发放的动机来看，主要针对的是农民工群体，而已经有城市户口的打工流动人员却无法分享这一政策红包的优惠。

近日召开的全国财政工作会议提出，合理提高退休人员养老金标准，落实和完善支持养老服务业发展的政策措施。推动养老保险制度改革，加快出台养老保险制度改革方案。人社部也表示，2017年开始逐步解决跨省异地安置退休人员住院医疗费用直接结算，年底扩大到符合转诊规定人员的异地就医住院医疗费用直接结算。

一直以来，退休人员的养老金标准定得过低，造成了退休人员在生活上和看病吃药等方面的负担很重。这一政策红包将主要惠及居于社会中底层的工薪族退休职工，涉及上亿退休人员，因此这个红包可谓不小，国家陆续将拿出可观的钱增补此项。目前虽涨幅还未确定，但2017年养老金还会涨，这对于1亿多退休人员来说真是一个好消息！就在刚刚过去的2016年，全国首次实现企业和机关事业单位养老金待遇同步调整，总体水平上涨了6.5%左右。人社部给退休老年人的政策红包非常给力，对于符合条件的患者来说，以后在哪看病住院，就可以在哪报销，不用再垫付资金，也不必为报销来回奔波了。解决了退休人员异地看病报销的难题和困境。如此等等，政府致力于社会公平和重视老年人问题的努力初见成效，实现了向老龄化社会平稳过渡的第一步。

自2017年1月1日起，中国将对进出口关税进行部分调整，降低金枪鱼、北极虾、蔓越橘等特色食品和雕塑品原件等文化消费品的进口关税。降低生产抗癌药所需的红豆杉皮和枝叶、治疗糖尿病药所需阿卡波糖水合物的进口关税。

中国老百姓一直抱怨物价上涨太快，菜篮子钱变得越来越少。确实，中国一般家庭的恩格尔系数一直很高，生活消费支出占了家庭收入很大一块，物价上涨后这项支出就更高了。所以社会中的中产阶层及以下阶层对于生活消费指数是非常敏感的，即不得不精打细算才能过得了日子。所以这项政策红包是中产阶层及中低阶层的福利，降低关税以后，人们用同样的钱却能买到不同品质的商品，这样就会提高人们的生活质量，改善人们的生活状况，增进人们的社会稳定感。

再细数一下政策红包真的还很多，有异地可补办身份证的；铁路部门将进一步完善实名制车票挂失补办办法；信用卡日提现额度1万元，禁收超限费；在2017年"营改增"减税效应的扩大和新的减税措施的推出，广大企业的税负将进一步得到降低。通过政府发放政策红包，使广大的民众充分感受到政府在2017年主要工作坚持以人为本，以改善民生生活质量为目标的理念和行动，而且透过这些政策红包来看，作为政府已经关注到社会分层的状况，既解决了中产阶层有向下流动的担心，又提高了中低阶层的收入和社会福利。这样的政策红包以及持续的给力，将会让中国的中产阶层逐步地扩大起来，让底层社会的人们不断提高生活品质。因此我们认为，社会分层虽然在我国还是一个新的社会现象，但是我们已经摸索到在一个分层的社会里应该怎样实施有效的管理，通过合理有效的政策落实社会公平，减少由阶层所带来的差距。这对于社会的长期稳定和繁荣是至关重要的，因此，老百姓会由衷地对政府的政策红包点个大大的赞！

伪善人将慈善做道具"吸粉",公众的善心真的就那么好愚弄吗?

一段时间以来,一些大型正规的慈善机构在向全社会募捐了巨额的善款后,在管理善款的过程中,由于制度漏洞和监管不严导致善款被机构挪用、个别人私吞和消费的情况屡屡发生,这已经引起了公众强烈的不满和抗议。曾经一度爆发了对慈善事业的信任危机,导致慈善事业险近崩盘。就在中国慈善事业向着阳光透明整改恢复过程中,民间各种形式的慈善团体利用互联网又迅速发展起来,由于入门易而监管跟不上,导致公益团体鱼龙混杂。最近报道了一些群体到凉山搞伪慈善的丑行闹剧,实在让人大跌眼镜。公众的善心一次次被愚弄被欺骗被伤害,试问,中国的慈善事业还能走下去吗?

2016年媒体曝光了一则新闻后激起了公愤,有人竟然将慈善做道具,上演了一场"伪慈善"的真人秀,当事人和公众一时间都被蒙骗了。我们先追溯一下事件的起因,那是2016年10月发生在四川凉山的布拖县觉撒乡的一个村庄的事情。据知情人说,当时有三个外地人,来到该村找到一名老人,喂东西、帮忙洗脚,主播还给了老人几百元,让老人举着拍摄,最后,老人只是摆拍对象,主播们发的钱也被收回,只给了老人二三十元作为"辛苦费",另外只送了一点面条和一件衣服。不久,又有一群人到达布拖县九都乡达觉村。有几名男子提着一些东西来村里,说要发东西,还要发钱。据被骗的一位村民回忆,大人小孩在路边被安排站成两排,然后一文身男子(快手杰哥)就开始拿出钱来发,一个人发一小堆,具体多少钱不清楚。"他们就拿着手机拍照。"该村民说,当时这些人还叫村民要把钱拿在手里,不要揣进包包里,"还喊(我们)把手举高点,不要放下来,不然啥子都不给。"

当（拍摄）完了之后，这些人就把发给村民的 3 万元钱收回了，只给发了一些毛巾、牙刷等生活用品，还给每个小孩发了铅笔和鸡蛋，实际给村民发的东西总价值不到 200 元。① 据说这样在凉山做伪慈善直播团队还有多个，专找那些看似困难贫穷的农民，直播内容让人看到慈善义举在行动，结果没想到拍成片子直播后竟都是为了吸粉赚钱。人们直呼想不到！真想不到！

可以说，人们还没有从郭美美引发的红会事件中完全走出来，这又出现了无法让人平静的"凉山伪慈善事件"。中国的慈善事业还没有真正意义上的起步，就已经千疮百孔，几乎失去了最宝贵的财富——民众的信任。在网络媒体上，几乎所有的文章中人们都在指责这群人利用人们善良的心去赚毫无人性的昧心钱，不仅是毫无道德底线，就是做人的起码的人性也失去了。我赞同人们这样的看法，但是在本文中想继续追问的是公众的善心为什么那么容易就被唤醒被利用？社会上一些人为什么会突破道德底线去搞慈善诈捐？这些人为什么会丧失人性去欺骗广大的公众？

关于这三个问题其实是可以放到一起去做分析的，笔者认为，这些问题需要从三个方面看：第一个方面我们从人性上看。在中国的哲学上一直有"性善"与"性恶"说，虽然学界将孟子（性善）与荀子（性恶）对立起来，但笔者认为这是人性中的两个方面或主要倾向。性善说认为人在本性中有从善的因子，如施以正确的道德教育就会成为"仁义礼智"之人。性恶说认为，人的本性有恶的因子，如果顺着人性的自然发展，必然导致各种恶的行为发生，造成社会的争乱。因此，必须用礼义法度等去化导人的自然本性，即通过后天"起礼义、制法度、以矫饰人之惰性而正之，才可为君子"。关于人性的这两个学说都强调后天教育教化的作用，因此，在中国社会的历史发展中，虽朝代更迭不断，但道德教育从未缺位。扶弱济贫、扬善抑恶的思想更是深入人心，也因此构成了中国人最起码的人性道德基础。可以说，中国人在行善这方面正像西方人所说的是非理性的，一般人是不会去计算和辨别真伪的，甚至有很多人行善不留名。但是社会中就有一些未被教化好的"性恶"

---

① 《多个团队在凉山做伪慈善，有人直播给老人洗脚》，2016 年 11 月 20 日，中国新闻网。

之人，因没有道德底线，所以就会利用广大民众人性上的善良，将慈善作为道具上演一幕幕"欺名盗世"损人利己的勾当。如今再利用上互联网，那就更容易骗得公众无偿捐献的善款，这些恶人们叫"吸粉"。正如这些不法之徒"收获颇丰"后的夸口，"这样的钱不拿白不拿，太容易拿了"。

第二个方面我们从社会上看，近代以来，中国社会的转型和变迁逐渐形成了三大差别。而在改革开放以后，这三大差别不但没有缩小，反而加大了，特别反映在城乡和贫富的差距上。由于社会上的贫困人口存在，他们已经成为社会中的弱势群体，必须依靠社会救济才能生存。而国家政府虽然拿出了大量的救济金和物资，但作为经常性的救济还是远远不够的。因此需要动员全社会发动慈善公益事业，就是在这样的巨大需求背景下，中国红十字会等大型慈善机构迅速地发展起来。据不完全统计，这些正规大型的慈善机构有中华慈善总会、中国扶贫基金会、中国残疾人联合会、中国青少年基金会等十几家。而以慈善名义的公益基金组织有人说多达近百万。据 2014 中国慈善发展报告显示，在登记制度改革的背景下，截至 2013 年年底，全国共有社会组织 54.1 万个，比 2012 年的 49.9 万个增长了 8.4%。社会团体 28.6 万个，比 2012 年的 27.1 万个增长了 5.5%。基金会 3496 个，比 2012 年的 3029 个增长了 15.4%。民办非企业单位 25.1 万个，比 2012 年的 22.5 万个增长了 11.56%。这些不断发展变化的数字说明了一个情况，那就是中国人为了慈善捐款非常踊跃而且逐年递增，由于筹集善款的途径多空间大，各大小公益基金组织筹得的善款既容易又可观。但一些缺乏人性的不法之徒看到了可以白手起家的"敛财之道"，例如，"凉山伪慈善事件"如果不是媒体披露出来，这帮人已经大发了国民慈善财而公众还都蒙在鼓里呢。正是巨大的利益才让这群人敢铤而走险，完全不顾及人类的道德底线做出了不符合人性之事。当然，最后构成欺诈罪被绳之以法也是必然的。

第三个方面我们从宗教信仰看。西方现代慈善事业起源于基督教，西方人信仰基督教的前提就是做善人行善事。公民社会建立以后，帮助别人保持善心成为一个公民的基本素养。所以，西方社会的公民教育与基督教的教义是结合起来的，新教伦理与资本主义精神是一致的。因此在西方社会许多自发的慈善行为都与教会和信教有关。而中国人的宗教信仰呈现出一种多元化倾向，诸如"儒释道"教，还有伊斯兰教、天主教、基督教，等等，而几千年的中国社会一直以"儒释道"教为主流，儒教倡导"仁"，道教重"德"，佛教行"善"。所以中国人是一个集仁爱、道德、善良于一体的民族，这与所信仰的宗教不无关系。而且中国社会从元代时就存在着多元宗教并立而不发生冲突的例子，所以中国历史上没有像西方社会一样发生过宗教战争，其原因一是没有形成极端的宗教势力；二是由于各种宗教之间的宽容和交融；三是儒教的中庸平和起到了润滑世俗社会和人群作用。进入现代社会以后，虽然大多数中国人不信教了，但是作为中华主流文化的影响还是有深厚渊源的，一代一代人都信奉"恶有恶报，善有善报"，"头上三尺有神明"，"人在做，天在看"等警世恒言。因此在中国社会特别重视独善其身、达济天下这样的道德教育，自始至终贯穿在学校教育和社会教育之中，所以绝大多数中国人是道德的，这正是社会正气上升的基础。当然，任何一个社会，在任何一个历史阶段都会有一些既无信仰、又没有经过很好的道德教育，任由自我的自然放纵的少数人。正像上文提到的那些人，就是敢无视社会道德底线做出愚弄公众的"伪慈善"欺诈行为。最后被查、被追究法律，正是应了人们说的"凡事皆有因果，报应是迟早的事"。

以上从"人性、社会和信仰"这三个方面对之前所提出的问题做了分析，这些问题所表现出来的人性危机、社会问题和信仰缺失在许多文献中被看作是社会转型过程中所出现的道德滑坡，这样说也没有错，也确实是道德对人的约束和引导出现了问题。但本文并没有这么悲观，从社会发展的主流来看，人性危机和道德滑坡主要表现在少数人身上，正是社会中的"晕轮效应"，将这些逾越道德底线做"伪慈善"的人和行为扩大化了，从而引发社会中的信任危机，进而波及所有的慈善组织。而社会差别的扩大一方面引起了社会公平的问题，需要制度做出调整和均衡，另一方面对于慈善事业来说无疑起到了积极的推动作用，这也是中国只用了不到10年的时间就发展了几十万个公益基金组织的主要原因。可以说大部分的公益基金组织是有规范的组织制度和法律制度以及相应的行政监管体系的，个别基金会的个别人的错误行为同样也不能否定了所有的基金会组织，更不能将负面效应扩大到所有的慈善基金会组织中，这样会让公众加深误解从而再失去公众的信任。我们在现阶段以至于很长的时间是需要这样的公益基金组织的，需要大批规范守法的民间公益基金团体参与的。如果在制度上和法律上能够保证善款善用的精准扶贫，确实能够帮助社会上需要帮助的人群和团体，民众的善心将会更加高涨。

然而，正如有的学者所认为的那样，民众信任的修复是需要一个过程的，唤醒民众的善心和持续的善行还要与信仰结合起来。有人说当代中国社会的民众缺失信仰，所以才导致社会问题爆发。笔者认为这样说并不客观不全面，在美国大多数人信仰基督教，而社会冲突、个人犯罪、种族歧视等社会问题不也是层出不穷吗？问题的关键是现代社会已经不能单靠信仰解决社会中的各种问题，如果信仰走向极端就可能危害社会危害人类，如今天具有极端宗教信仰的恐怖主义就是一部反面教材。所以在尊重人的信仰的前提下，还需要法律制度和社会道德以及人的必需的文化素养，方可解决现代社会问题。

最后，笔者认为，这一出"伪慈善"闹剧是坏事也是好事，倒逼社会做出必要的制度调整和法治的健全。我们应当树立信心，中国的慈善事业主流是好的，方向是明确的，制度会更加规范，执行会更加阳光透明，法律建设也将更加健全。所以公众的信任和支持应当一如既往地坚持下去。"存善心、做善事、有善报——善行天下"，这也许正是中国人最大的民族信仰！

学术会议泛滥，说说被玩坏了的学问

本文仅说说"被玩坏了的学问"，始作俑者当然是泛滥的学术会议了。除此之外没有所指，不具有概括性，个人、机构别对号入座，有则改之无则加勉，撰文本意是一种警示。

进入21世纪，中国社会成为经济大国以后，真是处处呈现出一片繁荣的景象，特别是在学术界就像转基因稻谷一样高产的学术机构和学术成果如雨后春笋般地涌现出来。掐指算一下也没几年吧，我中华竟然成了学术大国了，更让人们感到振奋的是我国学术论文数量已经排名在世界老二的地位了，已经有多个实验室正在快马加鞭地冲击着拿诺贝尔奖。看来发展经济的好处太多了，举个例子说，从中国社会的经济发展指数看，当经济处在低度发展时，学术论文的数量也是非常少，当经济起飞后学术论文数量也跟着起飞，当成为经济大国以后我们的学术论文数量也开始领先世界，于是当仁不让地就成为学术大国了。经济与学问简直是相关得不得了呀，其实这也是不证自明的。就拿中国说吧，东西部的经济发展差距大，那做学问的人才就"孔雀东南飞"，西部留不住人才啊，根源是经济发展落后嘛！再拿美国说吧，那里集中了全世界最多的最优秀的人才，年年都有人拿诺贝尔奖，根源或是经济发展发达嘛！所以我们学术界似乎也很有意思，西部人才到东部是干活的，国内培养的博士是打工的，留学美国归来的人才是领军的。中科院是这样，北大清华是这样，全中国所有的能掂得起钱的科研机构都这样。当然，引进人才什么"长江学者""985""千人计划"等还不是国家出大头。

有了经济的巨大支持，中国的学术和论文都已经是遍地开花了。学术界有一句领军人物的名言，我们现在不缺钱，缺的是你怎样能将这钱花出去的"爱帝儿"（idea）。他说的是真话，科研经费多但不好拿，这是指一般做学问之人，如果是"领军人物"，或普通学者有点什么发明的动静，那钱可就海了去了。你看那动辄几百万几千万上亿资金的项目，都是由领军人物带领团队"焚膏油以继晷，恒兀兀以穷年"，直到钱花光了也没有什么结果也不会有事，因为科学就是不断失败才有可能取得成功嘛！再说普通得不能再普通的学者如河北科技大学的韩春雨副教授不就是在《自然·生物技术》杂志上发表了一篇论文，之后，虽学界同行质疑声不断也有可能被杂志撤稿，但并没有影响他的学校和实验室获得上亿资金的资助。

经济对学术的支持还促进了学术会议的繁荣，做学问一定要交流，所以召开学术会议是十分必要的。但是任何事情都不能做过了头，一旦过了头就变味了。就拿学术会议说吧，十年前还不觉得会议多，参加学术会议会让学者感到有种莫名的荣誉和骄傲。可是就在最近十来年，国内各种名堂的学术会议简直是铺天盖地的，既有学会组织的学术会议，又有政府组织的学术会议，还有大学、科学院、社科院等科研机构组织的学术会议，再加上各个学科组织的学术会议和首席科学家组织的学术会议；这还不够多的，结果又有了民间私人团体组织的学术会议、NGO组织的学术会议、企业和公司组织的学术会议。国际上那就更多了，WTO组织的学术会议、联合国教科文组织的学术会议、欧盟组织的学术会议、国外大学和研究机构组织的学术会议、跨国公司组织的学术会议，太多太多了。有人粗略地总结了一下，一年有360天，每天都会有不少于360场的学术会议。也有学者总以抱怨的口气其实是一种炫耀的方式告诉别人这一年中"不是在参加学术会议，就是在参加学术会议的途中"。学术会议将学者们搞得这么忙？笔者一直感到非常奇怪为什么人们热衷于主持召开和参加学术会议？这得好好说道说道了。

从为了学术发展和促进学术繁荣的角度看，学术会议是有贡献的，这样的好处就是不说大家也知道。但笔者却要谈谈这十来年目睹学术会议之怪现状还真有点发人深省，从形形色色的学术会议上看，大体都离不开这四个字：权、利、名、圈。

那么学术会议与权有什么关系呢？外人也许不知道，参加过学术会议的人懂得。但凡一有学术会议按惯例就会请到一些学术界大佬俗称"拉大旗"，到会后还有高级领导出席致辞讲话给会议定个调，如果主持会议的人能量很大就能请到更高级别的领导出席，与会学者早就被这样庄重的气氛所感染了。为了配合这样庄重的气氛，与会者按照官衔等级排了座次，会议发言依重要次要定了先发后发，是大会发还是小会发。会议开始，那些学界大佬大腕们一上台就已经充分表现出一种学术权威的姿态了，话到他们的嘴边就成了经典。发言一结束立马要去另一个会议上接着发言，所以大腕学者与一般学者很少或根本就没有交流。笔者有几次想对这些大腕们提个问题但都没有机会，稍客气点的会说"事后交流"。由此看来，学界由一个学术会议就能分出个尊卑贵贱来，这样的学术会议参加得多了就会让参会的学者产生一种想法，做学问是次要的，当领导当大腕才是主要的。结果，有很多经常参会的人就真的当了领导当了大腕了。笔者没有出息，一直没有当上领导也没有成大腕，而与自己开过几次会的同行多年之后在一次学术会议上相遇了，他已经坐到主席台上了，笔者依然在底下后排落座。你说笔者有"酸葡萄心理"？肯定有，"羡慕嫉妒恨"也许有但还不太严重，但感慨颇多的是如果学者们都当官了，开始做"官"学问了、"腕"学问了，这还是学问吗？

要说学术会议与"利"的关系理应风马牛不相及啊，但是现实中两者之间还真是勾搭甚紧。过去一谈到学术和学者那可真有点超凡脱俗之感，因为不食人间烟火嘛！其实这只是人们的一种错觉。古语说得好，"君子爱财，取之有道"，司马迁更直言不讳地说过"天下熙熙，皆为利来；天下攘攘，皆为利往"，其实这就道破了人性本质的一面。就说现在的学术会议没有钱还真办不起来，刚开始是筹的钱来办会议，结果发现这样钱来得特别容易，一些人就开始尝试以赞助会议的名义找政府要钱、找企业公司要钱。再后来就发展成专门的赞助商了，比如一些大型的国际国内的学术会议，特别是什么市长论坛、经济学家论坛、著名企业家论坛。这样的会议据说是赞助人与主办人双赢，前来参会的学者们也能获得一些好处，虽然交了一定的会议费（大多是科研费和公款支出），但最后会议会发一些昂贵的会议纪念品收入囊中。也许人们并没有注意到学术会议还会赢利，那么有一些知情人就曾经披露过诸如"以医学为名堂的、以药学为名堂的"，还有什么新的医疗、药物发明的学术会议已经泛滥了,那些赞助商拿出那么多的钱是白扔的吗?其实会议真正的目的并不是学术交流,而是进行了一揽子的利益交易。医药公司既推销了医疗器械和新药,又与各大医院院长和科室主任、主任医师们建立了新的利益关系。有这么巨大的利益分配你说办会议的和参会的人动力能不大吗?

如今的学术会议有利可图已经是不争的事实,但并不是所有的人办学术会议都能营利。这要看主办单位和主办人的"名"有多大。你说一个小医院的小医生办一个"糖尿病最新治疗技术和药物研发交流会"会有多少人去参加,可以肯定地说没几人。要是一个国字号的大医院的院长、院士办一个会议,那可是一呼百应。举办会议拿利那也是"名正言顺",就是说有名望的学者一通讲话下来,公开的什么"润喉费""打车费""劳务费""课时费"等收入不菲,甚至还有灰色的交易很难查明。笔者在前几年曾经去看一位参会的医生朋友,结果到了北京最大的国际会议中心看到了乌泱乌泱的都是各大小医院的医生们,会议大厅排满了医疗赞助商的展台,介绍产品顺带发送礼品。会议结束后,当主持会议的院长、院士们走下台来的时候,众人近乎以宗教膜拜的形式夹道欢呼,就差呼喊万岁了。这种印象对每位参会者来说无疑是深刻的,进大医院当主任医师当院长当院士无疑成为每个人奋斗努力的方向。再说说人文社科界,哪个不是拿着国家的科研课题费去全国各地和世界各地参加会议的(所有的科研经费都有会议费这一项支出),有自费的但太少了。如今有影响的会议不是安排在首都,就是风景名胜之地,后来教育部三令五申过也只是稍有收敛。那么到底是谁最热衷于参加学术会议呢?这个问题很简单,就是有名的学者热衷于参加各种能抛头露面的会议,会议让这样的学者名扬四海,走到哪里都会受到尊重景仰。可那些无名小辈先"跑龙套"捧捧场,在会议上混个脸熟。笔者在学术界待了几十年了,目睹了不知多少年轻的小学者成为大学者、知名学者了。这时再看成为大学者的当年小青年已经有了一定的气场了,已经可以称为名利双收学者了。笔者愚钝,真不清楚做学问是为了出名、再出名,如此"盛名之下",那么这个学问还能做得下去吗?

其实学问做得下去做不下去不是个人说了算，这要看你在没在一个"学术圈"里。要说"学术圈"可就多了去了，既有正规学术机构的，也有学会组织的，还有试图建立起来的。如果你真做学问做真学问，但不在这些圈子里，可以肯定地说这个学问你做不下去。为什么？就因为没有人与你交流、没有人请你讲课，申请不到科研经费，好不容易写了文章和出了书也很难被认同。所以现在年轻的学者都在拜山头找圈子，学术会议也就充当了年轻学者接触圈子和进入圈子的"入门券"。学术界的圈子很奇怪，外人看不到，只有圈子里的人才清楚。就说前来大学应聘教职的年轻人，除了满足基本条件之外，主要就看是哪位大咖圈子里的。说是民主投票但大家都在圈子里心知肚明，人帮人一家亲嘛！既然圈子如此重要，那么学术会议也就重要起来。每当学会召开年会，虽各路大咖云集，但人们很快就会分辨出主要的圈子和次要的圈子、当红的圈子和过气的圈子来。当然，圈子里的权力之争也是激烈的，因为圈子不仅对圈内人有话语权，还对资源分配有控制权。主要圈子里的大咖们一般都是院士、学科带头人，同时也兼着国家、政府自然科学和社会科学等纵向项目的予夺大权。说实话，一般能申请到课题很少有圈外之人，除老少边远地区个别照顾项目外。如今，只要一踏进学术界，人们很快就知道圈子的重要，参加学术会议进入圈子的重要。如果一位学者只是想着如何进入学术圈子（加入学会组织未必能真正进入圈子，那是弱关系，所以要有强的私关系不可），他的学问就是为了迎合圈子的品好，这样的学问能做好吗？

行文至此就不想多说了，作为一名学者本应该沉静下来认真读书学习，刻苦钻研学问，耐得住寂寞，做学问不受人际关系干扰，学术可交流但不拉帮结伙。作为真学者的本分理应向着科学、真理不断求索，推陈出新，但现在受到了太多的干扰，学术会议虽然生产出了大批的论文，有人不客气地说几乎都是垃圾，这话有点过分了，毕竟学术会议也为中国论文的GDP做出了不可磨灭的贡献。从另外一方面看，我们也应当谦虚地客观地承认，大批的论文中质量上乘、能被国际社会所认可的还是太少了，还有科学原创性的论文更是凤毛麟角。所以我们不能沉浸在数量上占优势的论文大国里，应当向学术创新大国迈进。而实现这一转变，目前要做的事情就是，扫清横亘在学术创新路上的各种障碍和绊脚石无疑是当务之急！为此，纷纷扰扰的学术会议也该消停消停吧！否则，学问被玩坏了，那学术会议也将休矣！

一个新社会阶层的崛起

改革开放以后，中国正在成为一个分层的社会，这本是一个漫长的过程，但在短短的 30 年中国社会就出现了巨富的人群，虽仅为少数但他们的资产已经占到所有人资产总和的一半以上，而被国际社会所界定为低收入的人群则占了总人口的一半以上，贫富差距已经远远超出了人们的预期。中国社会已经不再是分化成什么"十大阶层"或仅以职业声望排名的社会阶层，而像社会学家所说的随着社会利益群体的分化，社会正在多层多元分化，也有人说是碎片化。正是在这样一个分层社会中，一支黑马作为新社会阶层冲了出来，他们也许是重新改变社会结构的力量。

一个新社会阶层的出现总得有个标志，2016 年中央统战部专门成立了新社会阶层人事局，体现出这个阶层日益引起国家有关部门的重视。社科院根据来源于北上广三地 6000 多个样本的调查进行推算，北京、上海、广州新社会阶层人士群体规模分别为 8.4%、14.8%、13.6%。中国社科院在 2017 年度《社会蓝皮书》报告中披露，新社会阶层的高收入、高消费特征非常明显，从个人收入上来看，新社会阶层 2016 年的平均收入大约是 16.6 万多元，远远高于社会平均的 7 万多元，是其 2.37 倍。从消费情况来看，三地新社会阶层上一年的家庭总支出平均为 13 万元，是整个社会平均水平的 1.71 倍。从支出的构成来看也显著高于社会平均水平。尤其在教育和住房方面的支出更是非常明显地高于社会平均水平，分别是 1.68 和 1.40 倍。① 从收入与消费水平看，显然新社会阶层与中产阶层居于同一阶层之中。但是，当你问到他

---

① 《社科院：新社会阶层人均年收入 16 万元，消费惊人》，四川在线—华西都市报，2016 年 12 月 21 日。

们当中的任何一个人，他们都不太认同自己是中产阶层，因为对他们来说中产阶层是一个过气的名称。也许人们会认为这有点像美国的新中产阶级与旧中产阶级的区别，前者是一个具有高学历、新知识和技术的群体，拥有雄厚的文化资本，但没有累积的固定资产和财产；后者则是拥有财产、地位和名望，属于世袭阶层。但是，除收入和消费外，单纯地拿中国的新社会阶层与美国新中产阶级类比也有很大的不同，诸如，美国的新中产阶级具有高度的群体认同感，而且人数上占据了美国人口的 1/5，属于大众人口。他们一般都有高等学历并从事教育、管理、金融和高科技工作。新中产阶级家庭观念强，都拥有家庭，特别注重生活品位和子女教育，所以新中产阶级家庭一般都会选择居住在风景优美的有最高分的优良学区。那么，在中国刚刚崛起的新社会阶层又有什么群体特征特点呢？这一刚被承认的群体又具有什么样的认同感？新社会阶层的崛起对中国社会结构会有影响吗？带着这些问题我们做出一些分析，尝试着去理解他们，并尽可能地做出一定的解释。

　　由于新社会阶层的出现较晚，关于他们的研究和报道并不多见，但是，将这个群体置入新时代这个社会环境之中，通过社会学的想象力也许就能够进入到这个群体中。关于第一个问题笔者认为中国新社会阶层所具有的群体特征集中表现在这四个方面：一是绝大多数人受过高等教育，其中有部分人有海外留学经历，具有令人羡慕的文化资本。大部分人是自己创业或在体制外就业，白天也许工作较少，主要在夜晚工作而且效率很高。这样不受朝九晚五限制的情况，概因他们所从事的工作具有极大的特殊性、灵活性和自主性。二是依托互联网实现自己的梦想。如今在一个互联网快速发展的社会里，新社会阶层的工作也会随互联网市场需求（有时也引导市场需求）变化而不断变换着自己的职业身份。例如，作为电商、微商、创客、互联网工程师、作家和主播等职业人，从他们个人收入上看早已远远超出常人水平。三是新社会阶层非常敏感于时尚和潮流的动向，他们会将主要的生活支出放到时尚的消费上，他们的生活消费观念完全不同于传统生活消费，用于旅游、聚会、参观博物馆、时尚购物、观看符合小资品位的时尚杂志和歌舞、追星，还热衷于参加社会上各种各样的培训班不断充电来充实自己。四是越来越多的新社会阶层不选择结婚，保持单身生活并享受拥有自由的私生活。社会上叫他们"大龄男女"，其中很多人是"单身贵族"，大城市的女性占了很大的比例。正是他们冲击着传统的家庭生活模式，因此在社会上出现了"第四次单身潮"就与他们联系起来。作为新社会阶层成员还有的成了家，但是绝不要孩子，被人们称为"丁克家庭"。还有一些具有同性恋倾向的人由于从未有过婚史，所以不会受到家庭的束缚和阻挠，乐于频频"出柜"公开身份。

第二个问题也许是最难回答的问题，因为我们一谈到认同感就是国家认同、民族认同、群体认同。作为新社会阶层虽然获得了社会上的承认，但在他们内部并没有形成真正意义上的群体认同。不过，他们却有着强烈的个人身份认同感，也许这个阶层属于一种特殊的原子化结构状态，并呈现出多态化原子分布。作为新社会阶层单身一族，他们轻蔑于人们称呼他们"光棍""剩女"，认为这是世俗对他们的一种污名化。也反对人们总是用家庭的眼光看待他们，这也是使他们与世俗逐渐隔离而形成了独立神秘的生活模式。在城市中这一单身人群越来越多，社会开始适应这一人群的特征特点，商场开始有了单身用品，楼房有了单身公寓，总之，单身经济正在兴起。作为新社会阶层自由职业一族，他们离开体制或不进入体制工作最大的理由就是限制了自己的潜能和个性，所以大部分新社会阶层人员总是能有效地利用自己的聪明才智和对市场商机捕捉的敏感，创造出一些新的行业，如今，互联网已经成为他们创新工作和获得自我实现的最大平台。当问及他们的个人认同时，有的人说他是"新工作者"，也有人说他是创业者，还有人说他（她）是"网红""主播"。总之，名称五花八门，就像他们的个人微信名字一样绝无重名。这也看出这一群体卓尔不群的个性，你也许不能用一个名称统称他们，作为新社会阶层这个名称同样也没有让他们认同，当然他们更不感兴趣这样称呼他们了。由于互联网的世界性、新工作的跨国性、交流的跨文化性，笔者认为这一新社会阶层（尽管他们不愿意被这样称呼）之所以强调个人认同，与他所从事的事业和生活模式不无关系。

最后一个问题是个大问题，即"新社会阶层的崛起对中国社会结构会有影响吗？"要想回答这个问题也许非得等到有了这个结果以后再说了，但这样不就马后炮了吗？笔者认为，至少我们可以根据上述的两个问题进行推论，就是说根据现在的情况可以推出将要发生变化的情况，这也就是社会学上说的根据社会事实进行预判。

作为新社会阶层的出现对中国社会结构的影响首先表现在中产阶层的进一步扩大。一直以来中国的中产阶层既受制于传统的体制内的影响和约束，又受限于体制外不稳定的市场和政府释放政策空间的不足，因此中产阶层一直处于长不大的状态。而新社会阶层的出现，恰处在市场开始趋向成熟，互联网经济兴起，政策空间也开始释放这样一个恰当时机。特别是在鼓励创业的政策背景下，新工作不断被创造出来以后，以高学历高文化资本的年轻人为主流的新社会阶层很快就出现了并显示出较快的发展劲头。

其次，新社会阶层的出现即将改变中国传统的社会结构，过去中国社会是一种"类金字塔"形，而在今天正在形成一种"类葫芦状"，这说明中间阶层明显扩大了，而且很有可能在未来的发展中，底部的阶层会加快向中间阶层流动，这与越来越多的年轻人开始创业并拥有较强的经济实力有关，因此，在未来中间大两头小的"类纺锤形"社会结构的形成是有着极大的可能性，当然这还需要社会的稳定和市场经济的健康发展等这样不可或缺的大环境支持。到那时由"类葫芦形"向"类纺锤形"过渡中，社会中的贫富差距将会缩小，社会结构趋向合理，但生活的选择会更多更加多元，社会也更加包容开放。可以肯定地说，未来随着中国中间阶层的不断扩大，社会将更加稳定经济将更加繁荣。对此，笔者的判断是乐观的，充满信心的，因为，这也是所有中国百姓盼望实现的"中国梦"！

后　记

本书即将付梓之际时间已匆匆进入了乙酉年，一些新的热点又源源不断地涌现出来。这是因为只要有生活就会有热点，只要有热点就会有百姓的"面对面"。也许做好一件事并不难，但长年坚持做好一件事就绝非易事了。扳指算来，如今已经是第七个年头了，《社会热点面对面（六）》的问世又恰逢吉祥的鸡年春暖花开之时，想想倒也是值得慰藉之事。

毕竟，写作还是一种辛苦的劳动，需要脑力和体力的大量消耗。本人承担了本书大部分的写作任务，同时也邀请了一些作者参加本书部分内容的撰写，他们都是利用休息时间完成各自的写作任务的。为了尊重他们的劳动，我在这里需要有一个清楚的交代。

哈佛大学硕士生庄秋玲：《政府出重拳颁布历史最严限购令，一城一策下的房地产市场怎样了？》；北京大学硕士生谢力丹：《国考报名挑肥拣瘦，只缘公务员岗位"冰火两重天"》《从层层迷雾之中看魏则西之死》；北京大学硕士生李志强：《人民币贬值凸显中产阶层困境》；北京大学硕士生方正：《雾霾是大气污染还是气象灾害？——关于雾霾立法的思考》；北京大学硕士生赵可欣：《从近一年文化热点看民众的精神生活》；北京大学硕士生任鹤坤：《暴力伤医事件为何屡发生？》《新政下网约车向何方？》；北京大学博士生李晓菁：《关乎老百姓的钱袋！个税改革再提速》《墨香阅读和指尖浏览之争，孰深孰浅？》；钱民辉：《第四次单身潮来袭，老龄化社会将如何应对？》《校园欺凌案频发，未成年人违法事件成焦点》《女大学生"裸贷"风波乍起，校园贷到底在搞什么鬼？》《"倚老卖老"与"为老不尊"怎成热词，是谁在污名化老人？》《从贾敬龙案看村民纠纷为何总是用暴力解决》《科学之争还是科学闹剧：起因韩春雨的基因组编辑结果无法重复》《王宝强离婚案受到高度关注的背后》以及小热点：《腹有诗书气自华：中国诗词大会火了》《近一年比房价涨得还快的竟然是"它"》《2017年政策红包打包送，惠及百姓有几何？》《伪善人将慈善做道具"吸粉"，公众的善心真的就那么好愚弄吗？》《学术会议泛滥，说说被玩坏了的学问》《一个新社会阶层的崛起》。

  最后想说的话就是表达自己感谢之情了，首先要感谢的是为本书系列给予一贯支持的人民日报出版社社长董伟先生，他很看好这套系列并有信心要坚持出版下去。其次要感谢的是为本书系列精心组织和编辑的马苏娜女士，尽管2016年她有过一段很艰难的时期，但丝毫没有耽误这套系列的出版工作；还有为本书插图设计的艺术家，想想也是，正是有了这些插图为本套系列锦上添花。最后，当然还要感谢的是广大的读者们，正是你们的支持和期盼才让我们有了继续坚持做下去的勇气和信心。至此，热点第七部书的准备工作又要开始了。

作者
2017年5月于北京